NOUVEAU
COMMENTAIRE
SUR
L'ORDONNANCE
CIVILE

Du mois d'Avril 1667.

TOME PREMIER.

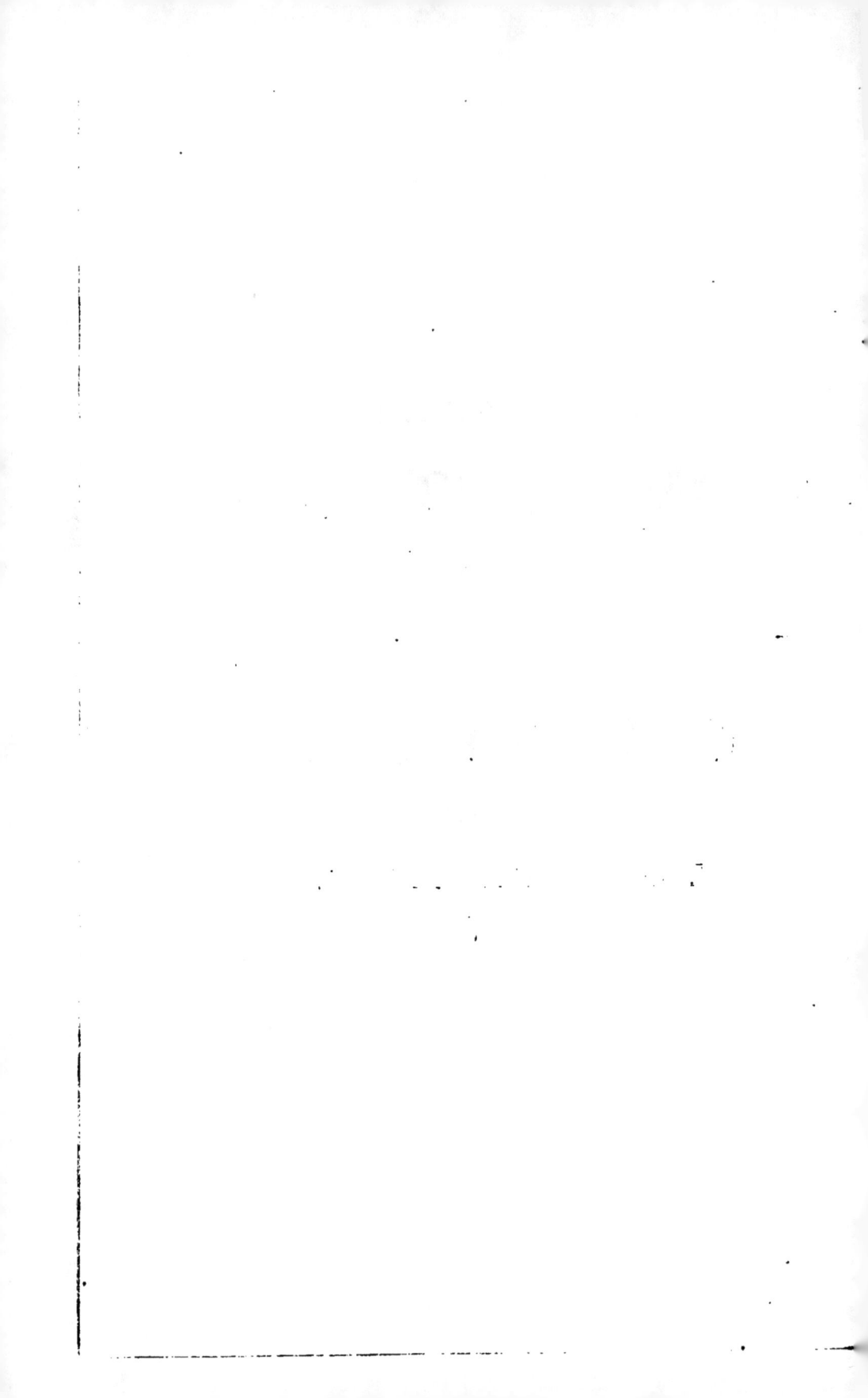

NOUVEAU COMMENTAIRE SUR L'ORDONNANCE CIVILE

Du mois d'Avril 1667.

Nouvelle Edition, augmentée de l'Idée de la Justice Civile.

Par M. Jousse, *Conseiller au Présidial d'Orléans.*

TOME PREMIER.

A PARIS,

Chez Debure, pere, Quai des Augustins, à l'Image S. Paul.

M. D. CC. LXVII.

Avec Approbation & Privilege du Roi.

TABLE

Fin de la Table.

TABLE

DES TITRES

Contenus en l'Ordonnance Civile du mois d'Avril 1667.

Tome Premier.

Tome Second.

Fin de la Table des Titres.

PRÉFACE.

PRÉFACE.

On ſe forme aſſez ordinairement dans le monde une idée peu avantageuſe de la Procédure. La plupart des perſonnes la regardent comme l'ouvrage de la chicane & de la mauvaiſe foi, comme un art inventé par la malice des Plaideurs, plus propre à empêcher l'exercice de la Juſtice qu'à en accélérer le cours, & qui n'eſt capable que de cauſer la ruine des familles par la multitude des frais qu'elle occaſionne.

I. Néceſſité & avantage de la procédure judiciaire.

D'autres, qui n'en ont pas une idée ſi déſavantageuſe, n'en penſent guere plus favorablement. Ils regardent cette Procédure comme une choſe entièrement inutile, & ils la traitent de bagatelle. Ils ajoutent même qu'il eſt ridicule de voir quelquefois dans la déciſion des conteſtations qui ſe préſentent en Juſtice, la forme emporter le fond; & ils ne craignent pas de dire qu'on doit ſe débarraſſer de ce fardeau dans le jugement des Procès, & ne point s'arrêter à ces formalités embarraſſantes & ſuperflues.

Mais il eſt aiſé de faire voir que les uns & les autres ſont également dans l'erreur, & qu'il n'y a que ceux qui ſont peu inſtruits des regles de la Juſtice, ou qui n'examinent les choſes que ſuperficiellement, qui puiſſent porter un pareil jugement. Le préjugé où ils ſont à cet égard, vient de la confuſion qu'ils font de la Loi avec l'abus de la Loi; mais où l'abus ne ſe trouve-t-il point?

On ne peut diſconvenir que les Arts & les Sciences ont tous leur méthode particuliere, & qu'on y obſerve un certain ordre, & des regles ſans leſquelles on ne pourroit y faire aucun progrès. Mais, s'il eſt vrai que plus ces Arts ſont importans, & plus il faut ſuivre exactement & ſans s'en écarter la regle & la méthode qu'ils preſcrivent; à combien plus forte raiſon l'Art de rendre la juſtice, qui a pour objet la vie, l'honneur & la fortune des hommes, doit-il avoir ſa méthode & ſes regles, qui puiſſent ſervir à diriger ceux qui ont été établis miniſtres de cette juſtice, & à les conduire ſûrement dans l'application des préceptes qu'elle enſeigne.

Dans les ouvrages qui ſont les productions de l'Art, la forme eſt ce qui diſtingue les parties de la matiere: c'eſt elle qui met ces parties dans une juſte ſituation, qui leur procure cet arrangement naturel, ſeul capable de leur donner la proportion & l'agrément qui leur conviennent ; & qui, ſuivant un ancien axiôme, conſtituent en quelque ſorte leur eſſence : il en eſt de même de la Juſtice. La forme eſt tellement eſſentielle à la maniere de l'adminiſtrer, que, ſans cette forme, la Juſtice perd ſon nom, & n'eſt plus qu'un pouvoir arbitraire & une précipitation de Jugement. Car qu'eſt-ce que la forme judiciaire, ſinon la méthode qu'on doit obſerver pour rendre à chacun ce qui lui eſt dû, & les moyens néceſſaires pour parvenir à cette fin ?

Cette méthode à laquelle les Ordonnances de nos Rois ont donné le nom, tantôt de *Style*, & tantôt de *Procédure*, eſt auſſi appellée *Inſtruction*, parcequ'elle ſert à inſtruire le Juge, & à le rendre capable de juger, en lui faiſant voir la vérité des faits d'une maniere évidente & publique. Il ne ſuffit pas que le Juge ſache par lui-même & comme perſonne privée la vérité des faits ; il faut encore que cette vérité lui ſoit manifeſtée ſuivant certaines regles : *Non ſufficit ut Judex ſciat, ſed neceſſe eſt ut ordine Juris videat ;* parceque le Juge ne doit rendre ſon Jugement que relativement à cette preuve.

L'exécution fait auſſi partie de cette Procédure. Lorſque le Juge a connu la vérité des faits, & qu'il s'eſt mis en état de prononcer sa Sentence, conformément aux principes de Droit, il faut que cette Sentence puisse s'exécuter; & c'est même en cela, à proprement parler, que consiste l'exercice de la Justice : cette exécution a aussi ses regles particulieres.

Ce sont ces différentes regles concernant l'instruction & l'exécution, qui forment ce qu'on appelle la Procédure judiciaire; & ces regles sont en quelque sorte la base & le fondement de la Justice : de maniere que sans elles la Justice ne pourroit subsister.

En effet l'étude du Droit & la connoissance des Loix deviendroient inutiles, si la justice ne pouvoit être réduite en acte. Quel avantage y auroit-il de savoir à fond la nature, les principes & le détail de toutes les diverses matieres qui peuvent faire le sujet des contestations qui divisent les hommes, si l'on ne savoit encore la maniere de pouvoir terminer ces différends. En vain un Particulier auroit le bon droit & la justice de son côté, s'il ne pouvoit parvenir à se la faire rendre.

Pour prouver la vérité de ce qu'on avance, examinons ce qui doit se passer lorsqu'il s'agit de rendre justice à quelqu'un.

Tous les différends qui peuvent survenir entre les hommes, confiftent ordinairement dans quelque prétention d'une Partie contre une autre, foit pour raifon d'une fomme d'argent, foit pour raifon d'un droit, d'un dommage, & autre chofe femblable. Ainfi il eft néceffaire que celui qui forme cette prétention, expofe d'abord fa demande au Juge; & il ne fuffit pas qu'il l'expofe, il faut encore qu'elle foit juftifiée par des preuves légitimes, pour que le Juge puiffe y condamner l'autre Partie.

Mais s'il eft néceffaire pour le bien de la Juftice, que les Juges ne condamnent pas fans preuves, il n'eft pas moins jufte que la Partie qu'on attaque foit entendue, & fur tout qu'elle puiffe fe défendre, parceque la défenfe eft de droit naturel.

Il faut donc, avant toutes chofes,

1°. Que le Demandeur expofe fa demande, & que le Défendeur foit cité pour y répondre; & quoique cette citation puiffe fe faire de différentes manieres, néanmoins il faut toujours qu'elle foit faite, afin de ne pas violer un des premiers préceptes dictés par la nature. Autrefois on citoit verbalement, & cela s'obferve encore en quelques Provinces dans les matieres de Police; mais aujourd'hui les affignations fe font par écrit, à cause des inconvénients qui arrivoient lorsqu'on citoit verbalement, & afin que la preuve de cette citation subsiste telle qu'elle a été faite, & qu'elle ne puisse être altérée au préjudice de la vérité.

2°. Cette nécessité de la citation établie, il est nécessaire que le Défendeur ait un délai pour comparoître, afin de pouvoir se consulter, & chercher les actes & autres pieces nécessaires pour sa défense. Quoique ce délai soit aussi en lui-même arbitraire, néanmoins la justice demande qu'il soit proportionné au temps nécessaire pour faire cette recherche, & aussi à l'éloignement du domicile du Défendeur. Tous les autres délais en général sont fondés sur les mêmes motifs.

3°. Il ne suffit pas que la demande soit formée ; il faut encore qu'elle soit établie sur des preuves ; & comme ces preuves ne sont pas toujours fondées sur des écrits, & que, dans le cas même où elles sont fondées sur des actes, ces actes ne sont pas toujours entre les mains du Demandeur; de-là la nécessité des interlocutoires, comme les preuves par témoins, les compulsoires, les descentes de Juges, &c.

4°. Il faut que le Défendeur puisse se défendre de toutes manieres lorsqu'il est attaqué, pourvu qu'il le fasse légitimement; il eſt juſte pour cela qu'il puiſſe uſer des différents moyens de défenſes qu'il peut avoir, ſoit pour décliner la Juriſdiction du Juge devant lequel il eſt aſſigné, ſoit pour délibérer, (ſi c'eſt un héritier préſomptif, ou une veuve commune en biens,) ſoit pour récuſer le Juge, reprocher les témoins, &c. & autres exceptions ſemblables qui ſont fondées ſur les premieres regles de l'équité.

5°. Il y a des affaires, qui, à cauſe de leur nature & de leur faveur, demandent à être traitées plus ſommairement que les autres, & qui par elles mêmes, n'ont pas beſoin d'un plus grand éclairciſſement. De-là cette diſtinction de deux différentes ſortes de Procédures, l'une *ordinaire*, & l'autre particuliere, qu'on appelle *ſommaire*, dont il eſt fait mention dans le tit. 17 de l'Ordonnance de 1667.

6°. Il ſeroit dangereux que, dans des affaires importantes, de premiers Juges, quelquefois peu éclairés, rendiſſent des Jugements en dernier reſſort. Cette réflexion a donné lieu à la néceſſité des appels, que des raiſons de juſtice ont établis, & dont l'expérience a fait connoître les avantages. Néanmoins il y a des cas où ces appels n'arrêtent pas l'exécution du Jugement dont il y a appel ; ce qui arrive dans des cas provisoires, ou lorsqu'il s'agit de contrats & de promesses reconnues, dont il est parlé dans les art. 12, 13, 14 & 15 du tit. 17, & dans quelques autres articles de la même Ordonnance de 1667.

70. Les Jugements en dernier ressort, ou dont il n'y a point d'appel, ou qui s'exécutent par provision, rendus sur la demande & la défense des Parties, ne doivent point être illusoires, & il faut qu'ils aient tout leur effet, lors même que les Parties condamnées refusent de s'y soumettre ; autrement ces Jugements seroient inutilement rendus, s'il étoit au pouvoir des personnes condamnées de ne les point exécuter. C'est pourquoi les Loix ont établi avec autant de sagesse que d'équité des moyens pour obliger ceux qui ont subi des engagements, ou essuyé des condamnations judiciaires, à les exécuter malgré eux, en les y contraignant par la perte de leur liberté, ou par la privation de leurs biens. De-là l'origine des saisies & exécutions, des arrêts, emprisonnements & autres contraintes.

Tous ces différents actes qui regardent l'instruction & l'exécution judiciaires, ont été assujettis à certaines formalités, pour en constater l'authenticité, & sur-tout les ſaiſies & contraintes par corps, afin de ne pas priver légèrement une perſonne de ſa liberté ou de ſes biens, ſans des ſolennités ou des précautions utiles, ſur-tout à l'égard des biens immeubles, qui, étant ordinairement d'une valeur plus conſidérable, ont été par cette raiſon aſſujettis à plus de formalités, qui les miſſent dans le cas d'être vendus plus avantageuſement, & qui puſſent conſerver plus facilement les droits des autres Créanciers, s'il y en a.

On voit par tout ce qui vient d'être dit, qu'en conſidérant les procédures qui s'emploient en juſtice, ſoit par rapport aux actes judiciaires en eux-mêmes, ſoit par rapport aux délais & aux formalités de ces mêmes actes, c'eſt une grande erreur de penſer, comme pluſieurs ſe l'imaginent, que les Procédures qui s'emploient en Juſtice ſont arbitraires & indifférentes.

En effet, ſi l'on conſidere les actes en eux-mêmes, il eſt évident que la néceſſité de ces actes eſt établie ſur les regles premieres & fondamentales de la Juſtice, à la réſerve ſeulement de quelques-uns, qui dans leur origine paroiſſent arbitraires, & que les beſoins de l'Etat ont fait établir, comme ſont les actes de préſentation.

Il en eſt de même, ſi l'on examine ces actes du côté des délais ou des formalités auxquelles ils ſont aſſujettis; & c'eſt une erreur de prétendre que ces formalités ſont arbitraires, ſi l'on entend cela des formalités intrinſeques aux actes, telles que ſont l'élection de domicile dans les Exploits de ſaiſies, &c. parceque ces formalités, ainſi que les délais, ſont établies ſur des raiſons d'équité, comme il feroit aiſé de le démontrer en les examinant chacune en particulier.

A l'égard des formalités extrinſeques, telles que ſont le contrôle des exploits, l'uſage du papier timbré, &c. quoique ces formalités ne ſoient pas eſſentielles en elles-mêmes, néanmoins, comme elles ont été auſſi établies ſur des fondements apparents de juſtice, elles doivent être regardées comme utiles; & l'on doit s'y conformer exactement, la volonté du Souverain l'ayant ainſi déterminé.

Il n'y a donc, à proprement parler, que les formalités purement arbitraires, auxquelles on n'eſt pas obligé de s'attacher, *v. g.* la maniere dont les actes doivent être rédigés ou conçus : auſſi l'Ordonnance n'a-t-elle rien preſcrit là-deſſus. Mais l'obſervation des autres formalités est tellement essentielle, pour la décision des affaires, qu'une cause jugée sans s'y être conformé, est un monstre de Justice plutôt qu'un Jugement. Ainsi un Juge qui feroit l'adjudication d'une Terre au profit d'un Particulier, sans observer la procédure nécessaire en pareil cas, exerceroit plutôt par cette conduite une voie de fait qu'un Jugement, quelque droit que ce Particulier pût avoir d'ailleurs dans cette Terre. Ce seroit à peu-près comme si ce Particulier, de son autorité privée, se faisoit justice par lui-même, ou la faisoit à autrui; ce seroit un vrai brigandage.

Le grand Prince (1) à qui nous sommes redevables des Ordonnances les plus belles & les plus sages de ce Royaume, a été pénétré de la vérité de ces maximes, & il a trouvé cette partie de notre Droit si importante, que c'est par elle qu'il a voulu commencer à régler la Justice, dont la forme est comme le centre & la base. Mais, en réglant cette forme, il l'a en même temps dépouillée & purifiée de tout ce qui pouvoit la rendre abusive; & pour cela il a pris sagement

(1) Louis XIV.

un milieu entre la brièveté toujours dangereuſe des Procédures, & cet excès de longueur qui force ſouvent un pauvre Plaideur à regarder l'abandon de ſon droit comme ſa ſeule reſſource, & l'unique moyen de ſe tirer d'affaire.

La forme ou procédure judiciaire étant donc de cette importance, il eſt d'une néceſſité indiſpenſable de s'y conformer exactement, ainſi qu'on vient de l'établir; & cette néceſſité eſt telle, qu'une Partie qui a manqué ou négligé de l'obſerver, doit porter la peine de ſa négligence, quelque bon droit qu'elle ait d'ailleurs.

Tous les motifs qu'on peut alléguer, même celui de rendre une juſtice plus prompte, ne peuvent ſervir de prétexte légitime pour s'écarter d'une Loi à laquelle les Cours ſouveraines elles-mêmes ſont les premieres à ſe conformer. La juſtice ne peut être rendue de différentes manieres: les regles établies à cet égard ne ſont point arbitraires; & elles ſont les mêmes pour tous les Juges, de quelque qualité qu'ils ſoient, & quelles que ſoient les fonctions qui leur ſont attribuées. Vouloir s'affranchir de ces regles, c'eſt vouloir ſe frayer un chemin vers l'indépendance; c'eſt jetter le trouble & la confuſion dans la Société.

Mais il n'arrive que trop ſouvent que l'on cherche à couvrir de prétextes ſpécieux l'abus qu'on veut faire de ſon autorité : il ſeroit ſans doute trop dangereux pour ceux qui veulent rendre des Jugements à leur guiſe, de ſe conformer aux regles ſages que l'Ordonnance a établies ; la vérité y paroîtroit trop dans ſon jour, & de tels Juges n'y trouveroient pas leur compte. C'eſt la réflexion ſur ce prétexte imaginaire, qui a donné lieu au Droit Romain de s'armer contre de pareils Juges. La Loi *probatam* 4 *Cod. de ſentent. & interlocut.* établit expreſſément qu'il n'eſt pas permis aux Juges de changer la forme ; & le même Droit Romain déclare ailleurs que ceux qui y contreviennent *gloriæ affectandæ causâ*, (1) ne doivent pas moins être châtiés ; ce qui eſt le cas de ceux qui agiſſent par ce motif d'accélération. On ne peut douter que ces Loix ne ſoient fondées ſur une grande & longue expérience des vérités précédentes.

Il eſt vrai que la Procédure entraîne ſouvent après elle des inconvénients, qui la font haïr de pluſieurs perſonnes judicieuſes ; & ce n'eſt pas ſans quelque fondement. La paſſion qui anime ordinaire-

---

(1) Voyez la Loi 11, ff. *de pœnis*.

ment les hommes, & les divers motifs d'intérêt, d'ambition ou de vengeance, qui déterminent leurs actions, font qu'ils se conduisent dans la poursuite de leurs différends d'une maniere proportionnée à ces motifs. Ceux qui ont intérêt à différer le Jugement, cherchent à alonger & à embarrasser leurs affaires par toutes les difficultés & par toutes les chicanes qu'ils peuvent imaginer; & ils trouvent de nouvelles inventions pour multiplier les Procédures & les difficultés en tant de manieres, que souvent une affaire qui devroit être terminée en peu de temps, si l'on suivoit les simples regles de la Procédure judiciaire, dure des années entieres.

D'un autre côté, ceux qui par leurs fonctions sont employés dans l'ordre & la dispensation de la Justice, conduits quelquefois par un esprit d'intérêt, & dans la vue d'un gain sordide, souvent aussi par la facilité qu'ils ont de le faire impunément, au lieu de détourner les Parties de la pratique de ces voies injustes, leur en fournissent de nouvelles; &, comme ils y trouvent leur compte, ils ne cessent de chercher les occasions de multiplier ces voies, & de prolonger celles qui sont nécessaires, soit par des actes inutiles ou d'une longueur superflue, soit par des délais hors de saison, soit en divisant les demandes ou les exceptions qu'ils pourroient former par un seul & même acte, contre la disposition si sagement établie dans l'article 6 du titre 20, & dans l'article 1 du titre 9 de l'Ordonnance de 1667. Ils trouvent même quelquefois dans les Loix qui fixent la Procédure, de nouvelles inventions & de nouveaux moyens pour la multiplier & la perpétuer en quelque sorte; & ils occasionnent par-là toutes ces suites fâcheuses, que souvent les Loix les mieux établies ont beaucoup de peine à faire cesser.

Mais tous ces inconvénients, quelque grands qu'ils soient, ne viennent point de la Procédure en elle-même; c'est uniquement à l'abus qu'en font les Parties & les Ministres inférieurs de la Justice, qu'il faut en attribuer la cause, & principalement à la facilité que la plupart des Juges ont à tolérer ces abus, & à leur négligence à les réprimer, comme ils le pourroient faire aisément. Car on n'abuse jamais de la Procédure, que quand on s'écarte des regles qu'elle prescrit: or ces regles sont marquées par l'Ordonnance, & il ne manque aux Juges que d'y tenir la main.

Les Ordonnances de 1667 & de 1670

II. De l'Ordonnance de 1667.

renferment éminemment tout ce qui est nécessaire pour remédier à ces abus, ces Ordonnances ayant dépouillé la Procédure de tout ce qu'elle avoit d'inutile ou de superflu. Elles ont établi dans toute leur simplicité les regles qui concernent la forme judiciaire; & elles l'ont fait d'une maniere capable d'exciter notre admiration. Rien n'est plus sagement ordonné que les différentes dispositions qui y sont portées; elles sont le résultat de la délibération mûre & réfléchie d'un certain nombre de personnes choisies & éclairées, parmi lesquelles M. de Lamoignon, alors Premier Président, & M. Pussort, Conseiller d'Etat, tiennent le premier rang. On admire partout la sagesse & les lumieres de ces deux grands Magistrats, qui ont été, pour ainsi dire, l'ame de ces deux Ordonnances.

On ne craint pas même de dire que le Réglement donné depuis quelques années par le Roi de Prusse pour la réformation de la Justice, & pour l'établissement d'une nouvelle Procédure dans ses Etats, dont on fait tant d'éloge, est moins simple que celui de la Procédure établie en France, telle qu'elle est prescrite par l'Ordonnance de 1667, quoique bien des personnes peu instruites, ou ſur un faux préjugé, s'imaginent le contraire. Il ne ſera pas difficile de porter ce jugement, en comparant enſemble ces deux Procédures. On donnera pour cela à la fin de cette Préface un extrait des articles du nouveau Réglement du Roi de Pruſſe, qui concernent la Procédure; & l'on verra par la ſimple lecture de ces articles, & par celle de quelques obſervations qu'on y a jointes, que ce n'eſt pas ſans raiſon qu'on attaque ici le préjugé où pluſieurs perſonnes ſont en faveur de la maniere d'y inſtruire & d'y juger les Procès. On ſera bientôt convaincu que la Procédure de France eſt plus ſimple, & que les articles qui dans le Réglement établi pour la Pruſſe paroiſſent avoir quelque avantage ſur ce qui s'obſerve en France, ſont abſolument impraticables dans l'uſage. Il n'y a, à proprement parler, que la limitation du tems & des délais pour appeller en Juſtice, en quoi cette Procédure ait quelque avantage ſur la nôtre.

Quoique l'Ordonnance de 1667, ſuivant ſon préambule, ſoit particuliérement deſtinée au Réglement de la Procédure civile, néanmoins elle regarde en pluſieurs points la Procédure qui doit s'obſerver dans les Procès criminels : il ſuffit de lire les titres 1, 23 &

24, ainsi que l'article 9 du titre 34 de cette Ordonnance, pour s'en convaincre. Je crois même qu'on peut regarder comme une regle générale que les dispositions de l'Ordonnance de 1667 peuvent être appliquées aux matieres criminelles dans tous les cas où cette application peut être faite. Mais une des principales différences entre cette Ordonnance & celle de 1670, c'est que celle-ci est faite en partie pour régler le fond & la compétence des Juges, au lieu que l'Ordonnance de 1667 ne regarde uniquement que la Procédure, si l'on en excepte seulement l'art. 11 du tit. 2, où l'on trouve quelque chose en passant sur la compétence des Juges de Seigneurs en matiere civile. Si l'on veut avoir un plus grand éclaircissement sur ce qui regarde en général cette compétence des Juges; il faut voir l'Edit de Crémieu, & les autres Réglements rendus en interprétation, que l'on trouvera dans le Recueil en trois tomes *in*-12, que nous avons donné au public, des Ordonnances, Edits, Déclarations & Arrêts de Réglements cités dans nos Commentaires sur les Ordonnances des mois d'Avril 1667, Août 1669, Août 1670 & Mars 1673 (1).

(1) Ce Recueil se trouve à Paris, chez Debure, Libraire, Quai des Augustins, près de

On s'étonnera ſans doute que ces Ordonnances de 1667 & 1670 étant d'une ſi grande importance pour l'adminiſtration de la Juſtice, il y ait ſi peu de perſonnes, même parmi celles deſtinées au Barreau, qui s'appliquent ſérieuſement à les étudier. Rien n'eſt plus ordinaire que de voir des hommes amateurs des Belles-Lettres, & qui ne ſont pas même deſtinés par état à ce genre d'étude, apporter tout le ſoin & l'exactitude dont ils ſont capables pour connoître la liaiſon & les parties d'un diſcours, & pour s'attacher ſcrupuleuſement à la ſignification naturelle des termes des Auteurs, qui ſouvent ne ſervent pas beaucoup à nous inſtruire, pendant que les perſonnes attachées par leurs fonctions à l'étude de la Juriſprudence, ſe diſpenſent & négligent de prendre toutes ces meſures, quand il s'agit d'expliquer le texte d'une Loi ou d'une Ordonnance, & d'en connoître l'eſprit. Ils traitent même le plus ſouvent ce travail de minutie; comme s'il étoit moins important de connoître le ſens des Loix qui doivent ſervir de regle aux Juges & aux autres Miniſtres de la Juſtice, que de con-

la rue Pavée ; il a été imprimé en 1757, & ſe vend 12 liv. 12 ſ.

noître celui du paſſage d'un Auteur.

III. Du ſtyle de l'Ordonnance

Pour connoître particulièrement cet eſprit des Ordonnances, il faut obſerver que, dans les différentes diſpoſitions qu'elles renferment, il y a des choſes dont le ſens ſe préſente à la premiere lecture, & qu'il y en a d'autres qu'il faut un peu approfondir pour le trouver. Le premier ſens qui ſe préſente d'abord n'eſt pas toujours le ſens naturel, ce qui vient du ſtyle concis qui eſt propre aux Ouvrages de ce caractere; & c'eſt en ce ſens que Tacite a dit : *Imperatoria brevitas* (1). Ce ſtyle ſuccinct & concis eſt plus efficace, & il répond même à la dignité du ſujet : il la ſoutient, & contribue beaucoup à rendre l'eſprit juſte, fin, pénétrant & étendu; & c'eſt là le fruit qu'on tire ordinairement de l'application à l'étude de ces mêmes Ordonnances. Celle de 1667 (& il en eſt de même de l'Ordonnance de 1670), eſt pleine, pour ainſi dire, de ſuc & de ſubſtance : les choſes qui y ſont décidées, ſervent d'ouverture pour celles qui ne le ſont point, ou qui ne le ſont que légèrement. On peut dire qu'elle renferme en quelque ſorte le germe des déciſions, & qu'elle

---

(1) Voyez-en des exemples dans les Lettres de Pline le jeune, livre 10.

contient en général un ſens beaucoup plus étendu que l'expreſſion ne ſemble d'abord le marquer.

Puiſque les diſpoſitions portées par ces Ordonnances ſont la Loi qui doit ſervir de regle fixe aux Praticiens & aux Juges touchant la conduite qu'ils doivent tenir dans la pourſuite & la déciſion des affaires, il s'enſuit néceſſairement que l'introduction & l'uſage de ce qui eſt défendu par ces mêmes Ordonnances eſt nul; autrement elles deviendroient illuſoires. Auſſi l'Ordonnance de 1667, tit. 1, déclare-t elle expreſſément nuls & de nulle valeur, tous Arrêts & Jugements qui ſeront donnés contre la diſpoſition des Ordonnances, Edits & Déclarations.

L'omiſſion ou altération de ce qui eſt poſitivement ou affirmativement établi par l'Ordonnance, entraîne même quelquefois la nullité de l'acte où eſt cette omiſſion; mais il faut, pour que cela ait lieu, qu'il ſoit ainſi marqué par l'Ordonnance. Telle eſt la diſpoſition de l'article 20 du titre 22 de la même Ordonnance, où il eſt dit que, ſi l'Enquête péche en quelqu'une des circonſtances qui la compoſent, elle devient nulle. Tel eſt auſſi l'art. 19 du tit. 33 qui concerne les Saiſies, & qui renferme une ſemblable diſpoſition.

L'Ordonnance a abrogé tous usages & toutes coutumes contraires aux dispositions qu'elle a établies ; si ce n'est à l'égard des formalités prescrites par quelques Coutumes en matiere de retrait lignager, où ordinairement tout est de rigueur, & qui doivent être exactement observées dans ces Coutumes, outre les autres formalités prescrites par l'Ordonnance : ainsi c'est une mauvaise excuse & un prétexte frivole, de vouloir corriger l'Ordonnance par l'usage. Il ne faut pas accommoder les Ordonnances à l'usage, mais l'usage aux Ordonnances ; c'est ce qui résulte de la disposition mise à la fin de l'art. 42 du tit. 35 de l'Ordonnance de 1667, & de l'art. 9 du tit. 28 de l'Ordonnance de 1670, par laquelle Sa Majesté abroge toutes Ordonnances, Coutumes, Loix, Statuts, Réglemens, Styles & Usages différents, ou contraires aux dispositions contenues dans ces deux Ordonnances.

IV. Plan de l'Ouvrage.

On a tâché, dans le Commentaire qu'on donne aujourd'hui, de faire l'application de toutes les regles précédentes, & sur-tout de bien pénétrer le sens de chaque article de l'Ordonnance. Et, comme rien ne peut mieux faire connoître l'esprit de l'Ordonnance, que l'examen de tout ce qui s'est passé dans les

Conférences qui furent tenues lors de sa rédaction, on s'est attaché,

1°. Avant toutes choses, à rapporter sur les différents articles de l'Ordonnance tout ce qui peut contribuer à leur éclaircissement, tiré du Procès-verbal même de ces Conférences (1). On a cité ce Procès-verbal par pages dans toute la suite de ce Commentaire, parceque ces pages se rapportent toutes, & sont les mêmes dans les différentes éditions que l'on connoît de ce même Procès-verbal.

2°. On a mis en peu de mots, quand on a cru que cela étoit nécessaire, les raisons des dispositions de l'Ordonnance, du moins celles qui ne se présentent pas d'abord à l'esprit : car on a eu principalement en vue dans l'Ouvrage qu'on donne au Public, d'être utile aux Juges & à ceux qui étudient la Jurisprudence par principes, plutôt qu'aux Praticiens. Néanmoins ces derniers pourront y puiser plusieurs regles & plusieurs décisions nécessaires à leur état.

---

(1) On ne peut trop recommander la lecture de cet excellent Ouvrage, qui peut mieux que tout autre faire connoître l'esprit & le motif des dispositions des Ordonnances de 1667 & 1670. La derniere édition qui en a été faite est de l'année 1740, & elle se trouve chez Debure pere, & autres Libraires associés.

3°. Depuis que l'Ordonnance de 1667 a paru, il a été rendu plusieurs Edits & Déclarations qui en ont expliqué, corrigé ou étendu les dispositions. Tels sont entre autres l'Edit du mois de Décembre 1684, touchant les Reconnoissances des Billets & Promesses sous seing-privé; (Voyez le nouveau Recueil de Réglements en 3 vol. in-12, tome I, p. 548:) la Déclaration du 9 Avril 1736, touchant les Registres de Baptêmes, Mariage & Sépultures, & quelques autres. (V. *ibid.* tome III, page 457.) On a rapporté en entier la disposition de ces Réglements sur chacun des articles où ils se rapportent naturellement.

4°. Le nouveau Réglement du 28 Juin 1738, touchant la Procédure qui doit s'observer au Conseil du Roi (rapporté au même Recueil, tome III, page 553) contient plusieurs dispositions qui reçoivent leur application à l'Ordonnance de 1667, & qui servent à l'expliquer: on a aussi rapporté ces dispositions aux articles où elles doivent s'appliquer.

5°. On a pris aussi dans les Ordonnances des Eaux & Forêts, de la Marine, du Commerce & des Aydes, les différentes décisions qui peuvent recevoir leur application à l'Ordonnance civile.

6°. Comme la plupart des articles de

de l'Ordonnance s'expliquent les uns par les autres, on a eu ſoin de mettre exactement ſur chacun de ces articles les citations & renvois aux autres articles avec leſquels ils ont rapport, ou qui renferment des diſpoſitions qui ſervent à les expliquer, de la même maniere qu'on l'a pratiqué dans le Commentaire ſur l'Ordonnance criminelle.

7°. On eſpere que le Public aura tout lieu d'être content de cette nouvelle édition, que l'on a augmentée & perfectionnée, & pour laquelle un Magiſtrat (1) encore plus diſtingué par ſon mérite que par ſon rang, & qui poſſede parfaitement ces ſortes de matieres, a bien voulu nous faire part de ſes réflexions, comme il a déjà fait pour notre Commentaire ſur l'Ordonnance de 1670.

Nota. Le Recueil des Réglements auquel on renvoie dans ce Commentaire, eſt le *Recueil chronologique des Ordonnances, Edits & Arrêts de Réglements cités dans les nouveaux Commentaires ſur les Ordonnances des mois d'Avril* 1667, *Août* 1669, *Août* 1670, *& Mars* 1673, imprimé en 1757 en trois tomes in-12, & qui ſe vend à Paris chez le même Libraire.

(1) M. Joly de Fleuri, ancien Avocat-Général, & depuis Procureur-Général.

EXTRAIT

De la nouvelle Procédure établie en Prusse par le Roi Fréderic,

Suivant l'exposition qui en a été donnée par M. Formey (1).

Tout ce qu'il y a de particulier dans la nouvelle Loi établie en Prusse pour la réformation de la Justice, suivant cet exposé, se réduit aux choses qui suivent.

ARTICLE X. *Les Procès seront terminés par trois Instances dans l'espace d'une année.*

ART. XIX. *La rétribution & salaire des Avocats pour la poursuite des affaires, sera déterminée par la Sentence dans chaque Instance, & modérée selon leur travail, & à proportion de la qualité des affaires, de l'objet des mêmes affaires, & des facultés des Parties.*

Il est aussi défendu aux Avocats de prendre un sol avant que le Procès soit

(1) Professeur de Philosophie & Secrétaire perpétuel de l'Académie de Berlin.

terminé ; & par-là ils ont le même intérêt que les Parties à en voir la fin.

ART. XX. *Avocats supprimés dans les petits lieux.*

ART. XXIII. *Les Juges inférieurs doivent expliquer aux Parties d'une maniere claire & positive, & même leur indiquer au bas de la Sentence le terme dans lequel l'appel peut être reçu, & ensuite recevoir la déclaration d'appel, & la faire signifier à la Partie adverse, afin qu'elle ne requiere point l'exécution de la Sentence dont l'effet est suspendu par l'appel.*

ART. XXIV. *Il y a néanmoins des cas où l'appel ne suspend point l'exécution de la Sentence ; comme quand il y a du péril en la demeure, & autres cas portés par l'Ordonnance faite pour la réformation de la Justice.*

ART. XXV. *Le tems accordé à l'Appellant pour profiter de la voie d'appel & déduire son droit, est limité à quatre semaines. Ce temps paroîtroit peut-être court, si l'Appellant étoit obligé de rassembler lui-même les pieces qui servent à l'instruction de son affaire, ou s'il falloit qu'il se mît en frais, en recourant à un Avocat, qui fît des copies de toutes ces écritures. On prévient tout cela, en enjoignant au Juge inferieur d'envoyer immédiatement après l'appel, & sans autre ordre spécial, tous les actes au Tribunal supérieur ; de sorte qu'avec ce secours, les quatre semaines sont suffisantes pour revoir l'affaire, & rendre une nouvelle Sentence. Souvent les actes mêmes prouvent clairement que les griefs déduits & présentés par l'Appellant sont dénués de tout fondement. Dans ce cas, comme il seroit inutile de faire de nouveaux frais, & de perdre le tems, l'Appellant doit être débouté par un Arrêt bien motivé ; au lieu qu'en France il faut entendre sur l'appel l'autre Partie.*

Mais si les griefs de l'Appellant ont le moindre fondement, & qu'il reste lieu à quelque doute, ou bien si l'Appellant éclaircit des faits qui n'avoient pas été suffisamment discutés, & s'il offre faire de nouvelles preuves, dans ce cas, le Juge d'appel doit entendre les Parties.

ART. XXVI. *Pour établir leurs droits elles fournissent dans les délais portés par l'Ordonnance leurs écritures, qu'on nomme* déduction, exception, réplique & duplique.

ART. XXVII. *Trois Instances suffisent pour discuter solidairement les affaires litigieuses.*

L'Arrêt rendu dans la troisieme Instance, qui réforme le Jugement rendu en premiere instance, doit contenir les raisons tirées du fait & du droit ; & ces raisons doivent être insérées dans l'Arrêt, ou y être jointes, lorsqu'elles demandent une ample discussion.

(1) Et lorsque les deux Jugements des deux premieres instances sont conformes, alors comme la présomption est du côté de celui qui a eu gain de cause, si les deux Rapporteurs nommés dans la troisieme Instance jugent que la Partie adverse a raison, dès lors tous les Membres du Tribunal doivent opiner séparément, & sans se communiquer leurs avis les uns aux autres, & ils envoient ensuite leurs avis séparément au Président, afin qu'après avoir compté les voix, & discuté de nouveau l'affaire dans l'Assemblée, on rende à la pluralité des voix un Arrêt bien motivé, qui réfute les raisons contenues dans les deux Jugements précédents.

ART. XXXV. *Les Avocats sont chargés seuls du soin d'instruire les Causes, & de comparoître aux jours d'Audience. Avant la plaidoirie, eux, ou ceux qu'ils ont substitués à leur place lorsqu'ils ne peuvent être présents eux-mêmes, présentent leurs pieces d'écritures, dont l'original est joint aux actes judiciaires, & la copie sur-le-champ remise à l'Avocat de la Partie adverse.*

Au lieu des délais, requêtes, sommations, interpellations, & autres actes nécessaires pour l'instruction des Procès qui

(1) Tout ce qui est dit en cet *alinea*, se trouve en une note mise au bas de cet article dans le même Ouvrage de M. Formey.

se faisoient ci-devant par écrit, ils doivent les faire dorénavant de bouche. Sur quoi & après avoir écouté briévement l'Avocat de l'autre Partie, la Justice, sur le protocole tenu à ce sujet, donne un Décret qui est publié à l'Audience suivante. S'il arrive quelque incident qui ne puisse pas être décidé d'abord, on renvoie les Avocats dans l'autre Chambre, pour plaider & contester plus amplement. On délivre ensuite les expéditions au Greffe ou à la Chancellerie; & cela épargne le temps & les frais qu'il en coûte aux Parties pour dresser les requêtes, & pour signifier les décrets, sommations & autres actes.

Une autre précaution importante, c'est qu'aucune représentation ne soit reçue, à moins qu'elle ne soit signée d'un Avocat; & si cette représentation n'est pas réguliere, & suivant la teneur de l'Ordonnance, il est d'abord condamné en l'amende.

Il y a un Avocat particulier établi pour les pauvres.

ART. XXXVI. *Abrogation des Procureurs. Les Avocats en feront les fonctions, & instruiront les Procès.*

ART. XXXVII. *Lorsque le Défendeur est absent, ou duement empêché de comparoître, il peut alors demander un délai pour avoir le tems de rassembler ses moyens de défenses, lequel lui sera accordé, tel qu'on le jugera convenable aux circonstances où il se trouve, & la procédure ne sera entamée qu'après l'expiration de ce délai.*

ART. XXXVIII. *Tous Procès de rapport seront expédiés en huit ou quinze jours ; & s'il étoit nécessaire de passer ce terme, ce ne doit être qu'après avoir produit les preuves de cette nécessité au Président.*

ART. XXXIX. *Abrogation de l'usage d'envoyer les Procès importants aux Universités pour les examiner, & avoir leur avis avant de les juger.*

ART. XL. *Pour empêcher que les Instances ne traînent au troisieme Tribunal, les Procès y pendants y seront préalablement instruits ; & ce n'est qu'après que les Parties ont établi leurs faits, que les actes sont renvoyés à l'examen du Tribunal qui juge en dernier ressort.*

OBSERVATIONS

Sur la Procédure établie en Prusse.

Sur l'Article X. CEt Article, ainsi que l'article 27, qui exige trois Instances pour terminer un Procès en dernier ressort, est beaucoup plus désavantageux qu'en France, où le plus souvent les affaires sont terminées souverainement dès la seconde Instance, & souvent par une seule ; comme dans les Présidiaux, & dans les jurisdictions Consulaires, dans les cas où ces derniers Tribunaux jugent en premiere Instance, & en dernier ressort.

A l'égard de ce qui est dit ensuite dans le même article sur l'obligation de terminer les Procès dans l'espace d'une année, cela n'est souvent pas possible ; comme dans le cas de décès successif des Parties, ou lorsque les affaires sont d'une très longue discussion. Il y a les trois quarts des Procès qui se présentent en Justice, comme dans les Justices Consulaires & dans les autres, quand il s'agit de matieres sommaires, où il seroit plus convenable d'assigner seulement un délai de trois mois, & souvent moins pour les terminer, que de fixer par une Loi générale un délai d'un an pour terminer toutes sortes de Procès sans aucune distinction.

Sur l'Art. XIX. La seconde partie de cet article, qui paroît d'abord très avantageuse, est presque impossible dans son exécution. On a beau faire, on n'empêchera jamais des Ministres de la Justice de recevoir ce qui leur est volontairement offert par leurs Parties dans le cours d'une affaire, & avant qu'elle soit terminée, n'y ayant rien en cela qui viole les regles de la justice. D'ailleurs en observant cet article à la lettre, les gens peu riches seroient souvent dans le cas de ne point trouver d'Avocats pour prendre leur défense, dans la crainte que ceux-ci auroient d'être mal payés de leur Parties après le jugement du Procès.

Sur l'Art. XX. Cet article peut être sujet à beaucoup d'inconvénients. Il y a des cas où le ministere des Avocats & Procureurs (car ces deux fonctions sont réunies en Prusse, comme il est dit en l'art. 36.) est indispensable, soit par l'ignorance des Parties, ou autres semblables empêchements. Ainsi, en supprimant ces personnes dans les petits lieux, c'est mettre souvent les Parties peu instruites dans le cas de n'avoir point de défenseurs.

Sur l'Art. XXIII. En France, la signification d'appel a le même effet, & l'on épargne la réception de cet appel par le Juge; ainsi notre Procédure est plus simple & moins coûteuse.

Sur l'Art. XXIV. Cette disposition s'observe en France.

Sur l'Art. XXV. Il seroit à souhaiter que le délai de dix ans, pour appeller, établi en France par l'art. 17 du tit. 27 de l'Ordonnance de 1667, pût être restreint; & il faut convenir qu'en ce point la Procédure de Prusse a de l'avantage sur la nôtre.

A l'égard de ce qui est dit dans le même article, que les pieces du Procès dont il y a appel, doivent être envoyées au Juge supérieur, pour juger si l'Appellant est bien fondé ou non dans son appel, cela ne peut avoir lieu à l'égard des Procès jugés à l'Audience, où les moyens des Parties ne se rédigent pas ordinairement par écrit, mais sont plaidés par les Avocats; ce qui est plus simple & moins coûteux.

Ce qui est ajouté ensuite, que quand il paroît par la lecture des actes mêmes de la procédure, que les griefs présentés par l'Appellant sont dénués de tout fondement, dans ce cas il doit être débouté de son appel, sans qu'il soit besoin d'entendre l'autre Partie, contre l'usage observé en France; cela mérite explication. Il n'est pas vrai que sur l'appel il soit nécessaire d'entendre l'autre Partie sur les griefs proposés par l'Appellant : parmi nous tout ce que l'Ordonnance exige, c'est que ces griefs soient communiqués à l'autre Partie, afin qu'elle puisse y répondre, si elle le juge à propos, & si ces griefs sont de nature à mériter une réfutation. Mais il est libre à cette Partie de garder le silence, si ces mêmes griefs sont denués de tout fondement, & les Juges peuvent alors juger le Procès, sans qu'il soit nécessaire d'entendre cette autre Partie sur les griefs proposés; de la même maniere que tous les jours on voit à l'Audience condamner le Demandeur sur la seule plaidoierie de son Avocat ou de son Procureur, & sans avoir entendu l'autre Partie, lorsque les moyens de ce Défendeur sont destitués de tout fondement.

Au surplus ce qui est dit à la fin de ce même article 25, & qui est conforme à l'usage établi en France, rend la disposition dont on vient de parler presque inutile.

Sur l'Art. XXVI. Les dupliques

ſont ici conſervées ; ce qui n'eſt propre le plus ſouvent qu'à alonger la procédure. L'art. 3 du tit. 14 de l'Ordonnance de 1667 les a ſagement retranchées en France.

Sur l'Art. XXVII. Voyez au ſujet des trois Inſtances ce qui eſt dit ci-deſſus ſur l'article X.

Ce qui eſt requis dans la ſuite de cet article 27 doit rendre le diſpoſitif des Arrêts très long, & doit auſſi beaucoup retarder l'expédition des affaires, ainſi que ce qui eſt ajouté enſuite ſur la maniere d'opiner.

Sur l'Art. XXXV. Ces communications de la main à la main ſont ſujettes à bien des inconvénients, à moins qu'elles ne ſoient faites ſur-le-champ, & en préſence du Juge. Mais comment pourra-t-elle ſe faire, ſi l'une des Parties fait défaut ? La voie de la ſignification par des Huiſſiers eſt beaucoup plus ſimple & plus sûre.

Ce qui eſt dit dans la ſuite du même article à l'égard des requêtes, s'obſerve auſſi en France, à la réſerve de l'amende, qui n'ajoute rien au devoir des Avocats & des Procureurs ſur ce point.

A l'égard de l'Avocat particulier établi pour les pauvres, il peut y avoir en cela quelque avantage, ſi cet Avocat eſt payé par le Roi. Au reste en France tous les Avocats & les Procureurs indistinctement doivent donner gratuitement leur ministere aux pauvres, suivant la disposition de l'Ordonnance de Charles V de l'année 1364, art. 7, & celle de François premier du 30 Août 1536, chap. 1, art. 39. Ces Ordonnances enjoignent même aux Juges de contraindre, de punir & mulcter les Avocats qui refuseroient sans cause leur ministere à ces sortes de personnes (1).

Sur l'Art. XXXVI. Dans l'Anjou & le Maine, où les fonctions de Procureurs sont unies à celles d'Avocats, on ne voit pas qu'il en résulte un grand soulagement pour les Parties.

Sur l'Art. XXXVII. La disposition de cet article revient aux délais établis en France sur les assignations.

Sur l'Art. XXXVIII. Cet article est absolument impraticable dans l'usage, sur-tout à l'égard des Procès qui exigent une longue discussion.

Sur l'Art. XL. Cette disposition a lieu en France.

---

(1) La premiere de ces Ordonnances est rapportée par Fontanon, tome 1, p, 25 de l'édition de 1611; & la seconde se trouve dans le Recueil de Joli, tome 1, page 575. Voyez aussi Papon en ses Arrêts, livre 6, titre 4, nombre 4.

IDÉE GÉNÉRALE,

OU

ABRÉGÉ

DE L'ADMINISTRATION

DE LA JUSTICE,

Et principalement de la Justice Civile.

IDÉE GÉNÉRALE, OU ABRÉGÉ DE L'ADMINISTRATION DE LA JUSTICE,

Et principalement de la Justice Civile.

Pour servir d'introduction au nouveau Commentaire de l'Ordonnance de 1667.

L'ADMINISTRATION de la Justice considérée en général, renferme la connoissance, l'instruction & la décision de tous les procès & différends qui peuvent être l'objet de la Justice.

La Justice considérée en elle-même se divise en *Justice ecclésiastique* & en *Justice séculiere*.

La Justice *ecclésiastique* est de deux sortes; *intérieure* ou *extérieure*.

La Justice ecclésiastique proprement dite, ou *intérieure*, est celle qui s'étend sur les choses purement spirituelles, & entre toutes sortes de personnes, soit laïques, soit ecclésiastiques. La

Justice ecclésiastique improprement dite, ou *extérieure*, est celle qui s'étend sur les personnes ecclésiastiques en matiere pure personnelle : cette seconde espece de Justice est plutôt temporelle qu'ecclésiastique. L'une & l'autre de ces Justices s'exercent par les Officiaux, & elles appartiennent aux Evêques & aux Archevêques, qui tiennent la premiere de Jésus-Christ ; mais, à l'égard de la seconde, ils ne la tiennent que des Souverains qui ont bien voulu la leur accorder.

La Justice *séculiere* est celle qui s'étend sur toutes les choses temporelles ; elle se divise en Justice *civile*, en Justice *criminelle*, & en Justice *de police*. Toutes les Justices séculieres appartiennent au Roi, ou aux Seigneurs Hauts-Justiciers, qui les tiennent du Prince en fief, ou en arriere-fief, & elles sont exercées par les Officiers du Roi, ou par ceux des Seigneurs Hauts-Justiciers.

La Justice *civile* est celle qui a pour objet toutes les matieres civiles, & qui s'exerce par les Juges ordinaires, soit royaux ou de Seigneurs.

La Justice *criminelle* est celle qui est établie pour la punition des crimes ; elle s'exerce par les Lieutenants-Criminels & autres Juges préposés à cet effet.

Enfin, la Justice qui concerne *la police*, a pour objet l'ordre qui doit s'observer dans les Villes & autres lieux, pour y maintenir une exacte discipline, ainsi que la sûreté des habitants, soit pour leurs personnes, soit pour leurs biens ; elle s'exerce en premiere instance par les Lieutenants Généraux & autres Juges de police.

Toutes ces Justices s'exercent non-seulement par des Juges particuliers, mais elles s'administrent aussi suivant de certaines regles & des formalités, dont il n'est pas permis aux Juges de s'écarter.

Ainsi tout ce qui a rapport à la Justice peut se réduire aux trois objets suivants ; savoir:

1°. A ce qui fait l'objet de la Justice.

2°. Aux personnes préposées pour l'administrer.

3°. A la maniere d'instruire & de juger les Procès ; ce qu'on appelle *Ordre judiciaire.*

On ne parlera ici que de la Justice civile, ce qui comprend aussi la police & la finance, & l'on ne dira rien de ce qui regarde la Justice ecclésiastique, ni de ce qui concerne la Justice criminelle. On a suffisamment traité de la premiere dans le Commentaire sur l'Édit du mois d'Avril 1695 ; & ce qui regarde la Justice criminelle a été discuté assez au long dans le Commentaire que nous avons donné sur l'Ordonnance criminelle de 1670, qui vient d'être réimprimé.

TITRE PREMIER.

De ce qui fait l'objet de la Justice civile.

L'Objet de la Justice civile est tout ce qui concerne les matieres civiles : ces matieres sont ou de *Droit public*, ou de *Droit privé.*

Les matieres de *Droit public* sont toutes celles qui intéressent l'ordre public, le Souverain, & le Gouvernement, comme sont les affaires de police & de finance.

Les matieres de *Droit privé* sont celles qui intéressent tous les particuliers, pour être conservés dans la possession de leurs biens ou de leurs droits. Telles sont les conventions, les successions, les testaments, les engagements en général, les suites des engagements, comme sont les gages & hypotheques, les cautions, les possessions, la prescription, les restitutions en entier, &c.

On ne traitera point ici de ces objets en particulier, parceque ces articles feroient la matiere de plusieurs volumes, & qu'ils sont étrangers au plan qu'on s'est proposé ici de ne traiter que de ce qui regarde l'ordre judiciaire.

TITRE II.

Des personnes préposées pour l'administration de la Justice civile.

CEs personnes sont les *Juges*, les *Avocats & Procureurs du Roi* ou *Fiscaux*, les *Commissaires-Enquêteurs*, les *Greffiers*, les *Avocats*, les *Procureurs*, les *Huissiers & Sergents.*

SECTION PREMIERE.

Des Juges en général.

LEs Juges peuvent être considérés, ou par rapport à leur qualité, ou par rapport aux matieres & aux personnes dont ils peuvent connoître, ou par rapport à la nature des Jugements qu'ils rendent.

1°. Les *Juges*, considérés par rapport à leur qualité, peuvent être distingués en *Juges Royaux*, & en *Juges de Seigneurs*. Les *Juges Royaux* sont ceux qui sont établis par le Roi dans les Cours souveraines; Bailliages, Sénéchaussées, Prévôtés, & autres Justices Royales. Les *Juges de Seigneurs* sont ceux qui sont établis par les Seigneurs particuliers dans l'étendue de leurs Justices.

2°. Par rapport aux affaires dont les Juges peuvent connoître, on peut les diviser en *Juges ordinaires* & en *Juges extraordinaires*.

Les *Juges ordinaires* sont ceux qui de Droit commun connoissent de toutes sortes de matieres, excepté de celles qui sont attribuées spécialement à d'autres Juges. Tels sont les Juges des Seigneurs Hauts-Justiciers, les Prévôts Royaux, qu'on nomme en quelques endroits Châtelains, Vicomtes ou Viguiers, les Baillis & Sénéchaux Royaux, & les Cours de Parlement.

Les *Juges extraordinaires* sont ceux qui ne peuvent connoître que de certaines affaires, dont la connoissance leur est attribuée par les Ordonnances du Royaume. Tels sont les Juges des Elections, ceux des Traites-Foraines, les Juges des Gabelles, ceux des Amirautés, les Trésoriers, les Juges des Eaux & Forêts, ceux des Chasses, les Lieutenants Généraux de Police, les Juges-Consuls, les Juges des Monnoies, les Connétablies, Tables de Marbre, Cours des Aides, Cours des Monnoies, Chambres des Comptes, les Intendants des Provinces, &c.

Quelques Juges connoissent indistinctement de toutes sortes de matieres de Justice ordinaire; mais seulement jusqu'à une certaine somme. Tels sont les Siéges Présidiaux, le Siege Auditeur du Châtelet de Paris, les Juges des causes de quarante livres du Châtelet d'Orléans, &c. & tels étoient autrefois à Rome les Juges appellés *Defensores Civitatum*, qui ne pouvoient connoître que jusqu'à la concurrence de trois cents écus d'or.

Enfin il y a des Juges qui peuvent connoître de toutes sortes de matieres, à quelque somme qu'elles montent, mais seulement entre certaines personnes. Tels sont les Juges de privileges, v. g. les Conservateurs des Universités, ceux des Foires de Champagne & de Brie, les Juges des Requêtes de l'Hôtel ou du Palais, le Grand-Conseil, &c.

3°. Les Juges, considérés par rapport à la nature de leurs jugements, se divisent en *Juges de premiere instance*, & en *Juges d'appel.*

Les *Juges de premiere instance* sont ceux devant lesquels on porte d'abord les contestations pour les décider. Tels sont les Juges de Seigneurs, les Prévôts Royaux, les Juges des Elections, ceux des Monnoies, des Gabelles, &c.

Les *Juges d'appel* sont ceux qui, sur l'appellation interjettée par celui qui prétend avoir été mal jugé par le Juge de premiere instance, connoissent une seconde fois de l'affaire, & décident si le Juge de premiere instance a bien ou mal jugé. Tels sont les Baillis & Sénéchaux, ceux des Tables de Marbre, & les Cours Souveraines.

Quelques-uns de ces Juges sont Juges de premiere instance en certains cas, & Juges d'appel en d'autres. Tels sont les Baillis & Sénéchaux, les Juges Présidiaux, & les Cours Souveraines en quelques occasions.

4°. On peut distinguer les Juges en *Juges à la charge de l'appel*, & en *Juges en dernier ressort.*

Les Juges à la *charge de l'appel* sont ceux dont les sentences peuvent être portées par appel devant un Juge supérieur où ressortit l'appel de leurs Sentences, comme sont les Juges de Seigneurs & les Prévôts Royaux, dont les appellations ressortissent devant les Baillis & Sénéchaux; les Juges des Elections & ceux des Greniers à Sel & des Traites-Foraines, dont les appels se portent aux Cours des Aides; les Juges-Gardes des Monnoies, dont les appellations se portent aux Cours des Monnoies, & ainſi des autres.

Les *Juges en dernier reſſort* ſont ceux dont on ne peut appeller. Tels ſont les Préſidiaux, lorſqu'ils jugent au premier chef de l'Edit; le Siége des cauſes de quarante livres & au-deſſous, établi pour le Châtelet d'Orléans; les Juges-Conſuls, lorſqu'il ne s'agit que de la ſomme de cinq cents livres; ceux des Elections, lorſqu'il ne s'agit que d'une ſomme de trente livres, &c.

Il y a des Juges qui, en certains cas, ſont Juges à la charge de l'appel, & en d'autres, Juges en dernier reſſort, comme ſont les Préſidiaux, les Elus, les Officiers des Greniers à Sel, les Juges-Conſuls, &c.

Les Cours ſouveraines, comme ſont les Parlements, les Cours des Aides, les Cours des Monnoies, les Chambres des Comptes & le Grand-Conſeil, ſont auſſi Juges en dernier reſſort & dans toutes ſortes de cas indiſtinctement; mais on les qualifie plus ordinairement de Juges ſouverains; ce qu'on ne peut pas dire des Préſidiaux, dans le cas même où ils jugent en dernier reſſort.

5°. Il y a des Juges délégués qui connoiſſent de certaines affaires, en vertu de commiſſions qui leur en attribuent la connoiſſance, comme ſont les Intendants ou Commiſſaires départis dans les Provinces, & autres Commiſſaires nommés par le Roi, qui connoiſſent de certaines affaires, ſoit de finance ou autres. Ces Commiſſaires jugent ordinairement en dernier reſſort, & l'on ne peut ſe pourvoir contre leurs Jugements & Ordonnances qu'au Conſeil du Roi.

6°. Enfin on peut, par une vue générale, diſtinguer en chaque Juriſdiction, deux ſortes de fonctions qui ſont exercées par les mêmes Juges, l'une pour les matieres civiles, & l'autre pour les matieres criminelles. Ces deux fonctions se trouvent non-seulement dans toutes les Jurisdictions ordinaires, mais aussi dans toutes les autres, comme les Elections, les Monnoies, les Cours des Aides, &c. Je ne parlerai ici que de ce qui a rapport à la Justice civile : on trouve, à la tête du nouveau Commentaire sur l'Ordonnance de 1670, une instruction assez circonstanciée pour ce qui regarde les affaires criminelles.

SECTION II.

Des autres Ministres de la Justice.

LES Ministres de la Justice, en matiere civile, sont les *Avocats* & *Procureurs du Roi*, les *Procureurs Fiscaux*, les *Commissaires-Enquêteurs-Examinateurs*, les *Greffiers*, *les Avocats*, les *Procureurs*, & les *Huissiers* & *Sergents*.

Les *Procureurs du Roi* sont des Officiers établis dans les Justices Royales, pour maintenir l'ordre public dans l'étendue de leur ressort, & pour intervenir dans les causes où le Roi & le Public ont intérêt, comme sont les causes des Eglises, des Mineurs qui n'ont point de Tuteurs, &c.

Les *Procureurs Fiscaux* ont les mêmes fonctions dans les Justices de Seigneurs où ils sont établis, lorsqu'il s'agit des droits & revenus ordinaires du Seigneur, ou de l'ordre public.

Les *Promoteurs* des Officialités ont aussi à-peu-près les mêmes fonctions; c'est à eux qu'appartient le soin de requérir tout ce qui regarde le bien de l'Eglise & le maintien de la discipline ecclésiastique; comme aussi de faire informer

à

à leur requête, contre les Ecclésiastiques qui contreviennent à la disposition des saints Canons.

Les *Avocats du Roi* sont ceux qui, dans les Jurisdictions Royales, sont préposés pour porter la parole dans tout ce qui concerne les intérêts du Roi, ceux du Public, de l'Eglise & des Mineurs.

Les *Commissaires - Enquêteurs - Examinateurs* sont des Officiers qui, dans les Prévôtés & dans les Bailliages & Sénéchaussées Royales, ont le droit de faire les enquêtes & quelques autres fonctions d'instruction & de jurisdiction volontaire & non contentieuse, à l'exclusion des autres Officiers du Siege, v. g. les interrogatoires sur faits & articles, l'audition des comptes portés en Justice, &c.

L'emploi des *Greffiers* est d'écrire les Ordonnances & Jugements prononcés par les Juges, de les expédier & délivrer aux Parties.

Les *Avocats* sont ceux qui, ayant les qualités requises, peuvent maintenir & défendre le droit de leurs Parties, soit en plaidant, soit en faisant des écritures, soit en assistant les Parties de leurs conseils.

Les *Procureurs* sont des Officiers établis dans les Justices Royales ou de Seigneurs, dont la fonction est de postuler & défendre en Justice les intérêts des personnes qui les leur confient.

Enfin les *Huissiers* ou *Sergents* sont ceux qui, dans les Cours & Justices Royales & dans celles des Seigneurs, sont établis pour assigner, signifier les Actes de procédure, & mettre à exécution les Sentences & Ordonnances de Justice. Dans les Officialités on leur donne le nom d'*Appariteurs*.

Les *Huissiers Audienciers* sont ceux qui, dans les Cours & Justices Royales, sont établis pour le service du Siége, & pour assister les Juges dans leurs fonctions, ou les accompagner dans les cérémonies publiques.

Tous ces Officiers, ainsi que les Juges, ont des devoirs particuliers, dont l'énumération demanderoit un ouvrage à part ; ainsi ils ne peuvent être l'objet de l'abrégé qu'on donne ici.

On peut voir tout ce que j'ai dit à ce sujet dans mon Traité de l'administration de la Justice, en deux tomes in-4°.

TITRE II.

De l'Ordre judiciaire.

PARTIE I.

De la maniere d'instruire & de juger les Procès civils en général.

SECTION I.

De l'action civile en général, & de ses différentes especes.

L'*Action* considérée en général est le droit de poursuivre en jugement ce qui nous est dû, ou ce qui nous appartient; cette action est ou *civile* ou *criminelle.*

Les actions *civiles* sont celles qui s'intentent pour des choses purement civiles; & les actions *criminelles* sont celles par lesquelles nous demandons la réparation du tort ou de l'injure qui nous a été faite, ou à ceux qui nous appartiennent.

1°. Les *actions civiles*, considérées par leur nature, sont ou *personnelles*, ou *réelles*, ou *mixtes*,

Les *actions personnelles*, (qu'on appelle aussi pures personnelles) sont celles par lesquelles nous agissons contre ceux qui nous sont personnellement obligés en vertu d'un contrat, d'une obligation ou promesse, pour les contraindre à exécuter ce à quoi ils sont obligés. On les appelle personnelles, parce qu'elles sont attachées à la personne obligée, & qu'elles ne peuvent être intentées contre aucun autre que contre l'Obligé ou ses héritiers.

Les *actions réelles* sont celles qui regardent le fond & la propriété d'un héritage, ou les droits réels dont cet héritage est chargé; comme sont les cens, les rentes foncieres, les dixmes, les champarts, les servitudes & les hypotheques. L'action réelle est ou *pétitoire* ou *possessoire*.

L'*action pétitoire* est celle qui appartient au propriétaire d'un héritage, ou d'un droit réel dont l'héritage est chargé contre le possesseur, pour le contraindre à le restituer; on l'appelle aussi revendication.

L'*action possessoire*, qu'on appelloit en Droit *interdictum*, est celle que la Loi donne au propriétaire pour être conservé dans la possession d'un héritage ou droit réel, quand il est troublé; ce qu'on appelle alors *complainte;* ou pour la récouvrer quand il l'a perdue, ce qu'on nomme *réintégrande*. (Voyez l'Ordonnance de 1667, tit. 18 art. 1 & 2.)

Les *actions mixtes* sont celles où l'action personnelle est jointe à la réelle; c'est-à-dire celles par lesquelles nous ne demandons pas seulement la chose qui nous appartient, mais encore par lesquelles nous prétendons que le détenteur de cette chose nous est personnellement obligé, soit pour la restitution des fruits, soit pour des dommages & intérêts.

Il y a trois sortes d'actions mixtes, savoir l'action de partage entre co-héritiers; l'action de partage entre des personnes qui possedent quelque chose en commun ou par indivis; & l'action de bornage entre voisins, pour faire mettre des bornes entre leurs héritages.

2°. Les actions considérées du côté des perſonnes qui les peuvent intenter, ſont ou *privées* ou *publiques.*

Les actions *privées* ſont celles qui s'intentent par les parties privées pour raiſon de leur intérêt particulier. Les actions qui concernent le Domaine du Roi ou celui des Seigneurs, celles des Eaux & Forêts, Chaſſes, de la Voirie & de la Finance, doivent être regardées comme des actions privées.

Les *actions publiques* ſont celles qui s'intentent par les Procureurs du Roi ou ceux des Seigneurs, pour la manutention de l'ordre public & de la tranquillité du Gouvernement. Telles ſont les actions pour crimes & délits, celles de police, &c.

3°. On doit regarder comme une regle générale que les actions, ſoit publiques, ſoit privées, doivent s'intenter devant le Juge du domicile de la Partie qu'on aſſigne; mais en matiere réelle on a le choix de donner l'action devant le Juge du domicile du défendeur, ou devant le Juge du lieu où l'héritage eſt ſitué.

4°. C'eſt une maxime conſtante en France, que perſonne ne peut agir en Juſtice ſous le nom d'un Procureur, & qu'il faut être ſoi-même en nom dans les qualités. Il n'y a que le Roi ſeul qui plaide ſous le nom de ſes Procureurs dans les Juſtices Royales, tant en demandant qu'en défendant. A l'égard des Seigneurs de Juſtice ils peuvent auſſi plaider ſous le nom de leurs Procureurs Fiſcaux, quand il s'agit du Domaine, des droits & autres revenus ordinaires & caſuels de leur terre, mais ſeulement dans leurs Juſtices; car dans les Juſtices ſupérieures, ils ſont obligés de plaider en leur nom, & de prendre le fait & cauſe de leurs Procureurs Fiſcaux. Dans les Officialités, les Evêques peuvent auſſi plaider ſous le nom de leurs Promoteurs.

SECTION II.

Des actions civiles privées.

1°. LEs actions civiles privées peuvent être intentées par tous ceux envers qui l'on est obligé, ou par leurs héritiers & ayants cause contre les personnes obligées ; & aussi par toutes les personnes qui ont un droit réel dans une chose contre ceux qui la possedent.

Mais pour exercer ces actions en Jugement, il faut distinguer ceux qui sont majeurs & en leur puissance, & ceux qui sont mineurs & sous la puissance d'autrui.

Lorsque les mineurs ne sont point émancipés, c'est à leur tuteur d'agir pour eux ; & s'ils sont émancipés, il faut pour agir en Justice qu'ils soient assistés de leur curateur. (*L.* 2, *Cod. qui legit. pers. standi in jud. habent*)

Si le mineur n'avoit point de tuteur, il faudroit, avant tout, lui en faire nommer un en Justice.

Il faut aussi observer que, dans tous les cas où le tuteur ou curateur ont des intérêts opposés à ceux de leurs mineurs, on doit, avant tout, faire assembler les parens des mineurs, pour être pourvu d'un tuteur *ad hoc ;* ce qui peut se faire, ou sur la requête du Procureur du Roi, ou sur celle des mineurs mêmes.

Les femmes mariées ne peuvent ester en Jugement, lors même qu'il s'agit de droits à elles appartenans, sans être assistées de leurs maris. (Coutume d'Orléans, art. 195.)

Les interdits ainsi que les sourds & muets ne peuvent pareillement agir en Justice, sans l'assistance de leur curateur. (*L.* 1. *ff. de Curat. fur. L.* 1. *Cod. eod. tit.*)

A l'égard de ceux qui ſont morts civilement, ils ne peuvent exercer en Juſtice aucune action civile. (*L. ſervus, ff. de Judiciis.*)

Les Corps & Communautés, Couvents, Colleges, Univerſités, &c. peuvent auſſi agir en Juſtice, de même que les particuliers, pour la conſervation de leurs droits.

2°. Les actions privées peuvent s'intenter contre tous obligés, en matiere perſonnelle, & contre tout poſſeſſeur ou détenteur, en matiere réelle, même contre des mineurs, des furieux & des interdits, pourvu qu'ils ſoient aſſiſtés de leurs curateurs, & auſſi contre la femme, pourvu que ce ſoit avec ſon mari.

Lorſque pluſieurs perſonnes ſont obligées ſolidairement au paiement d'une dette, on peut agir pour le tout contre l'une d'elles, ſans être obligé de mettre les autres co-débiteurs en cauſe.

SECTION III.

Des actions civiles publiques.

LEs actions civiles publiques ſont celles qui regardent le bon ordre & l'intérêt public. Telles ſont les actions concernant la police, le bien des Egliſes, Fabriques, Hôpitaux, &c.

1°. Il n'y a que les Procureurs du Roi ou ceux des Seigneurs qui puiſſent intenter les actions concernant la police. A l'égard de celles qui concernent les biens & droits des Egliſes, Fabriques & Hôpitaux, ils peuvent les intenter dans le cas de négligence de ceux à qui l'adminiſtration de ces biens eſt confiée.

2°. L'action publique, en fait de police, peut s'intenter, non-ſeulement contre ceux qui troublent l'ordre public, mais encore contre les peres, tuteurs, maîtres & locataires de maisons, pour raison des négligences & contraventions au bon ordre, commises par leurs mineurs, enfants, domestiques & sous-locataires.

SECTION IV.

De la compétence des Juges en général touchant les actions civiles.

POur savoir si un Juge est compétent pour connoître d'une affaire, il y a deux choses à considérer.

La premiere est de savoir si l'affaire dont il s'agit, est de la nature de celles dont il peut connoître.

La seconde est de savoir s'il est Juge de la personne qui est assignée devant lui.

Ainsi deux choses reglent la compétence d'un Juge. 1°. La nature de l'affaire; 2°. le domicile de la personne assignée.

§. I.

De la compétence des Juges ordinaires de premiere instance, & comment elle se regle.

1°. La regle générale qu'on peut établir en cette matiere, est que l'assignation doit être donnée devant le Juge du domicile du défendeur, suivant la maxime : *Actor sequitur forum rei.*

Le défendeur dont il s'agit ici, est le défendeur originaire, c'est-à-dire celui qui est d'abord assigné. Car si ce premier défendeur fait assigner un autre en garantie, ce dernier doit procéder en la Jurisdiction où l'assignation est donnée, afin de ne point diviser la cause, à moins que celui-ci ne soit privilégié, & qu'il ne demande son renvoi devant le Juge de son privilege. (Ordonnance de 1667, tit. 8, art. 8, page 101).

2°. Lorsqu'on veut assigner en même temps & pour un même fait, plusieurs personnes demeurantes en différentes Jurisdictions, il faut se pourvoir devant le Juge supérieur de toutes ces Parties.

3° Les Ambassadeurs, Gouverneurs & Commissaires délégués dans les Provinces doivent être assignés, non devant le Juge du lieu de leurs fonctions & résidence, mais devant celui du lieu où ils avoient leur domicile au temps de leur ambassade ou commission.

4°. Les étrangers qu'on veut assigner doivent aussi, comme les autres, être poursuivis devant le Juge de leur domicile.

5°. Les vagabonds & ceux qui n'ont aucun domicile connu, peuvent être assignés devant le Juge du lieu de leur résidence, ou devant celui de leur dernier domicile.

A l'égard des condamnés au bannissement ou aux galeres à temps, ainsi que des absents pour faillites, voyages de long cours où hors du Royaume, on peut aussi les assigner devant le Juge de leur dernier domicile.

6°. Les Corps & Compagnies, Communautés, Chapitres, Hôpitaux, Fabriques, &c. doivent être assignés devant le Juge du lieu de leur établissement.

Mais cette regle que l'assignation doit être donnée devant le Juge du domicile du défendeur, souffre quelques exceptions.

La premiere est à l'égard des privilégiés & de

ceux qui ont leurs causes commises devant certains Juges, tant en demandant qu'en défendant; car si ces personnes sont assignées, ou font assigner quelqu'un en vertu de leur privilege, ce n'est plus le domicile de la personne assignée qui regle la compétence du Juge, c'est le lieu où est établi le siege du privilege. Telles sont les personnes qui ont leurs causes commises aux requêtes de l'Hôtel ou du Palais; ceux qui jouissent du droit de garde-gardienne, ou du privilege de Scolarité; les Ordres & Communautés qui ont leurs causes commises au Grand-Conseil, &c.

La seconde exception est celle qui naît du privilege du Scel attributif de Jurisdiction, c'est-à-dire du privilege qu'ont les Sceaux du Châtelet de Paris, d'Orléans & de Montpellier, d'attribuer à ceux desdits Juges sous le Scel duquel un contrat a été passé, le droit de connoître des causes descendantes de ce contrat, non-seulement contre l'Obligé, mais encore contre ses héritiers. (Bacquet, des Droits de Justice, chap. 8, n. 36.)

La troisieme exception est dans le cas de soumission de Jurisdiction, c'est-à-dire dans le cas où l'une des Parties obligées par un contrat, s'est soumise à la Jurisdiction d'un autre Juge que celui de son domicile, pour raison des contestations qui pourroient naître en exécution de ce contrat; car alors cette partie qui s'est ainsi soumise à la Jurisdiction d'un autre Juge que le sien, peut, ainsi que ses héritiers, être assignée devant le Juge auquel elle s'est soumise. (Voyez Papon en ses Arrêts, liv. 7, tit. 7, n. 62.)

La quatrieme exception est lorsqu'il s'agit d'une matiere réelle. Dans ce cas on peut assigner devant le Juge du lieu où l'héritage est situé, ſans que le défendeur puiſſe demander ſon renvoi devant le Juge de ſon domicile, ainſi qu'on l'a déjà obſervé. (Bacquet, des droits de Juſtice, chap. 8, art. 31.)

La cinquieme exception eſt en matiere béneficiale, v. g. quand il s'agit du poſſeſſoire d'un Bénéfice ou autre action à l'occaſion d'un Bénéfice, comme réparations, &c. il faut alors donner la demande devant le Juge du lieu où le Bénéfice eſt ſitué. (Imbert en ſon *Enchiridion*, chapitre des Evêques & Archevêques.)

La ſixieme exception eſt en matiere d'hérédité; auquel cas toutes les demandes concernant la ſucceſſion doivent s'intenter devant le Juge du lieu où la ſucceſſion eſt ouverte. (Voyez Baſnage, ſur la Coutume de Normandie, art. 5, *in fine*). Et tel eſt l'uſage conſtant.

La ſeptieme exception eſt quand il s'agit de reddition de compte; car alors le comptable peut être pourſuivi devant le Juge qui l'a commis. (Ordonnance de 1667, titre 29, article 2, *infrà.*)

La huitieme exception eſt quand on veut faire reconnoître une cédule ou promeſſe. Le débiteur peut alors être aſſigné pour la reconnoître devant le Juge du lieu où il eſt trouvé, quand même il n'y ſeroit qu'en paſſant. (Ordonnance de 1539, art. 93. Ordonnance de Rouſſillon, art. 1[illegible].)

La neuvieme exception eſt en matiere de Police, pour laquelle l'aſſignation doit toujours être donnée devant le Juge du lieu où la contravention a été commiſe.

Enfin la dixieme exception eſt celle qui eſt fondée ſur des diſpoſitions particulieres de Coutumes. Ainſi, par la Coutume d'Orléans, article 443, ſi aucun Forain ou étranger fait quelque contrat, promeſſe ou marché dans la Ville

& Fauxbourgs d'Orléans, & que, pour raison de ce contrat ou marché, il soit poursuivi en Justice, il est tenu alors de répondre pardevant le Prévôt d'Orléans.

§. II.

De la compétence des Juges extraordinaires.

La compétence des Juges extraordinaires se regle, 1°. par la nature de l'affaire, 2°. par le lieu, & rarement par le domicile du défendeur. On ne peut guere établir de regles générales à ce sujet, & il faut nécessairement avoir recours aux Ordonnances qui ont fixé la compétence de ces différentes sortes de Juges.

§. III.

De la compétence des Juges d'appel.

1°. Le Juge où ressortit l'appel du moyen & du Bas-Justicier, est le Haut-Justicier.

2°. Le Juge qui connoît des appellations des Seigneurs Hauts-Justiciers, est ordinairement le Bailli ou Sénéchal Royal. Cependant plusieurs Justices Seigneuriales ressortissent par appel en autres Justices de Seigneurs, plus relevées à la vérité, comme Châtellenie, Baronies, Comtés, &c. & quelquefois même en des Prévôtés Royales.

L'appel des Juges des Pairies ressortit nuement au Parlement & aux Présidiaux de leur ressort dans les deux cas de l'Edit, & non devant le Bailli ou Sénéchal Royal, pourvu que, lors de l'érection de la Pairie, le Seigneur ait indemnisé les Officiers du Tribunal où ressortissoit l'appel avant l'érection de la Pairie ; autrement les appellations de cette Pairie continuent toujours à se porter devant le Bailli Royal devant lequel elles ressortissoient.

3°. Le Juge où ressortit l'appel des Prévôts & Châtelains Royaux, est le Bailli ou Sénéchal Royal dans l'étendue duquel les Prévôtés & Châtellenies sont situées. Il y a néanmoins quelques cas où l'appel des Prévôtés ressortit nuement aux Parlements.

4°. A l'égard des appels des Baillis & Sénéchaux Royaux, ils se portent nuement aux Parlements ou aux Conseils Souverains dans le ressort desquels ces Bailliages ou Sénéchaussées sont situés, & aux Présidiaux dans le cas de l'Edit.

5°. L'appel des Conservatoires des Universités, se porte aussi aux Parlements dans les cas ordinaires, & aux Présidiaux dans les deux cas de l'Edit.

6°. L'appel des Requêtes du Palais & celui des Juges-Consuls, excepté dans les cas où ces derniers jugent en dernier ressort, se porte aussi aux Parlements.

7°. Les appels des Grueries se portent aux Sieges des Eaux & Forêts ; l'appel des Sieges des Eaux & Forêts & des Amirautés se porte au Siege de la Table de Marbre ; ceux de la Table de Marbre au Parlement, excepté dans quelques cas où les Officiers des Tables de Marbre jugent en dernier ressort.

8°. Enfin à l'égard des autres Jurisdictions extraordinaires, les appellations s'en portent toujours nuement en la Cour où ces Justices ressortissent. Ainsi les appels des Elections, Greniers à Sel & Traites-Foraines, se portent en la Cour des Aides ; ceux des Justices des Monnoies se portent en la Cour des Monnoies, & ainsi des autres.

§. IV.

De la prévention des Juges.

La *prévention* est le droit qu'a un Juge d'attirer à lui la connoissance d'une affaire, parcequ'il en est saisi le premier

La *concurrence* est le droit que plusieurs Juges ont de connoître d'une même affaire. La prévention naît de la concurrence.

Il y a deux sortes de préventions : 1°. La prévention *parfaite*, qui se fait sans charge du renvoi ; 2°. la prévention *imparfaite*, qui se fait à la charge du renvoi, c'est-à-dire, qui laisse le droit de décliner la Jurisdiction, ou de revendiquer la cause, & de demander qu'elle soit renvoyée devant un autre Juge que celui qui en est saisi.

La prévention en général se fait ou d'office, ou sur la requête d'une partie privée.

1°. La prévention qui se fait d'office ou sur la requête de la Partie publique est toujours parfaite ; elle a lieu du Juge supérieur sur l'inférieur, même des Baillis sur les Prévôts Royaux dans toutes les choses qui regardent le bien public, & qui intéressent le ministere des Procureurs du Roi, v. g. en matiere de police, de voirie, &c.

2°. La prévention qui se fait des Juges supérieurs sur la requête des parties privées, est quelquefois parfaite, & quelquefois imparfaite.

La prévention parfaite à lieu en matiere de complainte, de reconnoissance de billets, de causes qui concernent la conservation des priviléges des universités, & dans quelques autres cas.

La prévention imparfaite a lieu en toutes matieres en faveur des Baillis & Prévôts Royaux ſur les Juges de Seigneurs de leur reſſort, à la charge du renvoi, s'il eſt demandé par le Seigneur de la Juſtice. Mais ſi ce renvoi n'eſt pas demandé par le Seigneur, le Juge ſupérieur peut toujours connoître de la cauſe par prévention, quand même la Partie aſſignée demanderoit ſon renvoi devant le Juge immédiat de ſon domicile. (Bacquet, des droits de Juſtice, chapitre 9. n. 3.)

Les Baillis & Sénéchaux Royaux ont même cette prévention ſur les Pairies de leur reſſort. (Arrêt du 20 Novembre 1559. contre M. le Duc de Nevers, rapporté par Bacquet, *ibidem*, chap. 9, n. 9. Voyez auſſi Papon en ſes Arrêts, liv. 7. tit. 7. n. 9. 17. 18. & 58.)

§. V.

Des évocations par main ſouveraine.

1°. Les évocations par main ſouveraine ont lieu des Juges ſupérieurs ſur les inférieurs, lorſque ces derniers connoiſſent d'une matiere qui n'eſt pas de leur compétence; comme ſi un Juge de Seigneurs avoit pris connoiſſance d'un cas Royal : alors le Bailli ou Sénéchal Royal peut d'office, ou ſur la requête d'une des Parties, évoquer à lui la connoiſſance de cette affaire. (Voyez Imbert en ſes Inſtitutions Forenſes, liv. 1. chap. 23. n. 2.)

2°. Il en eſt de même ſi deux Juſtices inférieures dépendantes d'un même Baillage ſont en conflit pour la connoiſſance d'une même cauſe. Dans ce cas le Bailli ou Juge Royal ſupérieur peut, ſur la requiſition des Parties ou de l'une d'elles, l'évoquer à ſoi & en prendre connoiſſance pendant la conteſtation entre les deux Juges, pour savoir à qui il appartient d'en connoître; & cela sans préjudice des droits de ces Justices. (Code Faber sur la Loi 1. au Code *de officio præfect. urbis.*)

3°. Cette évocation du Juge supérieur peut aussi avoir lieu, sur la réquisition d'une des Parties, dans le cas de négligence du Juge inférieur, ou de déni de Justice de sa part. (Ordonnance de 1535, chap. 12. n. 21. Dumoulin sur la Coutume de Paris, §. 1. glos. 3. au mot *la bouche & les mains*, n. 12. & 13. Voyez d'Argentré sur l'article 31 de l'ancienne Coutume de Bretagne.)

4°. Dans le cas de privilége & de *committimus*, le Juge du privilége peut aussi évoquer, sur la requête de la Partie privilégiée, une cause portée devant un Juge inférieur, lorsque le Juge inférieur est dépendant & du ressort du Juge du privilége, ainsi qu'il s'observe aux Requêtes de l'Hôtel & du Palais. (V. l'Ordonnance du mois d'Août 1669, titre des *Committimus*, article 11.)

5°. Le Juge supérieur peut encore évoquer du Juge inférieur sur la requisition des Parties, ou de l'une d'elles, lorsque la cause qu'on veut faire évoquer est connexe à une autre cause pendante devant le Juge supérieur, & que l'une ne pourroit être décidée sans l'autre.

6°. Non-seulement on peut évoquer d'un Tribunal inférieur & subalterne, mais il y a même des cas où on peut le faire, quoique le Tribunal dont on évoque soit indépendant de celui qui évoque. Cette évocation a lieu dans le cas où un Juge d'Eglise prendroit connoissance d'une affaire qui ne seroit pas de sa compétence : v. g. si un Official vouloit connoître du possessoire d'un Bénéfice ou d'une dixme, &c. alors le Juge Royal peut, sur la requête d'une des Parties, ou du Procureur du Roi, évoquer à lui la connoissance de cette affaire. (Voyez Imbert en ses Instituts, liv. 1. chap. 26. n. 4 & 8; & Papon, liv. 1. titre 5. n. 14.)

§. V.

Des Committimus *& autres Privileges.*

Les *Committimus* ou priviléges sont de plusieurs sortes; car il y a des personnes ou Communautés qui ont leurs causes commises au Conseil du Roi, d'autres au Grand-Conseil, quelques autres en la Grand'Chambre du Parlement, d'autres aux Requêtes de l'Hôtel & du Palais, d'autres devant les Présidiaux, d'autres devant les Baillis & Sénéchaux, d'autres devant les Conservateurs des Universités, d'autres devant les Officiaux & autres Juges d'Eglise. On peut voir les différentes Ordonnances, Edits & Réglemens rendus à ce sujet, & principalement le titre des *Committimus*, de l'Ordonnance du mois d'Août 1669.

Il y a plusieurs cas où les *committimus* & les autres priviléges n'ont pas lieu, savoir :

1°. Quand le privilégié a renoncé à son privilége.

2°. En matiere réelle. (Ordonnance du mois d'Août 1669. titre des *Committimus*, art. 24.)

3°. Dans les causes qui regardent le Domaine du Roi. (*Ibidem*, article 25.)

4°. En matiere criminelle, lorsque les Procureurs du Roi ou Fiscaux sont Parties. (*Ibidem.*)

5°. Dans les instances concernant les Lettres de répi. (Ordonnance du mois d'Août 1669. titre des Lettres de répi, art. 3.)

6°. Quand il s'agit d'élection de tutelles, curatelles, scellés & inventaires, ou d'acceptation de garde-noble, (Ordonnance du mois d'Août

1669. au titre des *Committimus*, art. 24.)

A l'égard de la procédure qui doit se tenir sur les *committimus* & autres privileges, il faut voir ce qui est dit au même titre, art. 8, 9, 10, 11, 12 & 32.

Observations sur les Privileges.

1°. Quand deux privileges sont égaux entre deux Parties qui plaident, il faut suivre le Droit commun, c'est-à-dire qu'il faut suivre le domicile du Défendeur. (Bacquet, des Droits de Justice, chap. 8, n. 54.)

Mais quand les privileges ne sont pas de même nature, le plus fort l'emporte sur l'autre. Ainsi le privilege des Officiers-Commensaux l'emporte sur celui des Ecoliers qui étudient dans les Universités, parceque le privilege du grand Sceau est préféré à tous les autres privileges. (Bacquet, Traité des Droits de Justice, chap. 8, n 54.)

2°. Le Privilege des principaux de College, Docteurs, Régents & autres des corps des Universités pour raison des pensions & autres choses fournies à leurs Ecoliers, l'emporte sur tous les autres privileges, même sur le privilege des Requêtes de l'Hôtel & du Palais. (Ordonnance du mois d'Août 1669, titre des *Committimus*, art. 28.)

3°. Il paroît aussi que le privilege des Ecclésiastiques & des autres Corps & Communautés qui ont leurs causes commises au Grand-Conseil, est préféré à tous les autres.

4°. Le privilege des Bourgeois de Paris a lieu en défendant, même contre des privilégiés. (Duplessis, sur l'article 112 de la Coutume de Paris). Et c'est sur ce fondement, qu'en matiere consulaire, les Marchands, Bourgeois de Paris ne peuvent être traduits pardevant d'autres Juges Consuls que ceux de Paris, suivant un Arrêt du Conseil du 18 Août 1704, rapporté par Augeard en ses Arrêts, tome 3 de l'édition *in* 4°. & au nouveau Recueil, en 3 volumes *in*-12, tome 2, page 352.

5°. Le droit de celui qui a ses causes commises devant un Juge, est un droit purement personnel, qui ne passe point à son héritier, à moins que la cause ne fût déjà contestée du vivant du privilégié.

A l'égard des femmes, quoique séparées, elles jouissent du même droit de *committimus* que leurs maris; comme aussi les veuves de ceux qui sont morts en jouissance de leurs privileges, tant qu'elles demeurent veuves. (Ordonnance du mois d'Août 1669, titre des *Committimus*, art. 16.)

Mais les tuteurs honoraires ou onéraires & les curateurs ne peuvent se servir de leur droit de *committimus*, pour les affaires de ceux qui sont sous leurs charges, en demandant ou en défendant. (*Ibidem*, art. 27.)

6°. Les privilégiés qui ont droit de *committimus*, de scolarité, &c. ne peuvent user de leurs privileges en vertu de transports à eux faits, si ce n'est pour dettes véritables, & par actes passés devant Notaires, & signifiés trois ans avant l'action intentée. (*Ibidem*, art. 21, 22 & 23.)

7°. Si une Partie, dans le cours d'une instance, devient privilégiée, elle ne peut faire évoquer la cause devant le Juge de son privilege; parceque le temps du privilege s'estime par le temps où la cause a commencé. (Arrêt du 7 Février 1708, rapporté au Journal des Audiences.)

8°. Celui qui a une fois assigné devant un Juge, ne peut plus demander son renvoi devant le Juge de son privilege. (Argument tiré de l'article 1 du titre 1 de l'Ordonnance Criminelle de 1670.

§. VII.

Des déclinatoires, renvois & revendications.

1°. Quand une Partie assignée devant un Juge décline sa Jurisdiction, & prétend qu'elle doit être renvoyée devant un autre Juge, il faut, avant tout, prononcer sur ce déclinatoire, & juger si le renvoi doit avoir lieu ou non.

2°. C'est au Juge devant lequel l'assignation est donnée, & qui est saisi de la connoissance d'une affaire, à juger s'il est compétent ou non pour en connoître, & à prononcer sur le déclinatoire. (L. *Si quis*, Cod. *de Jurisd.*)

3°. La Partie qui demande son renvoi, doit toujours le demander avant que la cause soit contestée. (Bacquet, des Droits de Justice, chap. 8, n. 33). Ce qui souffre cependant exception dans le cas où le Défendeur a reconnu par erreur la Jurisdiction. (L. 15, ff. *de Jurisd.*)

4°. Le Juge auquel on demande le renvoi doit y prononcer sur-le-champ, sans réserver ni joindre au principal. (Ordonnance de 1667, tit. 6, art. 3, *infrà.*)

5°. Lorsqu'une affaire est portée devant un Juge, au préjudice de celui qui doit en connoître, celui-ci peut revendiquer la cause du Juge qui en est saisi, & demander qu'elle lui soit renvoyée. Cette revendication peut être faite en tout état de cause, même après qu'elle a été contestée, pourvu que ce soit avant le jugement diffinitif. (Conftant, fur la Coutume de Poitou, art. 7.)

6°. Ces revendications doivent être faites par les Procureurs du Roi ou par les Seigneurs, fi la Juftice qui revendique eft une Juftice de Seigneur.

§. VIII.

Regles générales touchant la compétence des Juges.

La premiere regle qu'on doit obferver en cette matiere eft, que le Juge ne peut faire aucune fonction de Juftice hors de fon territoire, fuivant cette maxime : *Judex non poteft extrà territorium jus dicere.* (L. *ult.* ff. *de Jurifd.*)

La feconde regle eft que les Juges ne doivent retenir aucune caufe dont la connoiffance ne leur appartient point. (Ordonnance de 1667, tit. 6, art. 1, page 72.)

La troifieme regle eft que les Juges, foit de premiere inftance, foit d'appel, même les Cours, ne peuvent condamner en l'amende pour diftraction de Jurifdiction. (Déclaration du 28 Janvier 1682, rapportée au nouveau Recueil, tome 1, page 503. Ordonnance des Evocations, tit. 2, art. 28.)

La quatrieme eft que les Juges fupérieurs ne peuvent évoquer les inftances, caufes ou procès pendants aux Sieges inférieurs, fous prétexte d'appel ou de connexité, fi ce n'eft pour juger diffinitivement & à l'Audience, par un feul & même jugement. (Ordonnance de 1667, tit. 6, art. 2, page 75.)

La cinquieme regle eft que fi des Parties forment des demandes incidentes dans le cours d'un appel, le Juge doit renvoyer, pour raifon de ces demandes, devant le premier Juge pour les terminer, à moins qu'elles ne fussent inséparables de la cause principale. (Mercuriale du Parlement du 18 Avril 1682, art. 3.).

§. IX.

Des Evocations pour parentés.

Les évocations pour parentés sont un moyen accordé par les Ordonnances aux Parties qui ont pour suspects tous les Officiers d'un Tribunal, pour lui ôter la connoissance d'une affaire qui y est pendante, & pour la faire renvoyer en une autre Jurisdiction. On peut voir à ce sujet l'Ordonnance du mois d'Août 1669, au titre des Evocations, & le titre 1 de l'Ordonnance du mois d'Août 1737, où l'on trouvera tout ce qui doit être observé en cette matiere. (Voyez le nouveau Recueil, tome 3, page 485.)

§. X.

Des Réglements de Juges.

Les réglements de Juges ont lieu lorsque deux Cours ou deux Jurisdictions indépendantes l'une de l'autre, & non ressortissantes en une même Cour, sont saisies d'un même différent.

On peut aussi voir tout ce qui a rapport à cette matiere dans l'Ordonnance du mois d'Août 1737, titres 2 & 3.

SECTION V.

Des exceptions & défenſes en général.

ON entend par *exceptions* en général, toutes les défenſes que celui qui eſt appellé en Juſtice peut oppoſer à l'action intentée contre lui, ſoit pour l'éteindre en tout ou en partie, ſoit pour en différer ou en empêcher la pourſuite. Mais, à proprement parler, on comprend ſeulement ſous le mot de *défenſes*, les exceptions qui éteignent & détruiſent l'action, & dont l'effet eſt de renvoyer le Défendeur abſous de la demande.

Il y a trois ſortes d'exceptions. 1°. Les exceptions déclinatoires ; 2°. les exceptions dilatoires ; 2°. les exceptions péremptoires. Voyez ſur ces exceptions & défenſes ce qui eſt dit au Commentaire, tome 1, pages 59 & 60.

SECTION VI.

Des Preuves qui s'emploient dans la pourſuite des actions, & dans les exceptions & défenſes en matiere civile.

LEs preuves ſont les moyens dont les Parties ſe ſervent pour inſtruire la religion du Juge, touchant ce qui fait l'objet de la conteſtation qui eſt entre elles Ces preuves s'emploient tant pour conſtater la demande de la Partie qui aſſigne, que pour juſtifier les exceptions du Défendeur.

On peut diſtinguer trois ſortes de preuves : 1°. Les preuves écrites : 2°. Celles qui ſont fondées sur la déposition des Témoins : 3°. celles qui se tirent de l'aveu des Parties.

ARTICLE I.

Des preuves écrites.

La preuve par écrit est celle qui résulte de l'examen des titres & signatures. On l'appelle *preuve littérale ;* mais elle n'est regardée comme telle que quand elle est authentique & non attaquée par la voie d'inscription de faux ; autrement elle tombe dans les deux autres genres de preuves : savoir, dans la preuve qui se tire de l'aveu de la Partie, lorsque l'écrit qui est produit contre cette Partie est par elle reconnu pour être écrit de sa main ; &, dans le cas de la preuve testimoniale, lorsque la Partie dénie la signature, & que, sur cette dénégation, il est prouvé par le rapport des Témoins qui l'ont vu signer, ou par celui d'Experts qui en font la comparaison avec d'autres actes, que cet écrit est signé de la main de la Partie qui l'a dénié.

Pour pouvoir faire une preuve littérale, il faut que celui qui veut employer cette voie, ait entre ses mains les écrits sur lesquels il prétend l'établir ; car il ne peut obliger la Partie adverse de produire des pieces qui pourroient lui être contraires, suivant cette maxime de Droit, que *Reus non tenetur edere contra se.* (L. *Cogi.* 2. Cod. *de petit. hæred.* L. 4. & L. *ult.* Cod. *de edendo , cum notis Gothofredi.* L. 7, Cod. *de Testibus.*)

A l'égard des preuves par écrit tirées des journaux mêmes de la Partie qui demande une chose en Justice, v. g. une fourniture, &c. la regle générale est qu'on ne doit point avoir égard à ces journaux, quand même la demande seroit formée dans le temps prescrit par l'Ordonnance, ou ou par la Coutume, lorſque cette fourniture eſt déniée par le Défendeur, à moins que le Demandeur ne faſſe ſa preuve d'une autre maniere ; ce qui eſt fondé ſur ce qu'on ne ſe fait point un titre à ſoi-même. Néanmoins ſi la demande étoit faite par un Marchand contre un autre Marchand, & que le livre du Demandeur fût en bonne forme, quelques Auteurs prétendent que cela doit faire foi en Juſtice, ainſi qu'il a été jugé par Arrêt du 2 Juin 1659, rapporté au Journal des Audiences ; mais que, ſi la demande étoit faite contre un Particulier non Marchand qui déniât la dette, dans ce cas le livre du Demandeur ne doit faire aucune preuve contre ce particulier. Au ſurplus, il faut voir cette queſtion dans le livre de la Preuve par Témoins de Boiceau, & ſon Commentateur, où elle eſt traitée aſſez au long, part. 2, chap. 8, page 530 & ſuiv.

ARTICLE II

De la Preuve teſtimoniale.

Lorſque le Demandeur n'a point de preuves par écrit, il peut ſe procurer quelquefois un autre genre de preuve par la voie des Témoins, s'il ne s'agit que d'une ſomme de cent livres & au-deſſous, & dans les autres cas dont il eſt parlé au titre 20 de l'Ordonnance de 1667, art. 2, 3 & 14 ; c'eſt ce qu'on appelle *preuve teſtimoniale.*

Pour avoir une preuve complete dans cette eſpece de preuve, il faut régulièrement deux témoins ; néanmoins, dans les affaires légeres, un ſeul témoin avec quelques adminicules ſuffit. (Voyez la L. 4, *Cod. de Teſtibus* ; Papon, en ſes Arrêts, liv. 8, tit. 4, n. 2, aux additions, où il dit que, dans ce cas, le ferment ſupplée à la preuve entiere ; la Coutume d'Orléans, art. 152,

156 & 161, en a des dispositions précises. Voyez aussi Lhoste, sur Montargis, chap. 4, art. 10; & Coquille, sur Nevers, tit. 15, art. 3.)

Article III.

Des preuves qui se tirent de l'aveu des Parties.

L'aveu de la Partie contre laquelle on forme une demande en Justice, est la preuve la plus forte qu'on puisse apporter pour justifier cette demande, mais il est souvent difficile de se procurer cette preuve. C'est pourquoi l'Ordonnance a établi la voie de l'interrogation sur faits & articles, dont il sera parlé ci-après : sur quoi il faut observer que, quand on interroge une Partie, on ne peut syncoper sa déclaration, & qu'il faut la prendre telle qu'elle est. (Voyez Mazuer, en sa Pratique, titre des exceptions, n. 32.)

Les trois différentes preuves dont on vient de parler s'emploient non seulement en faveur du Demandeur pour établir sa demande, mais aussi en faveur du Défendeur pour prouver ses exceptions.

Section VII.

De l'instance sur les actions.

On donne en général le nom d'instance à la procédure qui se fait sur la poursuite d'une action; mais, à proprement parler, l'instance est la procédure qui se fait dans les causes appointées (Voyez le Commentaire, page 73.) Nous l'entendons ici dans le premier sens.

Les actions civiles s'intentent par de simples exploits ou assignations, qui peuvent se donner sans mandement ni ordonnance de Justice, si ce n'est devant les Cours & Juges en dernier ressort, par tous ceux qui ont intérêt d'intenter ces actions. (Ordonnance de 1667, tit. 2, art. 10, 12 & 13, page 32, & suiv.)

Il y a néanmoins des cas où les Parties qui ont une demande à exercer, ne peuvent le faire sans y être autorisées par une Ordonnance de l'Intendant de la Province. Ainsi :

1°. Les Corps & Communautés des Villes ne peuvent intenter aucune action, tant en cause principale que d'appel, sans une délibération d'habitans, confirmée & autorisée d'une permission par écrit de l'Intendant de la Province dans l'étendue de laquelle cette Communauté est située. (Edit d'Avril 1683, article 17. Déclarations des 2 Août 1687, & 2 Octobre 1703. Edit du mois d'Août 1764, article 43.)

2°. Tous ceux qui prétendent avoir quelque droit de propriété, de créance ou d'hypotheque sur les fonds, terres, domaines & héritages, & aussi sur les baux des biens des Religionaires fugitifs, sujets à la régie, autres néanmoins que les charges réelles & foncieres, sont tenus avant d'intenter leur action, de se retirer devant les Intendans des Provinces pour avoir la permission d'en faire la poursuite ; laquelle permission ils peuvent accorder ou refuser suivant les circonstances. (Arrêt du Conseil du 14 Septembre 1745.)

§. I.

Du concours & de la cumulation des actions en matiere civile.

Il ne faut pas confondre le *concours* ou la *concurrence* des actions, avec leur *cumulation*. Le *concours* eſt la compétence des actions, & la *cumulation* eſt l'exercice des actions compétentes : ou bien c'eſt l'union d'une action avec une autre. Pluſieurs actions peuvent compéter en même-temps à quelqu'un, parce que ſouvent une même cauſe peut engendrer deux actions différentes ; mais il n'eſt pas toujours permis d'exercer ſucceſſivement ces différentes actions.

La *cumulation* des actions peut ſe faire en même-temps, ou en différens temps. On dit qu'une action civile eſt cumulée avec une action criminelle, non-ſeulement lorſque ces deux actions ſont propoſées en même-temps & par la même plainte, mais encore lorſqu'elles ſont propoſées en différents temps & après conteſtation en cauſe.

Ainſi cumuler une action, c'eſt la même choſe que de vouloir, après avoir choiſi une eſpece d'action, en intenter une autre.

1°. On peut regarder comme une maxime générale, que quand deux ou pluſieurs actions procedent de diverſes cauſes, on peut les intenter ſéparément. (L. 29, ff. *de obligat. & actionibus.*)

Il y a néanmoins une obſervation à faire ſur cette regle, c'eſt que les différentes actions ou demandes, à quelque titre que ce ſoit, qui ne ſont pas entièrement juſtifiées par écrit, doivent être formées par un même exploit, après lequel les autres demandes dont il n'y aura point de preuve par écrit, ne doivent pas être reçues. (Ord. de 1667, tit. 20, art. 6, page 316.)

2°. Lorſque pluſieurs actions procedent d'une ſeule & même cauſe, la regle eſt qu'on ne peut les cumuler, c'eſt-à-dire, les intenter ſéparément. (L. 43, ff. *de regulis juris.* Carondas, en ſes Pandectes, liv. 4, chap. 27.)

Ainſi quand d'un ſeul & même délit il naît

deux actions, l'une civile & l'autre criminelle, & qu'on s'est pourvu d'abord par action civile, pour raison de ce délit, il n'est plus permis ensuite de se pourvoir par action criminelle pour raison du même fait. (Arrêt de la Tournelle, du 13 Avril 1680. Autre Arrêt du 2 Août 1706, rapporté au Journal des Audiences. Voyez aussi Ord. de 1667, tit. 18, art 2, p. 271.) Ce qui est fondé sur ce que l'offensé en procédant civilement, est censé avoir remis la réparation de l'injure, & s'être restreint à ses conclusions civiles.

3°. En matiere de complainte & de réintégrande, celui qui a été troublé a le choix de se pourvoir au possessoire ou au pétitoire; & s'il a d'abord agi au possessoire, rien n'empêche qu'il ne puisse ensuite se pourvoir au pétitoire, même après le Jugement du possessoire. (Ord. de 1667, *ibid.* tit. 18, art. 4 & 5, pag. 273 & 274.) Mais s'il s'est pourvu d'abord au pétitoire, il ne pourra plus ensuite se pourvoir au possessoire, même avant le Jugement de l'instance au pétitoire; parce qu'en intentant l'action au pétitoire il est censé avoir renoncé à l'action qu'il étoit en droit d'exercer au possessoire.

4°. L'action personnelle, & l'action hypothécaire, pour raison d'une même dette ou obligation, peuvent se cumuler, & rien n'empêche qu'on ne puisse intenter en même-temps l'une & l'autre de ces deux actions, quoique tendantes à diverses fins; tel est l'usage qui s'observe constamment parmi nous (Imbert, liv. 1. de ses Institutions Forenses, chap. 17, n. 28. Boërius, quest. 534. Papon, liv. 7, tit. 7, n. 55.)

§. II.

Des reconventions.

On appelle *reconvention* toute demande incidente, formée par le Défendeur contre celui qui l'a fait aſſigner.

Cette reconvention ne doit point être admiſe en Juſtice, à moins qu'elle ne ſerve de défenſe contre l'action principale, comme il eſt porté en l'art. 106 de la Coutume de Paris, qui eſt obſervé par tout le Royaume, ſelon Dumoulin. Pluſieurs autres Coutumes en ont auſſi des diſpoſitions. (Voyez Montargis, chap. 21, art. 9. Meaux, chap. 9, art. 219, &c.

La reconvention ou demande incidente du Défendeur ſert de défenſe contre l'action principale, lorſque cette demande incidente lui eſt néceſſairement connexe, & qu'elles dérivent toutes les deux *ex eodem fonte, ſive ex eodem negotio, vel ex eodem contractu*, (ainſi que s'exprime Bacquet, en ſon Traité des Droits de Juſtice, chap. 8, n. 11.) Comme, par exemple, ſi deux particuliers ſont en compte courant de fournitures réciproques, & que l'un des deux, ſur l'aſſignation qui lui eſt donnée par l'autre, oppoſe que non-ſeulement il ne doit rien, mais au contraire qu'il lui eſt dû par l'autre une ſomme dont il juſtifie par titres & pieces, ou qu'il offre prouver par Témoins, & dont il demande incidemment le paiement; alors cette demande incidente étant une ſuite de la premiere, ne peut être diviſée, & doit être jugée en même-temps que la demande principale, & dans le même Tribunal; & c'eſt alors le cas où la reconvention eſt adoptée dans nos Tribunaux.

Par la même raiſon, il y auroit lieu à la reconvention, si un Propriétaire de Métairie poursuivoit son Fermier pour le paiement d'une ou de plusieurs années de Ferme, & que ce Fermier opposât pour exception, qu'il a fait plusieurs réparations à la Ferme, dont il lui doit être tenu compte, & dont il se rend incidemment Demandeur.

Mais si la demande incidente du Défendeur consiste en une action totalement différente de la demande principale; dans ce cas la reconvention ne doit point être admise. (Voyez Dumoulin, sur l'art. 88 de la Coutume de Bourbonnois: Coquille, Question 307 : Le Prêtre, Centurie 4, chap. 32, & Imbert, en ses Institutions, liv. 1, chap. 35.)

Ainsi il ne peut y avoir de reconvention dans le cas où une personne étant assignée pour le paiement d'une somme d'argent contenue en un billet ou une obligation, opposeroit un droit réel qu'elle prétendroit lui être dû sur l'héritage du Demandeur. Et il en est de même si à une dette ordinaire on vouloit opposer une action dont la connoissance est attribuée à certains Juges, *aut vice versâ*; & ainsi des autres. *Ita*, Brodeau, sur l'article 106 de la Coutume de Paris, n. 4.

Mais il faut observer que dans le cas même où la demande incidente formée pour exception par le Défendeur, ne procede pas *ex eodem fonte & negotio* que la demande principale; néanmoins si la dette opposée par cette demande incidente, est claire & liquide, ou avouée par le Demandeur originaire, il faudra y prononcer en même-temps que sur la demande principale, & par un seul & même Jugement. C'est ainsi que le pense Bacquet en son Traité des Droits de Justice, chap. 8, n. 11, ci-dessus cité; ce qui a lieu en général dans tous les autres cas où la compenſation ſe fait de plein droit.

Au contraire dans le cas où la demande incidente procede *ex eodem fonte & negotio* que la demande principale, ſi cette demande incidente n'eſt pas liquide, ou ne peut ſe liquider aiſément, & que la demande principale ſoit conſtante, il ne doit point avoir lieu à la reconvention, & l'on doit juger ces deux inſtances ſéparément; ce qui eſt fondé ſur cette autre maxime de notre Juriſprudence françoiſe, que Compenſation n'a lieu de liquide à non liquide, ainſi qu'il réſulte de l'article 105 de la Coutume de Paris; ce qui eſt auſſi conforme au ſentiment des Auteurs & des Interprêtes de Droit. Voyez Faber en ſon Code, livre 3, titre 1, définit. 11.

§. III.

Des demandes incidentes.

Les Parties qui ſont en inſtance forment quelquefois l'une contre l'autre des demandes incidentes.

Ces demandes peuvent être de pluſieurs ſortes; car elles peuvent être ou *connexes*, ou *incidentes à la cauſe*, ou *dépendantes de cette même cauſe*.

1°. Les queſtions *connexes* ſont celles dont la déciſion eſt néceſſaire pour le Jugement de la queſtion principale: v. g. ſi j'ai promis à quelqu'un cent écus, à condition qu'il feroit pour moi le voyage de Rome, & que, ſur la queſtion concernant le paiement de la promeſſe, ce voyage ſoit conteſté; cette ſeconde queſtion deviendra néceſſairement connexe à la premiere, parce que c'eſt de cette condition que dépend la déciſion de la premiere queſtion.

2°. Les queſtions ou demandes *incidentes*;

proprement dites, sont celles qui ne sont point de la substance de la cause, mais qui sont proposées pour défenses contre la demande principale, ou qui en font une suite nécessaire, comme sont les loyers échus depuis une premiere demande en paiement de loyers.

Il y a des incidents *accessoires* & des incidents *non accessoires ;* & cette distinction est nécessaire pour éclaircir la compétence de la Jurisdiction civile & criminelle.

3°. Les questions *dépendantes de la cause* sont celles qui ont rapport à la question principale, & qui en tirent leur origine; comme la question de dot qui tire son origine du mariage.

Tout accessoire est incident ; mais tout incident n'est pas accessoire. *Accessorium sequitur naturam principalis.* C'est une regle qui ne se peut pas dire des incidents qui ne sont pas accessoires.

Depuis l'Ordonnance criminelle de 1670, il n'y a plus d'incidents criminels qui appartiennent à la Jurisdiction civile, sinon en deux cas ; savoir, pour faux incident & pour rebellion à l'exécution des Jugements.

Les questions ou demandes incidentes, considérées sous un autre rapport, sont de deux sortes. La premiere est de celles qui étoient nées avant le Jugement de la question principale, & qui regardent le fond de la cause, comme sont toutes les exceptions péremptoires. La seconde espece est de celles qui, concernant la procédure, n'existoient point avant l'instance née, mais qui ont pris naissance depuis cette instance principale ; comme sont toutes les exceptions déclinatoires, les désaveux de Procureur, les nullités d'exploit, & en général toutes les questions qui peuvent regarder l'instruction du procès. Comme toutes ces questions retardent le Jugement du fond, il faut nécessairement les décider séparément, & y faire droit avant le Jugement du fond.

Les demandes en entérinement de Lettres de rescision ou autres de ce genre, tant en cause principale que d'appel, sont des demandes incidentes de cette seconde espece, qui ne sont point dépendantes du principal. Il en est de même des demandes en garantie. (Voyez le Procès-verbal de l'Ordonnance de 1667, p. 113.)

On peut regarder comme une regle générale que le Juge, quoique compétent, ne doit jamais permettre aux Parties, soit au Demandeur, soit au Défendeur, de former des demandes incidentes autres que celles qui servent de défenses contre la demande principale, ou qui en sont une suite nécessaire, à moins que ces demandes ne soient nées depuis l'instance, ou qu'elles n'aient été oubliées par erreur, ou que cela ne se fasse du consentement des Parties.

En cause d'appel, le Juge ne doit jamais écouter les demandes incidentes, à moins qu'elles ne soient accessoires & dépendantes de l'appel. Il y a à ce sujet une Mercuriale du Parlement du 28 Avril 1692, art. 3, qui le défend expressément, ainsi qu'il a déjà été observé. (Voyez le nouveau Recueil, tome 2, page 126.)

Lorsque les demandes incidentes sont connexes à la demande principale, ou qu'elles en sont une suite ou une dépendance nécessaire, le Juge saisi de la demande principale peut connoître de ces demandes incidentes. Ainsi, s'il s'agit d'une question d'état qui soit incidente à une question de biens ; par exemple, si l'on conteste au Demandeur la qualité d'héritier ou de commun en biens, le Juge saisi de la demande originaire pourra connoître de cette qualité d'héritier ou de commune en biens. (L. 3, *Cod. de judiciis.*

L. 1 & 3, *de ordine judic.*) Et c'eſt en conſéquence de cette regle que tous les Juges connoiſſent des demandes en entérinement de Lettres de reſciſion. (Arrêt du 2 Août 1703, rapporté au Journal des Audiences.)

Mais cette regle n'a lieu que quand la demande eſt telle que, ſans ſa déciſion, on ne pourroit décider la queſtion principale, comme dans le cas dont on vient de parler. (*Ita Maranta in ſpeculo aureo de ordine judiciorum, part.* 4, *diſt.* 6, *de reconventione, in fine.*

C'eſt auſſi en conſéquence des principes qui viennent d'être établis, que les Juges civils peuvent connoître des crimes incidents aux affaires pendantes devant eux, lorſque ces crimes ſont une dépendance néceſſaire de l'affaire civile; comme quand il s'agit d'une inſcription de faux incidente, d'un faux témoin, &c.

Et il en eſt de même des Juges criminels à l'égard des affaires civiles; car ils peuvent toujours connoître des demandes civiles incidentes aux procès criminels pendants devant eux, lorſque ces demandes civiles ſont connexes à l'affaire criminelle dont ils ſont ſaiſis, ou qu'elles en ſont une ſuite néceſſaire. (L. *Sed & loci.* § *Si dicantur.* ff. *jurium regund.* L. 3. *Cod de ordine judic.*)

Une autre obſervation qu'on peut faire ſur cette matiere, c'eſt que les demandes formées en exécution d'Arrêts rendus en l'Audience, doivent être portées à l'Audience, ſi ce n'eſt que les Procureurs d'un commun accord en conſentiſſent l'appointement. Il en eſt de même à l'égard des demandes qui naiſſent en exécution d'Arrêts rendus en procès par écrit; l'uſage eſt auſſi de les porter preſque toutes à l'Audience, à moins qu'elles ne préſentent un examen de titres & de pieces, auquel cas on appointe en Droit.

§. IV.

Des interventions.

Lorsqu'une personne qui n'est pas Partie dans une contestation engagée dans un Tribunal, a intérêt dans cette contestation, elle peut, soit en premiere instance, soit en cause d'appel, demander à être reçue Partie intervenante pour la conservation ou défense de ses droits, en quelque état que la cause se trouve.

Les interventions dans la regle générale, doivent être jugées par le même Juge devant lequel la cause principale est pendante, si ce n'est que l'intervenant soit privilégié ; auquel cas il peut faire renvoyer la cause devant le Juge de son privilege ; ce qui néanmoins n'a pas lieu dans le cas où ce privilégié n'interviendroit qu'en cause d'appel, à moins que ses droits ne fussent pas encore ouverts lors de l'appel, & que lui ou ses auteurs n'eussent pu agir avant le Jugement de la cause principale. (Voyez l'art. 29 du tit. 1 de l'Ordonnance des Evocations du mois d'Août 1737, rapportée au nouveau Recueil, tome 5, page 485.)

Il faut aussi que celui qui forme ainsi son intervention, soit intéressé en son nom, ou comme héritier, ou à autre titre universel & particulier, de bonne foi & sans fraude.

§. V.

Comment se termine l'instance sur les actions.

L'instance sur les actions se termine de plusieurs manieres :

1°. Par la sentence qui intervient, s'il n'y en a point d'appel, ou si, depuis l'appel, l'appellant en a consenti l'exécution.

2°. Par le désistement des Parties.

3°. Par la péremption d'instance.

4°. Par la désertion d'appel.

Voyez ce qui est dit au Commentaire, pages 86 & 465, touchant les péremptions d'instance, & désertions d'appel.

§. VI.

Des nullités de procédure dans la poursuite d'une action.

1°. Lorsque celui qui a donné une demande nulle dans la forme, & qui en reconnoît la nullité, vient à se désister de la procédure qu'il a faite sur cette demande, il n'est pas pour cela déchu de son action, mais il peut la recommencer en payant les dépens de cette procédure nulle. (L. 3, *& ibi* D D. Cod. *de edendo*, L. 79, ff. *de judiciis*. L. 78, §. *etiam*, ff. *de legatis*, 2.)

Il en est de même si la procédure est déclarée nulle par un Jugement. Rien n'empêche que celui dont la procédure est ainsi déclarée nulle, ne puisse la recommencer de nouveau devant le même Juge

En général on peut dans notre usage changer en tout état de cause ses conclusions par une requête présentée à cet effet, & rétablir une procédure vicieuse, même après que la cause a été contestée, en refondant les dépens jusqu'au jour de cette requête. Il n'y a que l'action de retrait lignager où il n'est pas permis de rectifier ses conclusions. (Voyez Mornac, sur la L. 4, §. *ult.* ff. *de noxal. action.*)

2°. Le Demandeur qui a intenté son action devant un Juge incompétent, peut aussi se désister de sa demande, même après contestation en cause, en exposant que c'est par erreur ou autrement qu'il l'a donnée devant ce Juge, & la porter devant le Juge légitime, en payant dans la suite tous les dépens faits jusqu'alors.

Si la sentence a été rendue contradictoirement au fond par le Juge incompétent, elle ne peut plus être recommencée devant un autre Juge, si ce n'est du consentement des deux Parties ; & il ne reste plus à la Partie qui se plaint du Jugement, que la voie d'appel au Juge supérieur.

Mais si le Juge qui a connu de la cause dont il ne pouvoit connoître, est un Juge en dernier ressort, il n'y a alors que la voie de cassation au Conseil pour attaquer le Jugement rendu, quoique par un Juge incompétent.

SECTION VIII.

Regles générales touchant l'instruction des procès civils.

ON appelle instruction en matiere civile, la procédure qui est nécessaire pour prouver de la part du Demandeur la justice de sa demande, & de la part du Défendeur ses défenses & exceptions contre cette même demande, afin de mettre les Juges en état de prononcer sur ce différent.

L'instruction des procès civils appartient aux Procureurs, & ordinairement au premier Officier du Siege, dans le cas où le ministere du Juge est nécessaire pour cette instruction.

Comme les Parties ne sont point le plus souvent en état de faire par elles-mêmes les procédures nécessaires pour établir leurs prétentions, les Ordonnances ont créé en titre d'office des Procureurs, auxquels ces Parties peuvent s'adresser pour les conduire; & ces Ordonnances ont même rendu leur ministere nécessaire dans les Jurisdictions qui jugent en dernier ressort, & dans les autres Justices Royales, en certains cas. (Voyez le Commentaire, tit. 17, art. 6, page 245.) Mais il faut observer que la fonction de ces Officiers se borne à ce qui est purement d'instruction; & ils ne peuvent former aucunes demandes nouvelles, ni interjetter aucun appel, qu'en vertu d'un pouvoir particulier; autrement ils courent risque d'être désavoués pour raison de ces actes, quand même ils auroient d'ailleurs un pouvoir d'occuper.

Le Juge à qui appartient l'instruction pour les cas qui sont du ministere du Juge, est le Lieutenant-Général dans les Bailliages & Sénéchaussées Royales, ainsi que dans les Sieges Présidiaux Dans les autres Justices Royales ordinaires ou extraordinaires, ainsi que dans les Justices de Seigneurs, c'est ordinairement le premier Officier du Siege. Néanmoins dans les Bailliages & Sénéchaussées Royales, ainsi que dans les Prévôtés & autres Sieges Royaux ordinaires, il y a certaines fonctions d'instruction & d'exécution, qui appartiennent à des Officiers établis à cet effet, & qu'on nomme Commissaires Enquêteurs-Examinateurs, ainsi qu'il a déjà été observé. Les autres Actes d'instruction & exécution ont été réservés aux Juges.

§. I.

Des actes d'instruction & d'exécution qui appartiennent aux Commissaires-Enquêteurs-Examinateurs, & de ceux qui appartiennent aux Juges.

1°. Les actes d'instruction & d'exécution dont la connoissance a été attribuée aux Commissaires-Enquêteurs-Examinateurs, tant pour les causes d'Audience, que pour les procès par écrit, sont :

Les enquêtes ordonnées sur la réquisition des Parties, autres que les enquêtes sommaires.

Les interrogatoires sur faits & articles ordonnés sur la requête des Parties.

Les extraits & collations de pieces, autres que celles produites au Greffe ou entre les mains des Rapporteurs.

Les rapports & visitations d'experts ordonnés sur la réquisition des Parties.

Les exécutions des retraits & autres sentences où il n'est requis connoissance de cause.

Les taxes de dépens.

Les liquidations de dommages & intérêts.

Les ordres & distributions de deniers. (Voyez à ce sujet l'Edit du mois de Mai 1683, & les autres Réglements rendus en interprétation.) A quoi on peut encore ajouter :

Les scellés.

Les inventaires qui en dépendent.

Les comptes, ainsi que leur présentation ou affirmation.

Et les partages, (suivent les mêmes Réglements.)

Mais ces derniers actes sont moins d'instruction que de Jurisdiction volontaire.

En l'absence ou empêchement des Commissaires-Enquêteurs-Examinateurs, c'est au Lieutenant-Général, ou autre premier Officier du Siege, à en faire les fonctions.

2°. Les actes d'instruction & d'exécution, dont la connoissance est réservée aux Juges, sont :

Les réponses à toutes les requêtes.

Les reconnoissances de billets.

Les vérifications d'écritures.

Les collations de pieces déposées au Greffe ou entre les mains des Rapporteurs.

Les injonctions de rendre des pieces confiées, ainsi que les contraintes & exécutoires faute de les rendre.

Les enquêtes ordonnées d'office.

Les interrogatoires d'offices.

Les rapports d'experts ordonnés d'office.

Les affirmations en exécution de sentence.

Les réceptions de caution.

Et en général tout ce qui concerne l'instruction des Procès, à la réserve des actes ci-dessus marqués, dont la connoissance a été attribuée aux Commissaires Enquêteurs-Examinateurs.

§. II.

A quel Juge appartient l'instruction & l'exécution des procès civils ?

1°. L'instruction des procès civils dans les Bailliages & Sieges Présidiaux, ainsi que dans les autres Justices Royales & subalternes, lorsque les causes & procès ne sont point appointés, ou lorsqu'étant appointés ils ne sont point encore distribués, appartient au Lieutenant-Général, ou autre premier Juge, & en son absence à celui qui le suit dans l'ordre du Tableau.

Et il en est de même de l'exécution des Jugements rendus à l'Audience, lorsqu'il y a présidé.

2°. Dans les procès par écrit distribués, l'instruction & l'exécution des procès appartiennent aux Rapporteurs, même mineurs, du jour que ces procès ont été distribués ; ce qui se trouve établi par un grand nombre de Réglemens.

Il en faut seulement excepter les descentes sur les lieux. (Voyez ce qui est dit à ce sujet au Commentaire, page 343.)

Mais dans le cas de maladie ou dans l'absence des Rapporteurs, l'instruction & exécution des Procès distribués appartiennent au Lieutenant-Général, ou autre premier Officier du Siege.

3°. Tous les actes d'instruction & exécution de sentences qui se font par le Juge qui en est chargé, où il ne s'agit point de transport sur les lieux, peuvent être faits par lui en son Hôtel. Il y en a un grand nombre de Réglements.

§. III.

Des devoirs des Juges & autres Officiers chargés de l'instruction & exécution des causes & procès.

Les Juges chargés de l'instruction & exécution des procès, outre les devoirs généraux qui leur sont communs avec tous les Juges, ont des devoirs particuliers à remplir, suivant les différents actes qu'ils font.

Ainsi, 1°. dans les requêtes qui leur sont présentées pour faire assigner, ils ne peuvent permettre d'anticiper les délais des assignations, si ce n'eſt dans les cas proviſoires, & où il y a péril en la demeure. (Edit du mois de Janvier 1685, pour le Châtelet de Paris, articles 6 & 7. Voyez auſſi le Commentaire, page 44.)

2°. Lorſque, dans le cours d'une inſtruction ou exécution faite par eux, il ſurvient quelque différend entre les Parties, ils ne peuvent le décider par eux-mêmes, mais ils doivent en dreſſer procès-verbal, ſur lequel ils doivent renvoyer les Parties à l'Audience, ou en la Chambre du Conſeil, pour y faire juger ce différend. (Arrêt du 18 Juillet 1677, pour Tours, art. 51; autre du 19 Février 1611, rapporté par Joly, tome 2, page 879.)

3°. On peut ſe pourvoir par la voie d'oppoſition au Siege contre les Ordonnances rendues par le premier Juge en matiere d'inſtruction & d'exécution, ou acte de Juriſdiction volontaire; & alors ces ſortes d'oppoſitions doivent ſe porter à l'Audience pour y être jugées.

4°. Les Lieutenants-Généraux ou autres premiers Juges doivent exercer par eux-mêmes, avec le miniſtere du Greffier ordinaire du Siege, tous les actes d'inſtruction ou de Juriſdiction volontaire dont ils peuvent connoître. S'ils n'en peuvent connoître, il leur eſt défendu de commettre aucuns Huiſſiers, Notaires, Greffiers, Clercs ou autres pour l'exécution de ces fonctions, & ils ſont tenus d'en laiſſer la connoiſſance à l'Officier qui les ſuit dans l'ordre du Tableau. (Arrêt de Réglement du 18 Juillet 1677, pour Tours, art 66.)

Mais lorſqu'il s'agit de faire quelque inſtruction ou autre fonction hors de la Ville & des Fauxbourgs du lieu de leur réſidence, les Juges peuvent commettre & déléguer le Juge du lieu où ſe doit faire cette inſtruction.

5°. Si le Greffier ordinaire du Siege étoit

malade ou absent, &c. & qu'il n'y eût personne pour le représenter, le Juge chargé de l'instruction ou autre acte de Jurisdiction volontaire, peut commettre une autre personne pour faire les fonctions de Greffier, en lui faisant prêter serment à cet effet.

6°. Le Juge doit vaquer à l'instruction en habit décent & convenable à sa dignité (Airault, en son Instruction judiciaire, liv. 2, partie 3, n. 57, page 275.)

7°. Il ne peut écrire lui-même les actes qu'il fait, mais ces actes doivent être écrits par le Greffier ou l'un de ses Commis.

8°. Les Juges ne peuvent faire aucun acte d'instruction ou d'exécution en matiere civile, les jours de Dimanches & de Fêtes d'Eglise (Larocheflavin, en ses Arrêts, au titre des Féries, art. 1.)

9°. Le Juge ou Commissaire qui fait une instruction est tenu des nullités qui peuvent se trouver dans la confection des actes qu'il dresse. (Ordonnance de 1667, tit. 22, art. 36, p. 396.)

10°. En matiere de formalités, il faut suivre la loi du lieu où se fait la procédure. (V. Bornier, sur l'art. 20 du tit. des Enquêtes.)

§. IV.

Des Audiences.

L'Audience est le lieu où les Juges entendent les Parties, soit par elles-mêmes, soit par leurs Avocats & Procureurs. C'est dans ce lieu que les causes doivent être poursuivies pour y être réglées par les Juges. (Ordonnance de 1667, tit. 4, art. 1.)

On doit regarder comme une regle générale, que tout ce qui peut être décidé à l'Audience, doit y être jugé. (Ordonnance du 11 Février 1519, art. 19.) Mais si les causes sont de longue discussion, & qu'on ne puisse les décider que par l'examen de plusieurs titres & pieces; ou si indépendamment de cet examen, il faut discuter le droit des Parties par des questions de Jurisprudence, les Juges peuvent les appointer à mettre, ou en droit à écrire & produire suivant leur qualité. (Voyez le Commentaire, page 197.)

Une autre regle qu'on peut aussi regarder comme générale, est que les Lieutenants-Généraux, ou autres premiers Juges, ne peuvent faire en leur Hôtel aucun acte de Jurisdiction contentieuse, ni tenir à ce sujet aucunes audiences extraordinaires; il est même défendu aux Procureurs du Roi & autres Parties publiques de prendre des conclusions à l'Hôtel du Juge pour toutes les affaires qui doivent être portées à l'Audience. (Réglement de la Cour du 20 Juillet 1665, art. 17.)

Il y a néanmoins quelques cas où les premiers Officiers des Sieges peuvent connoître seuls, & en leur Hôtel, d'affaires contentieuses. Telles sont les affaires qui requierent célérité, & qui ne pourroient être différées sans faire préjudice aux Parties, comme l'élargissement des personnes emprisonnées pour dettes; les saisies de fruits, bestiaux, équipages & marchandises; les ventes de meubles & autres choses où il y auroit du péril en la demeure. Dans tous ces cas les premiers Juges peuvent décider provisionnellement l'affaire en leur Hôtel pendant les Vacations & la veille des fêtes consécutives. (Réglement du 19 Août 1687, pour Chinon, art. 25. Autre du 31 Août 1689, pour Orléans, art. 5. Voyez aussi l'Edit du mois de Janvier 1685, rendu pour le Châtelet de Paris, art. 6

& 7, & rapporté au nouveau Recueil tom. 1, pag. 553.)

Mais hors ces cas, il est défendu aux Lieutenans Généraux & autres premiers Juges, de juger en leur Hôtel aucunes affaires contentieuses; comme aussi de rendre aucunes Ordonnances sur la requête des Parties, portant défenses d'exécuter les sentences des premiers Juges. (Voyez le Commentaire, pag. 44 & 45.)

TITRE III.

PARTIE II.

De la procédure pour l'instruction & le jugement des procès civils.

SECTION I.

De ce qui précede la contestation en cause.

§. I.

Des ajournements.

1°. EN quelque Jurisdiction que l'on plaide il est nécessaire de faire assigner son débiteur, ou celui contre lequel on a quelque action à diriger, avant de pouvoir faire aucune poursuite contre lui. Celui qui dirige l'action s'appelle *Demandeur*, & celui contre lequel elle est dirigée se nomme *Défendeur.*

2°. Les Parties qui plaident doivent être en nom dans les exploits, ainsi que dans les Sentences & Jugemens; car en France nul ne plaide par Procureur, si ce n'est le Roi dans ses Justices & Cours, & les Seigneurs dans leurs Justices, pour les revenus ordinaires de leur domaine, ainsi qu'il a déjà été observé.

3°. Il y a des personnes qui ne peuvent intenter aucuns procès en demandant, sans donner caution de payer les dépens & autres condamnations auxquelles leur demande peut donner lieu tant en premiere instance qu'en cause d'appel. Tels sont les étrangers non naturalisés, même ceux qui jouissent du droit d'Aubaine. (Voyez Papon en ses Arrêts, liv. 8, tit. 1, n. 7. Bacquet, Traité du droit d'Aubaine, chap. 16; & Bardet, tit. 1, liv. 1, chap. 86.) Cette caution, quant à la somme, se regle par les circonstances, & dépend de l'arbitrage du Juge.

On a même jugé qu'un étranger qui demande la restitution de ses titres à un Procureur, doit donner caution pour le paiement des frais faits pour lui par son Procureur. (Ainsi jugé par Arrêt du Parlement de Paris, du 6 Septembre 1745, rapporté par Lacombe, en son Recueil de Jurisprudence civile, au mot *aubaine*, page 49.)

Cette obligation aux étrangers de donner caution de payer le Juge, a lieu, non-seulement en matiere civile, mais encore en matiere criminelle. (Voyez la Peyrere, édition de 1717, p. 195 & 196.)

Au reste elle n'a lieu, dans l'un & l'autre cas, que quand le Défendeur ou Accusé la demande. Et lorsque deux étrangers plaident ensemble, si le Demandeur veut le demander, il doit l'offrir respectivement.

Il faut cependant observer que, dans les grandes villes de commerce, les étrangers qui plaident ne sont pas tenus de donner caution; & l'on trouve plusieurs Arrêts qui les en ont dispensés. (Voyez du Perrier, nouvelle édition, tome 3, page 524.)

Les dévolutaires sont aussi tenus de donner caution pour pouvoir plaider, mais seulement jusqu'à la somme de douze cents livres. (Déclaration du 10 Mars 1776, art. 2.)

Lorsque la caution qui avoit été reçue pour répondre du jugé, vient à décéder, on en peut

demander

demander une nouvelle. (Ainſi jugé par Arrêt du 16 Avril 1634.)

4°. Les formalités qu'on doit obſerver dans les exploits ſe trouvent établies par les différents articles qui composent le titre 2, & par les articles 3 & 4 du tit. 9 de l'Ordonnance de 1667. Ces formalités ſont de deux ſortes; les unes concernent l'exploit en lui-même, & les autres concernent la perſonne des Huiſſiers ou Sergens qui ſignifient les exploits; elles ſont les mêmes pour toutes les Juriſdictions, ſans en excepter les Officialités.

5°. Pour qu'une aſſignation ſoit valable, elle doit être donnée un jour ordinaire; car celles qui ſont données les jours de Dimanches & de Fêtes, ſont nulles, excepté en quelques cas. (Voyez le Commentaire, pag. 143 & 144.)

§. II.

Des délais ſur les aſſignations.

L'exploit étant ſignifié pour avertir la Partie aſſignée de la demande qui eſt formée contre elle, il eſt juſte d'accorder à cette Partie un délai raiſonnable pour comparoître & pour délibérer ſi elle acquieſcera ou non à cette demande. Ces délais ſont différents ſuivant les différentes Juriſdictions où l'on doit plaider; ils ſont fixés pour les Bailliages & Prévôtés Royales, par les articles 1, 2 & 3 du titre 3 de l'Ordonnance de 1667; pour les requêtes de l'Hôtel & du Palais, & pour les Sieges des Conſervations des Univerſités, par l'article 4 du même titre; pour les Cours, par l'article 1 du titre 11; & pour les Sieges des Maîtriſes particulieres des Eaux & Forêts, & autres Juriſdictions inférieures, (ce qui comprend auſſi les Juſtices de Seigneurs) par l'article 14 du titre 14 de la même Ordonnance.

Comme ces délais sont établis en faveur du Défendeur ; le Défendeur peut les anticiper. (Voyez le Commentaire, pag. 159.)

Il faut aussi observer que ces délais peuvent quelquefois être abrégés, quand il y a péril en la demeure, & qu'il s'agit de quelque affaire provisoire. (Voyez *ibidem*, pag. 153.)

§. III.

Des présentations.

Après que les délais sur l'assignation sont expirés, le Défendeur est tenu de se présenter, c'est-à-dire, de coter son nom & celui de son Procureur sur le cahier des présentations. Toutes les Parties, soit demandeurs, soit défendeurs soit intervenants, soit appellants, intimés ou anticipés, sont tenues en toutes Jurisdictions où il y a des Greffes des présentations, de satisfaire à cette formalité, à peine de nullité de la sentence que pourroit obtenir celui qui n'y auroit pas satisfait, & de cent livres d'amende.

Les délais pour se présenter sont de quinzaine pour les Cours, & de huitaine pour les autres Sieges ; & pour les matieres sommaires, de trois jours seulement, tant aux Cours qu'aux autres Sieges. (Ordonnance de 1667, tit. 4, art. 1, pag. 161.)

§. IV.

Des congés & défauts.

1°. Dans les Bailliages & Prévôtés Royales, Requêtes de l'Hôtel & du Palais ainsi que dans les Cours Souveraines, si l'une des Parties ne se présente pas & ne constitue Procureur dans la huitaine après l'échéance de l'assignation, l'autre Partie, ou celui qui est chargé de sa défense, peut après la huitaine échue, lever son défaut au Greffe; mais il ne peut le faire juger, sinon après un autre délai de huitaine pour ceux qui sont assignés à huitaine ou quinzaine; & à l'égard de ceux qui sont assignés à plus longs jours, le délai pour faire juger le défaut, outre celui de l'assignation & de huitaine pour défendre, doit encore être de la moitié du tems porté par l'assignation. (Ordonnance de 1667, tit. 3, art. 5, page 158; & tit. 11, art. 3, page 240.) Ce défaut est ce qu'on appelle *defaut faute de comparoir.*

2°. Il ne suffit pas au Défendeur de se présenter & de constituer Procureur, il faut encore que ce Défendeur fournisse ses défenses signées de son Procureur avec les pieces justificatives, si aucunes il a, dans le même délai qu'il a pour se présenter. (Ordonnance de 1667, titre 5, art. 1, page 166, & titre 11, art. 2, pag. 239.)

Ainsi quand le Défendeur a constitué Procureur sans fournir de défenses, le Demandeur peut prendre son défaut à l'Audience, & si c'est une Cour souveraine, au Greffe, sans autre acte ni sommation préalable; & pour le profit on doit lui adjuger ses conclusions avec dépens, si la demande se trouve juste & bien vérifiée; mais s'il y a plus de trois chefs de demandes, le profit du défaut pourra être jugé sur pieces vûes & mises sur le bureau sans épices. (Ordonnance de 1667, titre 5, article 3 & 4, & titre 11, article 4 & 5.) Ce défaut s'appelle *défaut faute de défendre.*

3°. Si entre le tems que le défaut a été pris, & le Jugement du défaut, le Défendeur constitue Procureur, fournit ses défenses, & en communique les pieces justificatives, le Demandeur ne pourra faire juger son défaut ; mais il peut demander les dépens de ce même défaut qu'il a obtenu : & si le Défendeur constitue seulement Procureur sans fournir de défenses, le Demandeur pourra poursuivre le Jugement de son défaut sans autre procédure ni sommation. (Ordonnance de 1667, *ibid.* tit. 11, art. 6, page 243.)

4°. Lorsque le Défendeur a fourni ses défenses avec la copie des pieces justificatives, la cause doit être poursuivie à l'Audience trois jours après, sur un simple acte signé du Procureur & signifié. (*Ibid.* tit. 14, art. 1, p. 300, & tit. 11, art. 8, page 244.)

5°. Si l'une des Parties, ou son Procureur, ne comparoît point à l'Audience, il faut distinguer si c'est le Demandeur, ou si c'est le Défendeur : si c'est le Demandeur ; le Juge doit donner au Défendeur comparant défaut qu'on nomme *congé*, & pour le profit on le décharge de la demande ; & si c'est le Défendeur, le Demandeur peut prendre son défaut, & pour le profit on lui adjuge ses conclusions, si elles se trouvent justes & bien vérifiées. (Ordonnance de 1667, tit. 14, art. 4, page 303.) On appelle ce défaut ou congé, *défaut faute de plaider*.

Il faut cependant observer, que quoique le Demandeur ait pris son défaut contre le Défendeur *aut vice versâ*, si celui contre lequel le défaut est obtenu se présente dans la même Audience, & demande le rabat du défaut, le Juge peut l'ordonner ; auquel cas ce défaut demeure comme s'il n'avoit pas été prononcé. (Ordonnance de 1667, *ibid.* tit. 14, art. 5, pag. 306.)

6°. On peut revenir par opposition contre les Jugements par défaut qui n'ont point été rendus à tour de rôle. (Voyez le Commentaire, tit. 35, art. 3, page 369, & 370.)

7°. Si les défenses signifiées sont de quelque considération, le Défendeur peut y fournir ses repliques trois jours après que ces défenses ont été signifiées, sans néanmoins que la procédure en puisse être arrêtée, ni le délai prorogé. (Ordonnance de 1667, titre 14, article 2, page. 302.

8°. Dans les Justices des Seigneurs il n'y a aucuns délais à observer après ceux de l'assignation échus, ni aucunes défenses à signifier ; mais dans les vingt-quatre heures après l'échéance de l'assignation, les Parties doivent être ouies en l'Audience & jugées sur le champ, sans qu'elles soient obligées de se servir du ministere de Procureurs. (Ordonnance de 1667, *ibid.* titre 14, article 15, page 320.)

§. V.

Des exceptions & défenses.

Celui contre lequel une action est intentée en Justice doit ou acquiescer à la demande formée contre lui, ou proposer les moyens qu'il a pour s'en défendre ; il le fait ou en niant le fondement de l'action, ce qui s'appelle *défenses*, ou en y opposant une *exception.*

Il seroit difficile de prescrire ce que le Défendeur peut employer pour moyens & exceptions dans ses défenses ; ils consistent ordinairement en des fins de non-recevoir, des déclinatoires, des nullités d'exploit, & autres exceptions ; tous ces moyens doivent être employés dans les défenses pour y être préalablement fait droit. (Ordonnance de 1667, titre 5, article 5, page 173.)

Si le Défendeur a plusieurs exceptions dilatoires à proposer, l'Ordonnance veut qu'il les propose toutes par le même acte, à moins que ce ne soit un héritier ou une veuve assignée en qualité de commune; car ces derniers ne sont tenus de proposer leurs autres exceptions dilatoires qu'après que le terme pour délibérer est expiré. (Ordonnance de 1667, titre 9, articles 1 & 2, page 221.)

Pour abréger la procédure touchant les exceptions déclinatoires, l'Ordonnance veut aussi que les appels des dénis de renvois, ou de déclinatoires, ensemble les appels comme de Juges incompétents soient vuidés par expédient par le ministere des Avocats & Procureurs Généraux. (Ordonnance de 1667, *ibid.* titre 6, article 4, page 191, 192.)

A l'égard des folles intimations, ainsi que des désertions d'appel, elles doivent se porter devant un ancien Avocat, dont les Avocats & Procureurs des Parties conviendront. (*Ibid.* tit. 6, art. 4.) Les articles 4, 5, 6, 7 & 8 du même tit. établissent la procédure qui doit être tenue pour le Jugement de ces expédients.

§. VI.

Des délais pour délibérer, & des garants.

Si le Défendeur est tenu en son propre nom de satisfaire à la demande qui est formée contre lui, il est obligé de comparoître en Justice dans les délais ci-dessus marqués, & il ne peut les faire prolonger; mais s'il n'est tenu de cette obligation que comme héritier présomptif, ou comme commune en biens, ou comme cessionnaire ou acquéreur avec recours de garantie, il peut éloigner pour un tems la demande de celui qui l'assigne, jusqu'à ce qu'il ait fait inventaire & pris qualité, ou qu'il ait mis ses garants en cause.

Voyez au titre 7 de l'Ordonnance de 1667, page 202, ce qui doit être observé à l'égard des délais, que les héritiers ou les veuves communes en biens, ont pour délibérer : & à l'égard des garants, voyez le titre 8 de la même Ordonnance, pag. 205, qui traite de la procédure qui doit s'observer sur les demandes en garantie.

SECTION II.

De la contestation en cause, & de l'instruction jusqu'au Jugement diffinitif.

1°. SI les deux Parties comparoissent sur l'assignation, & qu'elles soient d'accord de plaider, la cause se juge contradictoirement; & si elle ne peut être jugée, elle doit être continuée au prochain Siege; (Ordonnance de 1667, titre 14, art. 6, page 307,) ce qui s'accorde aussi quelquefois sur la remontrance d'une des Parties. Mais si le Juge n'a point d'égard à cette remontrance, & qu'il ordonne de plaider, alors la Partie doit le faire; sinon on donne défaut contre elle, ainsi qu'il a été observé ci-dessus.

2°. Lorsque sur les défenses fournies il intervient quelque Jugement, ce Jugement engage la cause, & elle est tenue pour contestée. (Ordonnance de 1667, tit 14, art. 13, page 318.)

3°. Si la cause est du nombre de celles qui exigent des conclusions de la Partie publique, telles que sont les causes où l'Eglise, le Roi, ou le Public ont intérêt, l'Avocat du Roi ou Fiscal doit y donner ses conclusions verbales ; ce qui s'observe aussi à l'égard des Avocats Généraux dans les Cours Souveraines ; & même dans ces dernieres Jurisdictions ils peuvent porter la parole & la portent ordinairement dans toutes les causes d'éclat.

4°. Lorsque la cause a été plaidée de part & d'autre, si les Juges la trouvent suffisamment éclaircie, ils prononcent diffinitivement ; sinon ils appointent, dans les cas où la matiere est susceptible d'appointement ; (Ordonnance de 1667, tit. 14, art. 7, page 308,) ou bien avant de la juger, ils ordonnent sur la réquisition des Parties, ou d'office, des *interrogatoires sur faits & articles*, des *compulsoires* & *collations de pieces*, des *sequestres*, des *descentes de Juges*, des *rapports d'experts*, des *enquêtes*, & autres procédures nécessaires pour la décision de la cause. Tous ces actes sont les mêmes, & ne different presque en rien soit dans les Justices inférieures, soit dans les autres Sieges & Cours. Nous allons examiner toutes ces différentes especes de procédures.

§. I.

Des appointements & procès par écrit.

Pour bien entendre la différence qu'il y a entre les affaires qui se jugent sur la plaidoierie des Avocats ou Procureurs, & celles qui se jugent de rapport, il faut distinguer la Jurisdiction où l'on plaide. Si l'on y plaide en premiere instance, tant que l'affaire se poursuit à l'Audience, on l'appelle *cause*. Si l'on y plaide par appel, il faut encore distinguer, ou l'appel est d'une sentence rendue à l'Audience & sur délibéré, ou cet appel eſt d'une ſentence rendue ſur un appointement : dans le premier cas, l'appel eſt verbal, & l'affaire s'appelle *cauſe ;* dans le ſecond cas, c'eſt un *procès par écrit.* Mais ſi la cauſe, ſoit qu'on plaide en premiere inſtance, ſoit qu'on plaide ſur une appellation verbale, eſt appointée, elle perd ſa premiere dénomination, & s'appelle *inſtance* qui ſe juge ſur productions des Parties.

On diſtingue pluſieurs ſortes d'appointements, ſçavoir : *appointement à mettre*, *appointement en Droit*, *appointement au Conſeil*, *&c* (Ordonnance de 1667, titre 14, art. 7, pag. 308, & tit. 11, art. 9, 12 & 13, pag. 245. *& ſuiv.*)

Aucune cauſe ne peut être appointée au Conſeil, en Droit, ou à mettre, en quelque Cour & Juriſdiction que ce ſoit, ſi ce n'eſt en l'Audience à la pluralité des voix, à peine de nullité. (Ordonnance de 1667, titre 11, article 9, page 245.)

Néanmoins quand il s'agit de reddition de compte, liquidation de dommages & intérêts, & appellations de taxes de dépens, lorſqu'il y a plus de deux croix, les appointements peuvent être pris au Greffe. (*Ibidem*, art. 10.)

L'article 32 du même titre 11 défend aux Greffiers d'écrire ſur leurs feuilles ou regiſtres, & de délivrer aucun appointement ou Jugement, qu'il n'ait été prononcé publiquement par le Juge, à peine de faux & de cent livres d'amende.

Toutes les cauſes appointées, & tous les procès par écrit ſe jugent à la Chambre du Conſeil des Juges à huis clos.

§. II.

Des appointements que se prononcent en premiere instance.

1°. Après qu'un appointement, soit à mettre, soit en Droit, &c. a été prononcé, le Procureur le plus diligent doit le lever & le faire signifier au Procureur de la Partie adverse, & le sommer en même tems de fournir ses moyens, soit par requête ou par avertissements, s'il s'agit d'un appointement en premiere instance : soit par griefs ou causes & moyens d'appel, s'il s'agit de l'appel d'une sentence, & que ce soit l'intimé qui ait signifié l'appointement. Il doit aussi lui déclarer en même tems le nom du Rapporteur auquel le procès a été distribué.

2°. La procédure qui se fait sur les *appointements à mettre*, est très simple. En exécution de l'appointement, on met ses piéces entre les mains du Rapporteur qui est toujours nommé par le Jugement qui appointe : on y joint un bref inventaire de production, qui contient sommairement les moyens & l'état des piéces des Parties, & l'on ne peut y faire d'autres écritures. Voyez au surplus ce qui est dit au Commentaire, titre 11, art. 9, pag. 245, & suivantes sur ces sortes d'appointements.

§. III.

Des appointements en Droit.

1°. Les *appointements en Droit*, à écrire & produire, sont de huitaine, & emportent aussi réglement à contredire dans pareil délai, encore que cela ne soit point exprimé dans l'appointement. (Ordonnance de 1667, tit. 11, art. 12, pag. 251.)

2°. Les productions doivent être mises au Greffe, & en les mettant il doit en être fait un état; c'est ce qu'on appelle *inventaire de production.*

L'article 33 du titre 11 de l'Ordonnance défend aux Procureurs de mettre au Greffe aucunes productions en blanc, & aux Greffiers de les recevoir, à peine de cent cinquante livres d'amende.

3°. Le Procureur le plus diligent & qui a produit le premier, doit signifier que sa production est au Greffe, & l'autre Procureur dans la huitaine de cette signification, doit y mettre la sienne, sinon la Partie en demeure forclose de plein droit, sans qu'il soit besoin de prendre aucun acte de forclusion de produire; (Ordonnance *ibid.* tit. 11, art. 17 & tit. 14, art. 8.) mais cette forclusion peut être couverte si le Procureur négligent vient à produire, & elle ne devient fatale que quand l'affaire a été rapportée & jugée.

4o. Lorsque les Procureurs, ou même l'un d'eux, ont mis leurs productions au Greffe, celui qui veut aller en avant doit avoir soin de faire distribuer l'affaire à un des Juges, & le faire signifier à l'autre Partie. Le Rapporteur auquel le procès est distribué retire du Greffe les productions des Parties, ou celle de la Partie diligente, si l'autre Partie n'a pas produit.

5. Les productions qui ont été mises au Greffe peuvent être contredites, & il est nécessaire à cet effet que les Parties en prennent respectivement communication. L'Ordonnance (tit. 14, art. 10, pag. 314.) ne veut pas qu'elles soient communiquées ni retirées sur les récépissés des Procureurs; mais seulement

qu'ils en prennent communication par la main des Rapporteurs. Sur quoi il faut observer, que pour qu'une Partie puisse prendre communication des productions de la Partie adverse, il faut qu'elle ait produit ou renoncé de produire par un acte signé de son Procureur, & signifié. (Ordonnance, tit. 14, art. 9, page 313.)

L'article 11 du même titre 14, page 316, défend aux Greffiers de délivrer aux Huissiers les piéces mises au Greffe, & de les donner en communication aux Procureurs, avant que le procès ait été distribué

6°. Lorsque les Procureurs ont eu communication de la production de leurs parties adverses, ils peuvent y former des *contredits*; & ces contredits doivent être fournis dans la huitaine du jour que le Procureur a pu en avoir communication. Après ce délai le Jugement peut être rendu contre lui par forclusion. (Ordonnance de 1667, tit. 11, art. 12, page 251, & art. 17, page 257.)

7°. La Partie dont la production a été produite peut répondre aux contredits par des écritures qu'on nomme *salvations*, qui doivent être signifiées ainsi que les contredits & dont on doit donner copie; sinon les contredits & salvations doivent être rejettés du procès. (Ordon. de 1667, tit. 14, art. 12, page 317.) Et sur toutes ces productions respectives intervient le Jugement diffinitif.

8°. Lorsque le procès a été jugé par écrit, soit en premiere instance, soit en cause d'appel, le Rapporteur doit mettre au Greffe le *dictum* du Jugement avec le procès entier, & les Procureurs doivent retirer chacun leurs productions, sans qu'il leur soit permis de retirer celles de la Partie adverse, ni aux Greffiers de les donner en communication, à peine de cent livres d'amende, ſauf aux Parties de prendre copie des piéces qui ont été produites. (Ordonnance, tit. 11, art. 15 & 16, pag 254 & 256.)

Les Greffiers doivent délivier ces Productions aux Parties, à peine, en cas de refus, d'être décerné contre eux exécutoire de trois livres par jour. (*Ibid.* tit. 31, art. 4, pag. 230.)

§. I V.

Des appellations des ſentences rendues ſur des appointements à mettre, ou en Droit.

Dans les appellations relevées, ſoit aux Cours de Parlement, Grand-Conſeil & Cours des Aides, ſoit au Préſidiaux, Bailliages, Sénéchauſſées & autres Siéges, des ſentences rendues ſur des appointements en Droit, même par forcluſion contre l'une des Parties, ou ſur des appointements à mettre quand les deux Parties ont produit, chacune des Parties doit dans la huitaine après l'échéance du délai de l'aſſignation pour comparoître, mettre ſes productions au Greffe du Siége où l'appel reſſortit, & le faire ſignifier au Procureur de la Partie adverſe (Ordon. de 1667, tit. 11, art 14, page 252.)

Si l'une des Parties n'a point conſtitué de Procureur, l'autre Partie doit prendre un défaut & le faire juger, ainſi qu'il a été dit ci-deſſus au titre des congés & défauts, page 60.

Si les deux parties ont conſtitué Procureur, & que l'une d'elles ſoit en demeure de produire dans la huitaine & de le ſignifier au Procureur adverſe, cette Partie en demeure eſt forcloſe de plein droit, & le procès doit être jugé ſur ce qui ſe trouvera au Greffe ſans aucun commandement, ſommation ni autre procédure. (Ordonnance de *1667*, *ibid.* tit. 11, art. 17, page 257.)

Dans la même huitaine après l'échéance de l'assignation pour comparoître, l'intimé doit fournir & mettre au Greffe, en forme ou par extrait à son choix, la sentence dont est appel; & faute de le faire dans ledit tems, l'appellant sans commandement ni signification préalable, pourra lever cette sentence par extrait aux frais & dépens de l'intimé, dont il doit être délivré exécutoire sur le champ. (*Ibid.* art. 18, page 259.)

Et si les deux Parties sont respectivement appellantes, c'est à celui qui est le premier intimé à fournir la sentence; sinon celui qui a appellé le premier, peut la lever aux frais & dépens de l'autre, ainsi qu'il vient d'être dit. (Voyez au Commentaire, tom. 1, page 259.)

Huitaine après que le procès & la sentence ont été mis au Greffe, le Procureur le plus diligent doit offrir & faire signifier *l'appointement de conclusion* portant réglement de fournir griefs & réponses de huitaine en huitaine, avec sommation de comparoître au Greffe pour le passer. (Ordon. de *1667*, tit. 11, article 19, page 260)

Si la Partie qui a été sommée de passer l'appointement ne comparoît pas, il faut distinguer : ou c'est l'intimé, ou c'est l'appellant. Si c'est l'intimé, on peut lever contre lui le défaut *faute de conclure*, & le donner à juger comme les autres défauts dont il a été parlé ci-dessus, pag. 60; & le profit emporte déchéance de la sentence. Et si c'est l'appellant, l'intimé prend le même même défaut faute de conclure, dont le profit emporte déchéance de l'appel. (Voyez au Commentaire, tom. 1, page 262.)

Lorsque l'appointement de conclusion a été passé entre les Parties, la cause devient contestée sur l'appel.

Le procès étant enſuite diſtribué à l'un des Juges, l'appellant eſt tenu de fournir ſes griefs dans la huitaine du jour de la ſommation qui en a été faite à ſon Procureur par acte ſigné du Procureur de l'intimé; & l'intimé doit fournir ſes réponſes dans la huitaine après que les griefs ont été ſignifiés à ſon Procureur. Faute de ce faire, la forcluſion eſt acquiſe de plein droit contre l'un & l'autre ſans aucun commandement ni autre procédure, à peine de nullité. (Ord. 1667, tit. 11, art. 20 & 21, page 262 & 264.)

Au reſte il faut obſerver que ces délais ne ſont point de rigueur, & qu'ils ſervent ſeulement à fixer le tems après lequel le Jugement ſur l'appel peut être rendu, ainſi qu'il a déjà été obſervé.

Toutes les écritures qui ſe ſont dans les procès par écrit, doivent être ſignifiées, & il en doit être donné copie, ſans quoi elles ſont rejettées du procès & n'entrent point en taxe. (Ordonnance 1667, tit. 14, art. 12, pag. 317; & tit. 11, art. 22, page 264.)

§. V.

De la procédure ſur les demandes incidentes & ſur les interventions.

10. Les Parties dans le cours du procès, forment quelquefois des appellations ou demandes incidentes, obtiennent des Lettres de reſtitution, reſciſion ou autres ſemblables; dans tous ces cas celui qui eſt incidemment Demandeur doit expliquer ſes moyens dans les mêmes Lettres ou dans la requête qui contiendra ſes appellations & demandes, joindre ſes piéces

justificatives, faire signifier le tout & en donner copie à l'autre Partie. (Ordonnance 1667, tit. 11, art. 27, page 159.)

Si l'affaire est appointée au principal, il faut mettre cette requête incidente entre les mains du Rapporteur du procès, lequel met au bas son ordonnance de soit appointé, donne acte au Demandeur de sa production sur ces incidents, & ordonne que le Demandeur y répondra dans les trois jours ou autre plus brief délai, selon la nature & qualité des incidens, lesquels doivent être joints au principal : (Ord. *ibid.* tit. 11, art. 24, page 266,) sans que les Parties puissent donner des contredits sur les incidents, sauf à y répondre par requête. (*Ibid.* art. 25, page 268)

Mais si l'affaire principale n'est pas appointée, les Parties doivent plaider à l'Audience sur l'incident.

2°. De même lorsqu'une des Parties articule des faits nouveaux dans le cours d'un procès, il faut qu'elle le fasse par une simple requête qui doit être signifiée & jointe au procès principal, sauf à l'autre Partie d'y répondre par une autre requête. (Ordonnance 1667, tit. 11, art. 26, page 269.)

Au reste il faut observer que ce qui vient d'être dit sur les incidents & touchant la maniere de les juger, doit s'entendre des premiers incidents, & non de ceux formés dans la suite, lesquels doivent être joints au procès pour y avoir tel égard que de raison en jugeant le procès principal. Ainsi lorsqu'on a plusieurs incidents à former, on doit les proposer tous par une seule & même requête, qui doit être réglée en la maniere qui vient d'être dite, (*Ibid.* art. 27.)

3°. Ceux qui ont intérêt dans une cause ou un procès pendant en quelque Justice, peuvent y intervenir en quelque état que l'affaire ſe trouve, tant en cauſe principale que d'appel. Il faut pour cela préſenter requête & la ſignifier aux Parties intéreſſées. Cette requête doit contenir les moyens d'intervention, & il doit en être donné copie, ainſi que des pieces juſtificatives : enſuite ſur un ſimple acte, on en vient à l'Audience par-devant le Juge où l'affaire principale eſt pendante, & cette requête eſt plaidée & jugée contradictoirement ou par défaut ſur la premiere aſſignation. (Ordonnance de 1667, tit. 11, art. 28, page 271.)

§. VI.

Des interrogatoires ſur faits & articles.

La Partie qui n'a pas de preuves ſuffiſantes pour réuſſir dans ſa demande ou dans ſes défenſes, peut faire interroger ſa Partie adverſe ſur la vérité de certains faits touchant la cauſe, pour en tirer des éclairciſſements par ſa bouche. Cette voie que l'Ordonnance lui fournit, eſt ce qu'on appelle *interrogatoire ſur faits & articles.*

Ces interrogatoires peuvent être demandés en tout état de cauſe, & ſe font aux dépens de la Partie qui les a requis; excepté dans le cas où la Partie aſſignée refuſe de comparoître pour ſubir l'interrogatoire qu'on veut lui faire ſubir. (Ordonnance de 1667, tit. 10, art. 1, 5 & 10, page 226 *& ſuiv.*)

A l'égard de la procédure qu'on doit tenir ſur ces interrogatoires, voyez *omninò* le tit. 10 de la même Ordonnance, page 226, *& ſuiv.*

Si l'interrogatoire ſur faits & articles n'eſt pas ſuffiſant pour acquérir la preuve, la Partie peut s'en rapporter au ſerment de l'autre Partie, qu'on appelle alors *serment décisoire*. Le Juge peut même déférer ce serment d'office, lorsqu'il le croit nécessaire pour éclairer sa religion.

§. VII.

Des compulsoires & collations de pieces.

Il arrive assez souvent dans le cours d'une affaire, ou même avant qu'elle soit commencée, que l'on a besoin pour la décider de pieces qui se trouvent entre les mains de personnes publiques, comme Notaires, Greffiers & autres qui pourroient faire refus de les représenter; dans ce cas il est permis aux Parties de prendre des copies collationnées de ces pieces, & l'on oblige l'Officier qui en est dépositaire de les donner. Cette collation se fait en vertu d'une Ordonnance du Juge ou de Lettres de Chancellerie qui permettent de compulser les pieces en question. L'Ordonnance au titre 12, articles 1, 2, 3 & 4, page 182, *& suiv.* établit la procédure, qui doit être tenue à ce sujet.

On peut former opposition soit aux Lettres de Chancellerie, soit à l'Ordonnance du Juge, qui permettent le compulsoire. Il faut alors faire juger cette opposition à l'Audience du Juge ou le procès est pendant; & s'il n'y a point encore d'instance, il faut se pourvoir devant le Juge du lieu où l'on veut faire le compulsoire.

§. VIII.

De la reconnoissance & de la vérification des écritures privées.

Il arrive aussi quelquefois que la fausseté ou

la légitimité des pieces ou actes sous seing privé, produites dans le cours d'une instance, peut servir à décider la question qui divise les Parties ; alors elles peuvent demander la *reconnoissance* de ces pieces.

Cette reconnoissance doit être faite devant le Juge où l'affaire est pendante, & si la Partie contre laquelle on prétend se servir des pieces, n'est pas domiciliée ou présente au lieu où le procès se poursuit, la reconnoissance doit être faite pardevant le plus prochain Juge Royal du domicile de la Partie, qui à cet effet doit être assignée à personne ou à domicile. Mais s'il s'agit de procéder à une vérification, elle doit être faite devant le Juge du lieu où le procès principal est pendant. (Ordonnance de 1667, tit. 12, art 5, page 290.) Cette vérification se fait par experts sur pieces de comparaison.

Voyez pour la procédure qui doit être tenue afin de parvenir à cette reconnoissance, les articles 5, 6, 7, 8 & 9 du titre 12 de l'Ordonnance, page 290 *& suiv.*

La Partie contre laquelle une piece est produite peut aussi dans certains cas s'inscrire en faux contre cette piece ; alors il faut, pour y parvenir, suivre la procédure marquée par l'Ordonnance criminelle de 1670, tit. 9, art. 2, & par celle du mois de Juillet 1737, tit. 2, art. 1.

§. IX.

Des sequestres.

Si la demande formée par l'une des Parties est douteuse, & qu'il s'agisse de la propriété de quelque héritage, ou meuble, les Parties peuvent demander un *sequestre ;* & en cas de nécessité, le Juge en peut nommer un d'office ; auxquels cas il ne peut nommer à cette fonction aucun de ses parents ou alliés jusqu'au degré des Cousins-germains inclusivement. (Ordon. de 1667, tit. 19, art. 5, page 393.)

Quand le sequestre a été nommé, on doit l'assigner à comparoître devant le Juge ou Commissaire pour prêter serment & accepter la commission, ou proposer ses moyens d'excuses que le Juge admet ou rejette selon qu'elles sont valables ou non; & les sentences qui interviennent à ce sujet s'exécutent par provision. (*Ibid.* art. 6, page 393.)

Quant à la procédure qui doit être tenue pour parvenir à la nomination du sequestre, & pour le mettre en possession des choses sequestrées, voyez l'Ord. *ibid.* tit 19, art. 1 & *suiv.* jusqu'à l'article 10, page 389.

Voyez aussi pour la fonction des sequestres, les articles 10, 11, 12, 18, 20 & 21 du titre 19, page 397 & *suiv.*

L'article 16 du même titre établit des peines contre ceux qui empêchent par violence l'établissement des sequestres. (Voyez page 409.)

§. X.

Des descentes de Juges & rapports d'experts.

Il se présente quelquefois des affaires telles, que pour parvenir à les décider, il est nécessaire que le Juge se transporte lui-même sur les lieux, ou qu'il nomme des experts pour en faire la visite & description.

Dans les matieres où il n'échet qu'un simple rapport d'experts, le Juge ne peut, sans en être requis, ordonner la descente sur les lieux;

(Ordonnance de 1667, titre 21, article 1, pag. 39;) mais il peut ordonner d'office que les lieux seront visités par experts dont les parties conviendront.

Il n'est pas toujours nécessaire que la descente du Juge soit accompagnée de visite d'experts, si ce n'est dans le cas où la matiere exige cette visite.

Voyez au titre 21 de l'Ordonnance de 1667, artic. 2, jusqu'au septieme, & article 14 jusqu'au vingt-deuxieme, la procedure qui doit être tenue pour les descentes de Juges; aux articles 8 jusqu'au quinzieme, & article 23, celle qui doit être observée touchant les rapports d'experts.

§. XI.

Des faits qui gissent en preuve; & des Enquêtes & reproches de témoins.

1°. La preuve par témoins, ou (ce qui revient au même) la preuve verbale ou par enquête n'est point admise, quand il s'agit d'un contrat, paction, ou autres choses excédantes la somme de cent livres; on en doit alors passer des actes sous seing privé, ou pardevant Notaires, ce qui a lieu, même dans le cas où il s'agit de dépôt volontaire. (Ordon. de 1667, tit. 20, article 2, page 4.)

2°. On ne peut être reçu à faire aucune preuve par témoins contre & outre le contenu aux actes, ni sur ce qui pourroit avoir été allégué ou dit avant, lors, ou depuis les actes, encore qu'il s'agisse d'une somme ou valeur moindre de cent livres. (*Ibid.*)

3°. La preuve par témoins n'est point non plus admise, quand il s'agit de l'interprétation de quelque article de Coutume, ou de quelque usage, dont on faisoit autrefois des enquêtes par Turbes. (Ordonnance 1667, titre 13, art. 1, page 299.) Cette preuve s'établit aujourd'hui par des *actes de notoriétés.*

4°. Si dans une même instance une Partie forme plusieurs demandes, dont il n'y ait point de preuve ni de commencement de preuve par écrit, & que toutes ces demandes jointes ensemble soient au-dessus de cent livres, elles ne peuvent être vérifiées par témoins, encore que ce soient diverses sommes qui viennent de diverses causes & en différents tems; si ce n'est que les droits procédassent par succession, donation ou autrement de personnes différentes. (Ordonnance de 1667, tit. 20, art. 5, page 13.)

5°. Toutes les demandes à quelque titre que ce soit, qui ne sont entièrement justifiées par écrit, doivent être formées par un même exploit, après lequel toutes les autres demandes dont il n'y aura point de preuve par écrit, ne doivent point être reçues pour être prouvées par témoins. (*Ibid.* art. 6, page 14.)

6°. La preuve par témoins est admise en plusieurs cas, savoir :

Quand il y a un commencement de preuve par écrit. (*Ibid.* article 3, page 8.)

Lorsqu'il s'agit d'une somme ou valeur de cent livres, & au-dessous. (*Ibid.* art. 2, page 4.)

Lorsqu'il s'agit d'un dépôt nécessaire en cas d'incendie, ruine, tumulte, naufrage, ou autres accidents imprévus. (*Ibid.* art. 3, page 8.)

Dans le cas de dépôt fait en logeant dans une Hôtellerie entre les mains de l'Hôte ou de l'Hôtesse; auquel cas la preuve par témoins peut être ordonnée par le Juge, suivant la qualité des personnes & les circonstances du fait. (*Ibid.* art. 4, page 9.)

Lorsqu'il s'agit de baptême, mariage & sépulture de quelque personne, & que les registres ont été perdus, ou qu'il n'y en a jamais eu, on peut justifier l'état de cette personne tant par titres que par témoins, ainsi que par les registres ou papiers domestiques des Peres & Meres décédés. (*Ibid.* article 14, page 29.) Mais hors ces deux cas, les preuves des baptêmes, mariages & sépultures, de même que celles des vêtures & professions Religieuses, ne peuvent être admises que sur des registres en bonne forme, tenus dans les Paroisses & Communautés Religieuses par les Curés & autres Supérieurs desdites Communautés. (Voyez les articles 7 & suivants jusqu'au 14, & les articles 15, 16, 17 & 18 du titre 20 de l'Ordonnance de 1667, pag. 15 *& suiv.*

Quant à la maniere dont la preuve par témoins peut être faite, & à ce qui concerne les formalités des enquêtes, ainsi que la qualité des témoins & les reproches qui peuvent être proposés contre eux, voyez l'article 1 du titre 20, le titre 22 en entier, & le titre 23 aussi en entier de l'Ordonnance de 1667, avec le Commentaire.

Les articles 23 & 25 du même titre 22 de l'Ordonnance, regardent les droits & devoirs des Greffiers qui sont employés à rédiger les enquêtes.

§. XII.

Des incidents qui peuvent survenir à l'occasion des Juges.

Ces incidents concernent la récusation & la prise à partie des Juges.

1°. La *récusation* est une espece de déclinatoire pour éviter d'avoir pour Juge celui qui nous est suspect, & pour empêcher qu'il ne connoisse de la cause ou du procès dans lequel nous sommes Parties.

2°. La *prise à partie* est la poursuite qui se fait en Justice contre un Juge que l'on veut rendre garant des dommages & intérêts qu'il a occasionnés.

On peut voir pour tout ce qui regarde les récusations, soit pour les causes qui peuvent y donner lieu, soit pour les formalités qu'on doit y observer, soit enfin pour les devoirs des Juges en cette matiere, le titre 24 de l'Ordonnance. Le titre 25 traite des prises à partie, des cas où elle a lieu, & de la procédure qu'on doit tenir à cet égard.

§. XIII.

Des incidents qui peuvent survenir au sujet de l'instance.

Ces incidents regardent, 1°. les reprises d'instance & constitutions de nouveau Procureur; 2°. la péremption d'instance.

1°. Lorsqu'une instance est en état d'être jugée, on ne peut la différer pour cause de mort, soit des Parties, soit de leurs Procureurs. (Ord. de 1667, titre 26, article 1, page 153.)

Mais si l'affaire n'étoit pas en état, toutes les procédures faites, & les Jugements intervenus depuis le décès de l'une des Parties, ou du Procureur, ou depuis que le Procureur ne peut plus postuler, soit qu'il ait résigné, ou autrement, sont nulles, s'il n'y a constitution de nouveau Procureur. (*Ibid.* art. 2.)

Lorsque

Lorſque c'eſt la Partie qui eſt décédée, il faut diſtinguer ſi le décès a été ſignifié ou non. Si le décès n'a pas été ſignifié, toutes les procédures faites juſqu'au jour de la ſignification du décès ſont valables; mais s'il a été ſignifié, tout ce qui aura été fait depuis la ſignification du décès eſt nul & de nul effet. (*Ibid.* art. 3 & 4.)

2°. Les Parties peuvent auſſi, quand elles le jugent à propos, révoquer leurs procureurs, même après la cauſe conteſtée; mais pour que cette révocation ſoit valable, il faut qu'elle contienne en même tems la conſtitution d'un nouveau procureur à la place de celui qui eſt révoqué; autrement & ſans cette conſtitution d'un nouveau Procureur, la révocation du premier ſeroit nulle, & la partie adverſe pourroit ſans y avoir égard, continuer ſes procédures contre le Procureur révoqué. (Ordonnance d'Abbeville du 23 Février 1539, article 282; Boniface en ſes Arrêts tome 1, liv 1, chapitre 19, titre 8, où il rapporte un Arrêt du 15 Décembre 1664, conforme à cette Juriſprudence. Autre Arrêt du mois de mars 1599, rapporté par Mornac, ſur la loi I. au Code *de procuratoribus.* Autre Arrêt du 22 Novembre 1645, rapporté par Baſſet, tome 2, livre 2, titre 5, chapitre 1; voyez auſſi l'article 4 de l'Edit du mois d'Aout 1716, pour la procédure de la Chambre de Juſtice, enregiſtré au Parlement le 5 Août de la même année,) ce qui a été ſagement établi pour empêcher les Parties de tirer les Procès en longueur, en faiſant ces ſortes de révocations purement & ſimplement, ſur leſquelles il faudroit aſſigner la partie en conſtitution de nouveau Procureur, & enſuite obtenir contre elle une Sentence, &c.

3°. Les inſtances dont la pourſuite a été négligée pendant trois ans, tombent en péremption ; ce qui établit une fin de non recevoir contre celui qui a négligé cette poursuite ; mais cette péremption n'a pas lieu de plein droit, & elle doit être demandée ; autrement elle peut toujours être couverte par le moindre acte de procédure. Au reste quand l'instance est suspendue, soit par le décès de l'une des Parties, soit par le décès du Procureur, il ne peut plus y avoir de péremption. (Voyez ce qui est dit touchant les péremptions d'instance au Commentaire, tom. 2, page 173.)

§. XIV.

De la communication des causes & procès aux Gens du Roi.

Dans toutes les causes & procès qui sont sujets à communication, c'est-à-dire, dans toutes les causes qui intéressent l'Eglise, le Roi & le Public, ou quelque Mineur, il faut, avant de les juger, qu'elles soient communiquées aux Gens du Roi, pour y donner leurs conclusions ; mais si le Mineur a un Tuteur, cette communication n'est pas nécessaire. (Voyez ce qui est dit au Commentaire, tom. 1, page 174.)

§. XV.

Des considérations nécessaires aux Juges pour bien juger.

1°. Les Juges avant de rendre leur Jugement doivent examiner avec attention tout ce qui a été produit de part & d'autre par les Parties plaidantes

2°. dans l'examen des actes, ils doivent conſidérer la *procédure*, & enſuite le *mérite du fond*.

Quant à la *procédure*, ils doivent examiner avec ſoin ſi toutes les regles & les formalités établies par les Ordonnances ont été obſervées par les Parties; & ſi les Parties oppoſent quelque vice dans cette procédure, les Juges doivent, avant de rendre leur Jugement, prononcer ſur ces nullités; autrement & ſans cette précaution tout ce qui ſeroit fait ſeroit nul, même la Sentence. (Voyez l'article 8 du titre 1 de l'Ordonnance, page 114.)

En ce qui concerne le *mérite du fond*, les Juges doivent pour la déciſion de la cauſe ſe conformer aux Loix, Ordonnances & Coutumes du Royaume; & ſi les Loix ou les Coutumes n'ont aucunes diſpoſitions touchant la cauſe qui ſe préſente, la raiſon & l'équité doivent être la regle de leur déciſion & de leurs Jugements.

A l'égard des queſtions de fait en particulier, le Juge doit examiner ſi le fait qui étoit à prouver l'eſt ſuffiſamment, ſoit par l'aveu des Parties, ſoit par les pieces produites au procès, ſoit par les dépoſitions des témoins.

3°. Si le Juge trouve que le Demandeur n'a pas ſuffiſamment prouvé ſon action, il donnera congé de la demande; à moins que par les circonſtances de la cauſe il ne juge à propos de déférer le ferment à l'une des Parties.

Mais ſi l'action paroît ſuffiſamment prouvée, le Juge examinera les exceptions du Défendeur, pour voir ſi ces exceptions détruiſent l'action du Demandeur; car ſi ces défenſes détruiſent & anéantiſſent entiérement l'action, ſans repliques valables de la part du Demandeur, le Juge doit pareillement donner congé de la demande de la même maniere que si elle n'étoit point prouvée.

Si la preuve qui résulte des actes du procès en faveur du Demandeur n'est point détruite par les défenses & exceptions du Défendeur, & que cette preuve soit complete ou équivalente à une preuve complete, le Juge doit accorder au Demandeur les conclusions de sa demande.

4°. Soit que le Demandeur perde sa cause, soit que ce soit le Défendeur, le Juge doit toujours condamner le perdant aux dépens, même en matiere de renvoi, déclinatoire, évocation & réglement de Juges; & cette regle doit pareillement être observée dans les Sentences arbitrales. (Ordon. de 1667, titre 33, article 1 & 2, p. 221, 222.) On doit aussi suivre la même regle à l'égard des incidents qui se jugent diffinitivement. (*Ibid.* article 3, page 230.)

5°. Dans la décision des causes, le Juge peut suppléer par lui-même tous les moyens de Droit qui ont été omis par les Avocats ou Procureurs, soit en plaidant, soit dans le cours de l'instruction; mais à l'égard des moyens de fait, il ne peut les suppléer.

6°. Le Juge doit rendre son Jugement sur ce qui a fait l'objet de la contestation entre les Parties.

7°. Il doit prononcer sur toutes les demandes des parties. Mais quand il y a plusieurs chefs de demandes, il peut juger diffinitivement quelques-uns de ces chefs, & rendre un Jugement interlocutoire à l'égard des autres.

8°. Il ne doit point adjuger aux Parties plus qu'elles n'ont demandé.

9°. Les Jugements doivent être clairs, certains & précis, de maniere qu'il ne puisse y avoir aucune ambiguïté ni incertitude.

10°. Quand un Jugement est une fois rendu, il n'eſt plus permis de le changer, ſi ce n'eſt ſur-le-champ, & avant que ce Jugement ait été arrêté & ſigné.

11°. Enfin il faut obſerver que le fait du Juge eſt le fait des Parties, pourvu que ce fait ſoit légitime, & non de ceux qui peuvent donner lieu à la priſe à partie contre les Juges.

SECTION III.

Des Jugements & de leur exécution.

LES Jugements ſont ou *interlocutoires* ou *diffinitifs*.

Les Jugements *interlocutoires* ſont ceux qui ne décident pas le fond des conteſtations, mais qui ordonnent une inſtruction ou une proviſion.

Les Jugements *diffinitifs* ſont ceux qui jugent le fond de la queſtion ſur laquelle les Parties ſont diviſées.

1°. les Jugements rendus ſur production des Parties, qui condamnent à des intérêts, ou à des arrérages, doivent en contenir la liquidation ou le calcul. (Ordonnance de 1667, titre 26, article 6, page 163.)

2°. Les ſommes pour condamnations, taxes, ſalaires, redevances & autres droits, doivent être exprimées dans les Jugements, ainſi que dans les conventions & autres actes, par livres, ſols & deniers, & non par pariſis ou tournois. (*Ibidem* titre 27, article 18, page 191.)

3°. Celui qui a préſidé au Jugement doit, à l'iſſue de l'audience, ou dans le même jour, voir ce que le Greffier a rédigé, ſigner le plumitif, & parapher chaque Sentence, Jugement ou Arrêt (*Ibid.* titre 26, article 5, pag. 162.)

4°. Les Jugements doivent être datés du jour qu'ils ont été arrêtés, ſans qu'ils puiſſent avoir d'autre date; & lorſque le Jugement eſt rendu en procès par écrit, le jour de l'Arrêt doit être écrit de la main du Rapporteur, enſuite du *dictum* ou diſpoſitif, avant de le mettre au Greffe. (*Ibid.* article 8, page 164.)

5°. Les Arrêts, Sentences, & Jugements, pour avoir leur effet, doivent être ſignifiés aux Parties contre leſquelles ils ont été obtenus, ou à leurs Procureurs, (au cas qu'il y ait Procureur conſtitué) lorſque ces Jugements ont été rendus par défaut en l'Audience, ou lorſqu'ils ont été rendus en procès par écrit, ſoit par forcluſion, ſoit ſur productions reſpectives des Parties; mais les Jugements rendus contradictoirement en l'Audience en matiere d'hypothèques, ſaiſies & exécutions, & autres choſes, ont tout leur effet, quoiqu'ils n'ayent point été ſignifiés. (Ord. 1667, tit. 35, art. 11, p. 380.)

6°. Les Jugements ne peuvent être ſignifiés à la Partie, s'ils n'ont été préalablement ſignifiés à ſon Procureur, au cas qu'il y en ait un de conſtitué (*Ibid.* tit 27, art. 2, page 167.)

7°. Il y a pluſieurs cas où les Juges peuvent prononcer ſur des proviſions demandées dans le cours d'une inſtance : v. g ſi quelqu'un, étant pourſuivi par voie de ſaiſie pour l'exécution d'un contrat litigieux, demande que par proviſion il lui ſoit adjugé une ſomme pour ſa nourriture, ou autres cas ſemblables; alors le Juge peut prononcer ſéparément & par un Jugement particulier ſur la proviſion demandée, quand l'inſtance ſur le fond n'eſt point en état d'être jugée : mais ſi les inſtances ſur la proviſion & ſur la diffinitive ſont en même tems en état, les Juges ſont tenus d'y prononcer par un seul & même Jugement ; & dans ce cas ils peuvent ordonner l'exécution provisoire de leur Sentence en cas d'appel, en donnant caution lorsqu'il échet de juger par provision. (Ordonnance de 1667, titre 17, article 17, page 370, 371.)

§. I.

De l'exécution des Jugements & des réceptions de caution.

Les Jugements rendus par les Juges sont ou *passés en force de chose jugée*, ou ils sont attaqués par la voie de l'appel.

Les Sentences & Jugements passés *en force de chose jugée*, sont ceux rendus en dernier ressort & dont il n'y a point d'appel, ou dont l'appel n'est pas recevable, soit que les Parties y aient formellement acquiescé, ou qu'elles n'en aient point interjetté appel dans le tems marqué par l'Ordonnance, ou que l'appel ait été déclaré péri. (Ord. de 1667, titre 27, art. 5, page 169, 170.)

1°. Lorsqu'il s'agit de mettre à exécution un Arrêt hors de l'étendue du ressort du Parlement qui l'a rendu, on peut obtenir un *pareatis* du grand Sceau, en vertu duquel on peut, sans demander permission à aucun Juge, mettre cet Arrêt à exécution en quelque lieu que ce soit ; ou obtenir un *pareatis* de la Chancellerie du Parlement dans l'étendue duquel il doit être exécuté, que les Gardes des Sceaux sont tenus de sceller, à peine d'interdiction, sans entrer en connoissance de cause ; ou bien on peut, au lieu de *paréatis*, prendre une permission du Juge des lieux où l'Arrêt doit être mis à exécution. (*Ibidem.* article 6, page 178.)

2°. Si une Partie a été condamnée par Arrêt

ou Jugement passé en force de chose jugée à délaisser la possession d'un héritage, elle est tenue de le faire dans la quinzaine après la signification de l'Arrêt ou Jugement faite à personne ou à domicile, à peine de 200 livres d'amende, &c. & faute par elle de le faire, elle peut y être condamnée par corps. (*Ibid.* articles 1, 3 & 4, pag. 166 *& suiv.*)

Et si cette condamnation n'a été prononcée contre la Partie qu'en lui remboursant quelques sommes, especes, impenses, ou améliorations, elle ne peut être contrainte de quitter l'héritage qu'après avoir été remboursée; & à cet effet elle est tenue de faire liquider les especes, impenses ou améliorations dans un seul délai qui doit lui être donné par l'Arrêt ou Jugement, sinon l'autre Partie doit être mise en possession des lieux, en donnant caution de payer ces sommes, impenses, &c. après qu'elles auront été liquidées. (*Ibid.* titre 27, art. 9, page 182.)

L'article 7 du même titre porte que le procès sera fait extraordinairement à ceux qui par violence ou voie de fait empêchent l'exécution des Arrêts ou Jugements, & qu'ils doivent en outre être condamnés en 200 livres d'amende & aux dommages & intérêts des Parties.

3°. Quelquefois l'une des Parties est obligée de donner caution, ce qui est une suite ordinaire des Sentences qui s'exécutent par provision; dans ce cas il faut suivre les formalités établies dans le tit. 28 de l'Ordonnance de 1667.

§. II.

De la liquidation des fruits, des dépens & de la taxe des dommages & intérêts.

1°. Si le Jugement porte condamnation de *fruits*, ceux de la derniere année doivent être délivrés en eſpeces ; & quant à ceux des années précédentes, la liquidation doit en être faite eu égard aux quatre ſaiſons & au prix commun de l'année, ſi ce n'eſt qu'il en ait été ordonné autrement par le Juge, ou convenu entre les Parties. (Ordonnance de 1667, titre 30, article 1, page 215.)

Pour établir ce prix commun des grains, il doit être tenu des regiſtres dans chaque Ville & Bourg où il y a marché. (Voyez les articles 6, 7, 8 & 9 du même titre.)

Quant à la maniere dont ſe doivent liquider les fruits dont la reſtitution a été ordonnée par Arrêt, Sentence ou Jugement, voyez les articles 2, 3, 4 & 5 du même titre 30.

2°. Dans les condamnations de dépens il y a une diſtinction à faire entre ceux qui ſont prononcés dans les Cours, Bailliages, Sénéchauſſées & Préſidiaux, & ceux prononcés dans les Prévôtés & autres Juſtices ſubalternes.

Les dépens qui ſe prononcent dans les Cours, Bailliages, Sénéchauſſées & Préſidiaux, ſe liquident par voie de déclaration ; & il faut ſuivre à cet égard les formalités établies par les articles 5 & ſuivants juſqu'à l'article 32 du titre 31 de l'Ordonnance de 1667, page 231, & *ſuiv.*

Mais dans les Juſtices ſubalternes, tant Royales que des Seigneurs particuliers, les Juges ſont tenus dans toutes les Sentences qu'ils rendent, soit à l'audience, soit dans les procès par écrit, de liquider les dépens eu égard aux frais légitimement faits, sans aucune déclaration de dépens, à peine de 20 livres d'amende, dommages & intérêts des Parties. (*Ibid.* art. 33.)

3°. La mauvaise foi des Parties, ou les circonstances de la cause, obligent quelquefois les Juges de condamner non-seulement aux dépens, mais encore en des *dommages & intérêts.*

Lorsque ces dommages & intérêts ne sont pas d'une grande conséquence, les Juges ont coutume de les liquider par le même Jugement qui y condamne; mais lorsque cette liquidation dépend d'un examen difficile, dans ce cas elle se fait par voie de déclaration en observant les formalités prescrites, au titre 32 de l'Ordonnance.

§. III.

Des saisies & exécutions, saisies & Arrêts, & autres.

Les *exécutions* se font sur les biens, ou sur la personne des condamnés.

Celles qui se font sur les biens mobiliers du condamné, sont ou suivies d'enlèvement, ou se font sans enlèvement. Les saisies suivies d'enlèvement se nomment *saisies & exécutions*, & celles qui se font sans enlèvement se nomment simplement *saisies.* Les saisies qui se font sur les biens immeubles, se nomment *saisies réelles*; & celles qui se font sur la personne, se nomment *contraintes par corps.*

1°. L'Ordonnance au titre 33 traite assez au long des saisies & exécutions, des conditions nécessaires pour pouvoir saisir & exécuter, des formalités qui doivent précéder ces exécutions, des fonctions & devoirs des Huissiers, ainsi que des Gardiens & Commissaires; ce qui se trouve aussi établi dans les articles 13, 14, 15, 16, 17, 18, 20 & 22 du titre 19 de la même Ordonnance, page 399, & *suiv.*

A l'égard des oppositions, priviléges, & instances de préférence qui peuvent survenir à l'occasion des saisies, voyez ce qui est dit au Commentaire, tom. 2, page 270 & *suivantes.*

2o Les *saisies gageries* qui ont lieu dans quelques Coutumes, comme dans celle de Paris, en faveur des propriétaires de maisons sur les effets de leurs locataires qui exploitent leur hôtel, sont aussi des especes de saisies & exécutions, avec cette différence néanmoins que dans cette saisie les effets saisis sont laissés en la garde du locataire même, jusqu'à ce que les meubles soient vendus en Justice.

3°. La *saisie & arrêt* est une saisie sans enlèvement, qui se fait, non entre les mains du débiteur, mais entre les mains d'un tiers, débiteur de ce débiteur, par laquelle on saisit entre ses mains ce qu'il peut devoir au principal débiteur ou obligé, avec défenses de s'en dessaisir entre les mains de ce débiteur, jusqu'à ce qu'il en ait été autrement ordonné par Justice. On donne aussi à cette saisie le simple nom d'*arrêt.*

Pour pouvoir saisir & arrêter, il faut avoir un titre exécutoire contre le débiteur, ou y être autorisé par la Coutume, comme dans le cas des articles 173 de la Coutume de Paris, & 442 de celle d'Orléans.

On peut aussi saisir & arrêter en vertu d'un simple billet souscrit par le débiteur, en obtenant à cet effet une permission du Juge qui ne doit l'accorder qu'en se faisant auparavant représenter le billet. Il arrive néanmoins quelquefois que par des considérations particulieres & lorsqu'il y a péril en la demeure, le Juge donne cette permission sans qu'il y ait aucun titre contre le débiteur.

La saisie & arrêt doit se faire avec les formalités ordinaires des ajournements, & elle peut contenir aussi l'assignation qui est donnée à celui entre les mains duquel on saisit, pour faire sa déclaration de ce qu'il doit, & l'affirmer s'il en est requis. Cette assignation doit se donner devant le Juge du domicile du débiteur pour le compte duquel la saisie & arrêt est faite : mais s'il y a contestation sur cette déclaration, celui entre les mains duquel on a saisi & arrêté peut demander son renvoi pardevant le Juge de son domicile pour la faire décider, & ce renvoi ne peut lui être refusé.

L'arrêtant doit aussi faire assigner celui pour le compte duquel la saisie & arrêt est faite, pour voir déclarer cette saisie bonne & valable, & ordonner que les deniers arrêtés seront délivrés à lui saisissant.

Si l'arrêtant néglige de faire ses diligences contre celui pour le compte duquel la saisie & arrêt est faite, celui entre les mains duquel on a arrêté peut dénoncer la saisie & arrêt au débiteur pour le compte duquel l'arrêt a été fait, afin d'en obtenir main-levée, si le cas y échet ; & si l'arrêté a plusieurs arrêts entre ses mains, il doit les dénoncer au saisissant & à la Partie saisie. Alors le plus diligent doit agir en Justice pour faire régler la maniere dont chaque créancier arrêtant touchera les sommes qui lui sont dues, soit par privilége ou autrement.

§. IV.

Des saisies réelles.

Les *saisies réelles* sont celles qui se font des héritages, rentes, offices, ou autres immeubles. Elles sont sujettes à des formalités particulieres prescrites par les ordonnances & par les Coutumes. On ne dira rien ici de ces sortes de saisies, parcequ'elles ne peuvent être l'objet de cet abrégé, & que leur examen meneroit trop loin. On peut voir à ce sujet les Auteurs qui en ont traité, & principalement l'Ouvrage intitulé de la Vente des Immeubles par décret, de M. d'Héricourt, *in-quarto.*

§. V.

Des contraintes par corps.

Les contraintes par corps avoient lieu autrefois pour toutes sortes de dettes purement civiles, de quelque nature que fussent ces dettes. Mais aujourd'hui les Juges ne peuvent condamner par corps, si ce n'est dans quelques cas. (Voyez les articles 1 & suivants jusqu'à l'article 10 du titre 34 de l'Ordonnance de 1667, *infrà*, page 3[illegible]7, *& suiv.*)

A l'égard des formalités requises pour obtenir ces contraintes & les mettre à exécution, voyez les articles 10, 11 & 12 du même titre. (*ibid.* page [illegible]56, *& suiv.*)

Au reste il faut observer que les poursuites & contraintes par corps ne peuvent empêcher les saisies, exécutions, & ventes de biens de ceux qui sont condamnés. (*Ibid.* article 13, page 364.)

SECTION IV.

De la maniere de se pourvoir contre les Jugements, & de les faire réformer.

IL y a plusieurs manieres de se pourvoir contre les Jugements; sçavoir : 1°. par interprétation, 2°. par la voie d'appel, 3°. par voie d'opposition, 4°. par requête civile, 5°. par la voie de cassation.

§. I.

De l'interprétation des Jugements.

Lorsque dans un Arrêt, Sentence ou Jugement il y a quelque disposition obscure ou équivoque sur laquelle les Parties peuvent être divisées, elles doivent se pourvoir en interprétation devant les Juges qui ont rendu le Jugement.

§. II.

Des appels.

1°. On peut se pourvoir par la voie d'appel contre toutes sortes de Sentences indistinctement; si ce n'est dans le cas où elles sont rendues en dernier ressort, comme sont celles rendues par les Juges Présidiaux au premier chef de l'Edit, & par les Juges-Consuls & autres Siéges inférieurs dans le cas où l'on ne peut appeller de leurs Jugements.

2°. Les appels sont de leur nature suspensifs; néanmoins il y a plusieurs cas où ils ne sont que dévolutifs, c'est-à-dire, où ils n'empêchent pas que les Sentences dont il y a appel ne s'exécutent par provision. Tels sont les cas dont il est fait mention dans les articles 13, 15 & 16 du titre 17 de l'Ordonnance, & tous ceux dont il est parlé au Commentaire, page 371.

3°. Ceux qui ſont condamnés par quelque Jugement proviſoire à délaiſſer la poſſeſſion de quelque héritage, peuvent y être contraints par toutes voies dues & raiſonnables ; & juſqu'à ce qu'ils y aient entièrement ſatisfait, toute Audience pour faire juger l'affaire au fond, doit leur être déniée. (Voyez le procès-verbal de l'Ord. de 1667, page 419, art. 9.)

Et néanmoins ceux au profit deſquels les Jugements proviſoires ont été rendus, peuvent en pourſuivre le Jugement diffinitif. (*Ibid.*)

4°. Dans tous les cas où la Sentence s'exécute par proviſion, il faut, pour en empêcher l'effet, obtenir des *défenſes* du Juge où reſſortit l'appel de cette Sentence. Ces défenſes, lorſqu'elles ſont ſignifiées, ont un effet ſuſpenſif, & tant qu'elles ſubſiſtent on ne peut exécuter la Sentence, à moins qu'on ne faſſe lever les défenſes par le Juge qui les a accordées, ou par le Juge ſupérieur, s'il y a lieu.

Mais dans le cas où les Ordonnances autoriſent les Juges à ordonner par proviſion l'exécution de leurs Sentences, ils n'eſt pas permis aux Juges ſupérieurs, même aux Cours, de donner des Arrêts ou Jugements de défenſes ou ſurſéances. (Voyez l'article 16 du titre 17 de l'Ordonnance, qui en a une diſpoſition préciſe. page 369.)

5°. Il faut obſerver que quoique l'on puiſſe ſaiſir réellement les héritages de ceux qui ont été condamnés par proviſion à quelque ſomme pécuniaire ou eſpece, néanmoins on ne peut les faire vendre & adjuger qu'après la condamnation diffinitive. (Ordonnance de 1667, tit 27, article 8, page 182.)

6°. L'appel s'interjette par un ſimple acte ſignifié de Procureur à Procureur, ou ſignifié au domicile de celui contre lequel la Sentence eſt rendue; mais pour former une inſtance il faut que l'appel ſoit relevé, c'eſt-à dire qu'il y ait aſſignation pour procéder ſur l'appel.

7°. Les appels ne ſont plus recevables après dix ans à l'égard des particuliers, & après vingt ans à l'égard des Communautés, excepté contre les Mineurs; (Ordonnance de 1667, titre 27, article 16 & 17, page 189,) & même l'appel n'eſt plus recevable après trois ans, ou ſix ans, lorſque celui qui a obtenu la Sentence à ſon profit, a pris la précaution de la ſignifier avec les formalités preſcrites par l'Ordonnance (Voyez *ibid.* articles 12, 13, 14 & 15.)

8°. Dans les cas où il n'y a point d'appel des Sentences, elles s'exécutent toujours par proviſion. (*Ibid.* titre 27, article 5, page 170.) Ainſi on peut en vertu de ces Sentences ſaiſir & exécuter, & même contraindre par corps le condamné, s'il y a lieu. Pareillement ſi la Partie ſaiſie ou empriſonnée n'appelle que depuis la ſaiſie ou l'empriſonnement, alors cette ſaiſie ou contrainte ſubſiſte toujours nonobſtant l'appel. (Ordonnance de 1667, titre 34, article 12, page 361.)

9° On peut intervenir dans les cauſes ou procès d'appel, ainſi que dans les cauſes & procès de premiere inſtance, & alors il faut obſerver ce qui a été dit ci-deſſus.

De même on peut en cauſe d'appel articuler des faits nouveaux, & former des demandes incidentes, en obſervant pareillement ce qui a été dit ci-deſſus.

§. III.

Des oppoſitions.

Il y a deux ſortes d'oppoſitions aux Jugements, ſavoir, 1°. celle qui eſt formée par la Partie condamnée; 2°. celle qui eſt formée par un tiers intéressé dans la cause, mais qui n'y étoit point partie. On appelle cette seconde espece d'opposition, *opposition en tiers*, ou *tierce opposition*.

La premiere de ces deux oppositions n'a lieu, à proprement parler, que contre les Arrêts & Jugements en dernier ressort, rendus contre une Partie faute de se présenter, ou faute de plaider, pourvu que l'opposition soit faite dans la huitaine du jour de la signification à personne, ou domicile de la Partie condamnée, si elle n'a constitué Procureur, ou au Procureur quand il y en a un; si ce n'est que la cause ait été appellée à tour de rôle, auquel cas les Parties ne peuvent se pourvoir que par requête civile contre les Arrêts & Jugements en dernier ressort, intervenus en conséquence. (Ordonnance de 1667, tit. 35, art. 3, pag. 369.)

On peut aussi se pourvoir par simple opposition en tout tems contre les Arrêts & Jugements en dernier ressort, auxquels le Demandeur en requête d'oppositions n'a point été partie ou duement appellé; & même contre ceux donnés sur requête. (*Ibid.* art. 2, page 368.)

Mais quoiqu'aux termes de l'Ordonnance ces simples oppositions ne soient établies qu'à l'égard des Arrêts & Jugements en dernier ressort, néanmoins l'usage les a aussi admises dans les cas dont on vient de parler, contre les Sentences & Jugements rendus à la charge de l'appel; & même lorsqu'on a laissé passer la huitaine, on peut appeller & convertir l'appel en opposition, & ensuite on vient plaider sur cette opposition. L'usage a autorisé cette procédure pour éviter les frais d'un appel.

A l'égard des *tierces oppositions* à l'exécution des Jugements, elles ont toujours lieu en faveur de ceux qui n'ont été ni parties au procès, ni compris dans le Jugement auquel ils forment opposition, soit que ce Jugement ait été rendu en dernier ressort, ou à la charge de l'appel. Ordonnance de 1667, tit. 27, art 10, pag 183.)

Mais ces oppositions *en tiers* n'empêchent pas que le Jugement rendu contre le condamné ne s'exécute contre lui, s'il n'y a point d'appel de sa part, ou si le Jugement est dans le cas d'être exécuté par provision nonobstant l'appel, (*Ibid* article 11. Voyez aussi ce qui est dit au Commentaire, page 184.)

Les tiers opposants qui sont déboutés de leurs oppositions, doivent être condamnés en 150 livres d'amende, si l'opposition est formée contre un Arrêt, & en 75 livres seulement, si c'est contre une Sentence. (Ordonnance de 1667, *ibidem*, titre 27, article 10, pag. 183.)

§. IV.

Des requêtes civiles.

La *requête civile* est une voie qui s'emploie contre les Arrêts ou Jugements rendus en dernier ressort; & cette voie est la seule qui soit admise pour les faire réformer par les mêmes Juges, à l'égard de ceux qui ont été parties ou duement appellés, & de leurs héritiers, successeurs ou ayant cause. (Ordonnance de 1667, titre 35, article 1, page 367.)

Il y a trois choses principales à examiner par rapport aux requêtes civiles, savoir, 1°. les causes, autrement dites les moyens ou ouvertures de requête civile; 2°. le tems dans lequel ces sortes de requêtes peuvent être admises; 3°. les formalités qu'il faut suivre pour en obtenir l'entérinement. Tout cela est établi au long dans le titre 35 de l'Ordonnance, articles 4 & suivants jusqu'à la fin, page 374 & suiv.

§. V.

Des cassations d'Arrêts & Jugements en dernier ressort.

On peut aussi attaquer les Arrêts & Jugements en dernier ressort par la voie de *cassation*. Ces sortes de cassations ne peuvent s'accorder que par le Roi en qui réside la souveraine puissance, & c'est à son Conseil qu'il faut s'adresser à ce sujet.

Les moyens de cassation doivent être fondés sur la contravention aux Edits & Ordonnances du Royaume. (Voyez l'article 8 du titre 1 de l'Ordonnance de 1667, page 114.)

Quant aux formalités qui doivent être observées sur les demandes en cassation d'Arrêts, elles sont établies par le titre 4 de la premiere partie du Réglement du Conseil du 8 Juin 1738, rendu touchant la procédure qui doit s'observer au Conseil du Roi. (Voyez le nouveau recueil, tome 3, page 553.)

SECTION V.

Des matieres & Jurisdictions dans lesquelles on doit suivre une procédure particuliere.

LES matieres pour lesquelles l'Ordonnance établit une procédure particuliere, sont,

1°. Les matieres sommaires.

2°. Le possessoire des Bénéfices.

3°. Les complaintes & réintégrandes en matiere profane.

4°. Les redditions de compte.

Les Jurisdictions dont la procédure est différente, sont,

1°. Les Maîtrises des Eaux & Forêts, Connétablies, Elections, Greniers à Sel, Traites-Foraines, Conservations des Priviléges des Foires, celles des Hôtels-de-Ville, & autres Jurisdictions inférieures.

2°. La Jurisdiction des Juges-Consuls.

ARTICLE I.

Des matieres sommaires.

Les *matieres sommaires* sont celles qui doivent être jugées sommairement & qui ne peuvent être appointées. Ces matieres sont réputées sommaires, ou par la modicité de leur objet, ou par leur nature. (Voyez à ce sujet les articles 1, 2, 3, 4 & 5, du titre 17 de l'Ordonnance de 1667, page 349 & *suiv.*)

Les Parties peuvent plaider par elles-mêmes dans ces sortes de matieres, sans assistance d'Avocats ni de Procureurs, si ce n'est dans les Cours, Requêtes de l'Hôtel & du Palais, & aux Sieges Présidiaux. (*Ibid.* art. 6, page 256.)

Quant à la procédure qui doit être tenue, elle est très sommaire, & se trouve établie par les articles 7, 8, 9, 10 & 11 du même titre, page 357 & suiv.

ARTICLE II.

De la procédure sur le possessoire des Bénéfices & en matiere de Régale.

Tout ce qui est dit dans l'Ordonnance de 1667 sur le *possessoire des Bénéfices*, peut se diviser en deux parties; la premiere qui regarde le possessoire des Bénéfices en général, & la seconde qui concerne la procédure qui doit s'observer en matiere de régale.

On appelle *complainte* en matiere bénéficiale, une action qui appartient au possesseur d'un Bénéfice, soit qu'il soit possesseur de droit & de fait, soit qu'il soit possesseur ou de droit ou de fait seulement.

Recréance est la provision du Bénéfice qui s'adjuge pendant le procès à celui qui a le droit le plus apparent.

Sequestre est une personne nommée en Justice par les Parties, ou d'office par le Juge, pour régir les fruits pendant le procès.

La *pleine maintenue* est le Jugement diffinitif qui intervient sur la complainte, & qui maintient l'un des contendants dans la pleine possession du Bénéfice.

Les Sentences rendues touchant le possessoire des Bénéfices, doivent être rendues par les Baillis & Sénéchaux Royaux au nombre de cinq Juges, & elles s'exécutent par provision. (Ordonnance de 1667, titre 15, articles 4, 9, 10 & 17, page 323 & suiv.)

Quant à la procédure qui doit être observée en cette matiere, voyez les articles 1, 2, 3, 5, 6, 7, 11 & suivants jusqu'au 16, & l'article 18 du même titre, page 321 & suiv.

La *Régale* est un droit que le Roi a de conférer tous les Bénéfices qui sont à la collation de l'Evêque ou Archevêque pendant la vacance du Siege, à la réserve seulement des Cures ; comme aussi de jouir de tous les fruits & revenus de tous les Evêchés & Archevêchés vacants.

La connoissance des contestations qui peuvent naître à l'occasion de ce droit, appartient à la Grand'Chambre du Parlement de Paris, privativement à toutes autres Cours & Jurisdictions, même celle du pétitoire des Bénéfices qui viennent à vaquer en régale. (Ordonnance, *ibidem*, titre 15, articles 19 & 23.)

A l'égard de la procédure qui doit être tenue en cette matiere, voyez les articles 20, 21, 22 & 24 du même titre.

Article III.

Des complaintes & réintégrandes en matiere profane.

La *complainte en matiere profane* est l'action par laquelle une partie qui a été troublée dans la possession d'un héritage ou droit réel, ou universalité de meubles, demande à être maintenue dans sa possession.

La *réintégrande* est l'action par laquelle on demande à être rétabli dans la possession dont on a été dépouillé.

L'action en complainte peut être intentée par celui qui a possédé sans violence, publiquement, & à autre titre que celui de fermier ou de possesseur précaire, pourvu qu'il intente cette action dans l'an & le jour du trouble.

Il y a deux sortes de troubles, le *trouble de fait*, & le *trouble de droit*. Le *trouble de fait* est lorsqu'on empêche le possesseur de jouir d'un héritage, ou d'en percevoir les droits. Le *trouble de droit* est une demande ou opposition judiciaire pour empêcher le possesseur de jouir.

Si le Défendeur en complainte dénie la possession du Demandeur, ou de l'avoir troublé, ou qu'il articule une possession contraire, le Juge doit appointer les Parties à informer. (Ordonnance, *ibidem*, titre 18, art. 3 pag. 384.)

On ne peut former la demande au pétitoire que la complainte ou réintégrande n'ait été jugée & exécutée. (*Ibid.* art. 4, 5 & 6.)

Et à cet effet les Jugements rendus par les Juges Royaux en matiere de complainte & réintégrande s'exécutent par provision. (*Ibid.* art. 7.)

ARTICLE IV.

Des redditions de comptes.

Ceux qui ont administré le bien d'autrui, soit Tuteurs, Pro-tuteurs, Curateurs, Fermiers judiciaires, Séquestres, Gardiens & autres Administrateurs, doivent rendre *compte* aussi-tôt que leur administration est finie, & sont toujours réputés comptables, encore que leur compte soit clos & arrêté, jusqu'à ce qu'ils en aient payé le reliquat s'il en est dû, & remis les pieces justificatives. (Ord. de 1667, tit. 29, art. 1, page 197.)

Le comptable peut être poursuivi en reddition de compte par devant le Juge qui l'a commis; & s'il n'a pas été commis par autorité de Justice, il doit être poursuivi par devant le Juge de son domicile. (*Ibid.* art. 2.)

Il y a deux choses à examiner par rapport aux redditions de compte, 1°. le compte en lui-même, 2°. la procédure qu'il faut tenir pour le faire clore & arrêter. (Voyez à ce sujet les articles 3 & suivants du même titre 29 jusqu'à la fin, page 200 & suiv.)

ARTICLE V.

De la maniere de procéder dans les Sieges des Maîtrises particulieres des Eaux & Forêts, Connétablies, &c.

Dans les Sieges des Maîtrises particulieres des Eaux & Forêts, Connétablies, Elections, Greniers à Sel, Traites-Foraines, Conservations des Priviléges des Foires, Justices des Hôtels-de-Ville, & autres Jurisdictions inférieures, les délais des assignations ne peuvent être moindres de 24 heures, s'il n'y a péril en la demeure; ni plus longs de trois jours, lorsque le Défendeur est domicilié ou présent au lieu de l'établissement du Siege ; & de huitaine au plus pour ceux qui sont demeurants ailleurs dans la distance de dix lieues. (Ordon. de 1667, titre 14, art. 14, page 319.)

Vingt-quatre heures après l'échéance de l'assignation, les Parties doivent être entendues en l'Audience, & jugées sur-le-champ, sans qu'elles soient obligées de se servir du ministere des Procureurs. (*Ibid.* article 15, pag. 320.)

ARTICLE VI.

De la maniere de procéder dans les Justices Consulaires.

Les Jurisdictions consulaires sont celles qui sont établies pour décider les questions de commerce ; ces Jurisdictions sont exercées par des Marchands.

Les assignations qui se donnent en ces Justices sont sujettes aux mêmes formalités que celles des autres Jurisdictions ; mais les délais y sont différents. Les Parties assignées sont tenues de comparoître en personne à la premiere Audience pour être ouies par leur bouche, si ce n'est en cas d'absence, maladie, &c. (Ordon. de 1667, tit. 16, art. 1, 2 & 4, page 238 & suiv.)

A l'égard des autres formalités & procédures qui doivent s'observer dans ces Jurisdictions, voyez les articles 3, 5, 6, 7, 8, 9, 10 & 11 du même titre, page 340 & suiv.

FIN.

COMMENTAIRE

COMMENTAIRE SUR L'ORDONNANCE CIVILE

Du mois d'Avril 1667.

OUIS, par la grâce de Dieu, Roi de France & de Navarre : A tous présents & avenir : Salut. Comme la Justice est le plus solide fondement de la durée des Etats, qu'elle assure le repos des familles, & le bonheur des peuples, nous avons employé tous nos soins pour la rétablir par l'autorité des loix au dedans de notre Royaume, après lui avoir donné la paix par la force de nos Armes. C'est pourquoi ayant reconnu par le rapport de personnes de grande expérience, que les Ordonnances sagement établies par les Rois nos prédécesseurs, pour terminer les procès, étoient négligées ou changées par le tems & la malice des plaideurs ; que même elles étoient observées différemment en plusieurs de nos Cours, ce qui causoit la ruine des familles par la multiplicité des procédures, les frais des poursuites, & la variété des Jugements ; & qu'il étoit nécessaire d'y pourvoir, & rendre l'expédition des affaires plus prompte, plus facile & plus sûre, par le retranchement de plusieurs délais & actes inutiles, & par l'établissement d'un stile uniforme dans toutes nos Cours & Sieges. A CES CAUSES, de l'avis de nostre Conseil, & de nostre certaine Science, pleine puissance & autorité Royale, Nous avons dit, déclaré & ordonné, disons, déclarons, ordonnons & nous plait ce qui ensuit.

TITRE PREMIER.

De l'Observation des Ordonnances.

ARTICLE I.

VOULONS que la présente Ordonnance, & celles que Nous ferons ci-après, *ensemble les Edits & Déclarations* (1) que Nous pourrons faire à l'avenir soient gardées & observées *par toutes nos Cours de Parlement*, (2) Grand-Conseil, Chambres des Comptes, Cours des Aydes, & autres nos Cours, Juges, Magistrats, Officiers, tant de Nous que des Seigneurs, & par tous nos autres Sujets, mesme dans les Officialités.

1. *Ensemble les Edits & Déclarations.*] *Edit & Ordonnance* sont presque synonymes; néanmoins le terme d'Ordonnance se dit, à proprement parler, des Réglements qui contiennent un grand nombre de dispositions touchant la Justice ou le Gouvernement du Royaume, comme l'Ordonnance de 1539, celles d'Orléans, de Moulins, de Blois, &c.

Les *Déclarations* sont des Réglements qui se font en exécution ou interprétation de quelque Ordonnance ou Edit précédent, au lieu qu'un Edit est une Loi sur un objet nouveau.

2. *Par toutes nos Cours de Parlement.*] Il en faut excepter le Parlement de Flandres, où cette Ordonnance n'est point observée. (Voyez la préface du Traité de l'ordre judiciaire pour les Provinces du Parlement de Flandres, par Dumée, imprimée à Douai en 1762, *in*-12.)

ARTICLE II.

Seront tenues nos Cours de Parlement, & autres nos Cours, de procéder incessamment *à la publication & enregistrement* (1) des Ordonnances, Edits,

Déclarations, & autres Lettres, auſſitôt qu'elles leur auront été envoyées, ſans y apporter aucun retardement, & toutes affaires ceſſantes, meſme la viſite & jugement des Procès criminels, ou affaires particulieres des Compagnies.

1. *A la publication & enregiſtrement.*] Parceque c'eſt du jour de cette publication & enregiſtrement, que les Ordonnances, Edits & Déclarations ſont rendues notoires & publiques aux ſujets du Roi, & qu'elles commencent à obliger ſes peuples à les obſerver.

Article III.

N'entendons toutefois empêcher que ſi par la ſuite du tems, uſage & expérience, aucuns articles de la préſente Ordonnance ſe trouvoient contre l'utilité ou commodité publique, ou être ſujets à interprétation, déclaration ou modération, nos Cours ne puiſſent en tout tems Nous repréſenter ce qu'elles jugeront à propos, ſans que ſous ce prétexte l'exécution en puiſſe eſtre ſurſiſe.

Article IV.

Les Ordonnances, Edits, Déclarations & Lettres Patentes qui auront été publiées en notre préſence, ou de notre exprès mandement, porté par perſonnes que nous aurons à ce commiſes, ſeront gardées & obſervées du jour de la publication qui en ſera faite.

Article V.

Et à l'égard des Ordonnances, Edits, Déclarations & Lettres Patentes que Nous pourrons envoyer en nos Cours pour y eſtre regiſtrées, *ſeront tenues de Nous repréſenter ce qu'elles jugeront à propos* (1), *dans la huitaine* (2) après la délibération, pour les Compagnies qui ſe trouveront dans les lieux de notre ſéjour; & dans ſix ſemaines pour les autres qui en ſeront plus éloignées: après lequel tems elles ſeront tenues pour publiées, & en conſéquence ſeront gardées, obſervées, & envoyées par nos Procureurs Généraux, aux Bailliages, Sénéchauſſées, Elections, & autres Siéges de leur reſſort, pour y eſtre pareillement *gardées & obſervées* (3).

1. *Seront tenues de nous repréſenter ce qu'elles jugeront à propos dans la huitaine.*] Voyez la Déclaration du Roi du 24 Février 1673, qui explique la maniere dont on doit procéder tant au Parlement de Paris que dans les autres Parlements du Royaume pour faire ces remontrances.

La diſpoſition portée en cet article 5 a été renouvellée par une Déclaration du 15 Septembre 1715, & par l'article 1 des Lettres Patentes du 26 Août 1718, enregistrées au Parlement; qui confirment le Parlement de Paris dans le droit de faire des remontrances sur les Ordonnances, Edits, Déclarations & Lettres Patentes qui lui sont adressées. (Voyez le nouveau Recueil des Réglements, tome 3, pages 23, & & 156.)

2. *Dans la huitaine.*] Ce terme de huitaine est quelquefois trop court, & dans l'usage on ne l'observe pas toujours exactement.

3. *Gardées & observées.*] On pourroit douter si dans les Bailliages & Sénéchaussées, c'est du jour seulement de l'enregistrement qui y est fait, que la Loi y est censée connue, ou bien du jour qu'elle a été enregistrée au Parlement. V. sur cette question Louet, lettre C, chap. 10, où il cite un Arrêt du 7 Septembre 1571, & Brodeau, *ibid.* Voyez aussi Dumoulin, sur la Coutume de Vermandois, art. 119; Mornac sur la Loi 6 *de justitiâ & jure;* & Bouchel en sa Préface sur la Coutume de Senlis, pag. 2.

Dans les Villes de Parlement où la Loi est publiée avant d'avoir été envoyée au Bailliage de la même Ville; c'est l'enregistrement au Parlement qui fixe la date de l'exécution de la Loi.

Bardet, tome 1, livre 3, chapitre 16, rapporte un Arrêt du 5 Septembre 1628, qui a jugé qu'un Contrat de Constitution de rente au denier douze, passé en Vermandois au mois de Juillet 1602 étoit valable, & que la rente seroit payée & continuée sur ce pied, nonobstant l'Edit du mois de Juillet 1601, portant réduction des rentes au denier seize, & la vérification faite de cet Edit en la Cour le 18 Février 1602, parcequ'il ne paroissoit point que lors du Contrat cet Edit eût été publié au Siege de Laon, & que par conséquent les Parties contractantes & les Notaires qui avoient reçu le Contrat, pouvoient en prétendre une juste cause d'ignorance.

Il est bon d'observer que la disposition portée en cet article ne comprend pas les Lettres Patentes expédiées sous le nom & au profit des particuliers, à l'égard desquelles les oppositions peuvent être reçues, & les cours ordonner qu'avant y faire droit elles seront communiquées aux Parties.

ARTICLE VI.

Voulons que toutes nos Ordonnances, Edits, Déclarations & Lettres Patentes, *soyent observées* (1) tant aux jugements des Procez qu'autrement, sans y contrevenir; ni que *sous prétexte d'équité*, (2) bien public, accélération de la Justice, ou de ce que nos Cours auroient à Nous représenter, elles, ni les autres Juges s'en puissent dispenser, ou en modérer les dispositions, en quelque cas, & pour quelque cause que ce soit.

1. *Soient observées.*] Les Juges, quels qu'ils soient, souverains ou subalternes, sont tenus indispensablement de l'observation des Ordonnances, Edits & Déclarations; & il ne dépend pas d'eux de s'en dispenser, ou d'en modérer les dispositions.

2. *Ni que sous prétexte d'équité.*] Voyez l'article 1 du titre 31 ci-après.

ARTICLE VII.

Si dans les Jugements des Procès qui seront pendants en nos Cours de Parlement, & autres nos Cours, il ſurvient aucun doute ou difficulté ſur l'exécution de quelques articles de nos Ordonnances, Edits, Déclarations & Lettres Patentes, Nous leur défendons *de les interpréter* (1) : mais voulons qu'en ce cas elles ayent à ſe retirer pardevers Nous, pour apprendre ce qui ſera de notre intention.

1. *De les interpréter.*] Voyez la Loi 9 au Code, *de Leg. & conſtit.*

ARTICLE VIII.

Déclarons tous Arrêts & Jugements qui ſeront donnez contre la diſpoſition de nos Ordonnances, Edits & Déclations, *nuls, & de nul effet & valeur* (1) ; & les Juges qui les auront rendus, reſreſponſables *des dommages & intérêts des Parties* (2), ainſi qu'il ſera par Nous aviſé.

1. *Nuls & de nul effet & valeur.*] Cette nullité ne ſe fait pas de plein droit ; mais il faut pour la faire prononcer, ſe pourvoir en caſſation au Conſeil, s'il s'agit d'un Jugement rendu en dernier reſſort ; ou par la voie d'appel devant le Juge ſupérieur, s'il s'agit d'une Sentence rendue par un Juge inférieur.

2. *Des dommages & intérêts des parties*] Il faut ſuppoſer pour cela dans le Juge une négligence affectée & inexcuſable. Voyez ci-après, titre 25, article 4, note 4.

TITRE II.

Des Ajournements.

ARTICLE PREMIER.

LES *ajournements & citations* (1) en toutes matieres, & *en toutes Jurisdictions* (2), *seront libellez* (3), contiendront les conclusions, & sommairement les moyens de la demande, *à peine de nullité des exploits* (4), *& de vingt livres d'amende contre les Huissiers* (5), Sergents ou Appariteurs, *applicable moitié aux réparations de l'Auditoire* (6), & l'autre moitié aux pauvres du lieu, sans qu'elle puisse être remise ou modérée pour quelque cause que ce soit.

1. *Les ajournements & citations.*] Le mot d'*ajournement* est pris ici pour l'assignation ou citation à jour marqué ; car *citer* est la même chose qu'*ajourner*, si ce n'est que le terme de *citation* convient proprement aux assignations données en Police par les Commissaires, & à celles données devant les Juges d'Eglise.

A Orléans, les citations des Commissaires de Police se font verbalement ; & j'ai ouï-dire qu'il y a des Jurisdictions des Eaux & Forêts où les gardes citent aussi verbalement sur leurs Procès-verbaux.

2. *Et en toutes Jurisdictions.*] Même Ecclésiastiques. (Voyez le Procès-verbal de l'Ordonnance, page 8.)

3. *Seront libellés.*] C'est à-dire qu'ils contiendront les conclusions & sommairement les moyens de la demande ; car c'est là ce qu'on appelle le *libelle* de l'Exploit. (Voyez ci-après l'article 4 du titre 8.)

Une assignation ou un ajournement est libellé quand la demande s'y trouve expliquée ; l'Ordonnance veut qu'on y ajoute sommairement les moyens, afin que la Partie assignée sache pourquoi elle est citée en Justice, & qu'elle puisse en conséquence ou se défendre ou consentir à ce qui lui est demandé. (Voyez la Loi 1. *ff. de edendo.*)

On peut néanmoins augmenter ou restreindre ses conclusions jusqu'au jugement du fond. (*L. edita, Cod. de edendo.*)

4. *A peine de nullité des Exploits.*] Voyez ci-après, titre 5, art. 5 aux notes.

Cette nullité se couvre par les défenses de la Partie assignée. (Voyez le Procès-verbal de l'Ordonnance sur cet article, titre 2, art. 1, pag. 8.)

Il faut aussi observer que cette nullité, ainsi que celle dont il est parlé dans les articles 2 & 3 qui suivent, est souvent un des moyens les plus utiles que le Défendeur puisse alléguer, non-seulement sur l'appel ou sur l'opposition dans le cas où il auroit été condamné par défaut, mais même en comparoissant d'abord sur l'assignation ; parceque l'ajournement n'est pas seulement donné au Défendeur pour lui faire connoître qu'il est assigné, mais encore pour lui faire connoître l'objet de la demande & les moyens. C'est pourquoi si l'ajournement n'est pas bien libellé, & que les conclusions & les moyens ne soient pas bien expliqués, il est intéressant pour ce Défendeur de faire déclarer l'ajournement nul, à l'effet qu'on l'ajourne de nouveau. Quelquefois même il a grand intérêt à alléguer cette nullité; comme dans le cas de la prescription ou du retrait lignager.

• Mais quand un Exploit est nul ou mal libellé, on peut le révoquer & en donner un autre. (Voyez ci-après titre 5, article 5, note 3.)

Quand les deux Parties comparoissent d'elles-mêmes en Justice, il ne paroît pas qu'il soit besoin d'une assignation, pourvu que le Demandeur demande acte au Juge de sa demande, & prenne ses conclusions, ou qu'il les ait expliquées dans une Requête présentée à cet effet au Juge, ou qu'il les signifie par écrit à l'autre Partie. (C'est ainsi que le pense *Joannes Faber in* §. *omnium instit. de pœnâ temerè litigantium.*) Voyez aussi Mazuer au titre des ajournements, nombre 5, & l'on peut tirer cet argument de ce qui s'observe à l'égard des interventions. Voyez ci-après, titre 11, art. 28, avec les notes.

5. *Et de vingt livres d'amende contre les Huissiers, &c.*] La Partie qui allégue la nullité, peut conclure au paiement de cette amende; le Juge peut aussi la prononcer d'office, ou sur les conclusions de la Partie publique.

6. *Applicable, moitié aux réparations de l'Auditoire.*] Voyez la Déclaration du 21 Mars 1671, touchant les condamnations & recouvrements d'amende, rapportée au nouveau Recueil, tome 1, pag. 284.

Article II.

Tous Sergents & Huissiers, même de nos Cours de Parlement, Grand-Conſeil, Chambre des Comptes, Cours des Aydes, Requeſtes de noſtre Hoſtel, & du Palais, ſeront tenus en tous Exploits d'ajournements *de ſe faire aſſiſter de deux Témoins ou Records* (1), qui ſigneront avec eux l'original & la copie des Exploits, ſans qu'ils puiſſent ſe ſervir de Records qui ne ſachent écrire, *ni qui ſoient parents, alliez, ou Domeſtiques de la Partie* (2). Déclareront auſſi les Huiſſiers & Sergents par leurs Exploits *les Juriſdictions où ils ſont immatriculez* (3), *leur domicile* (4), & celui de leurs Records, avec *leur nom, ſurnom & vacation* (5), *le domicile* (6), *& la qualité de la Partie* (7) *: le tout à peine de nullité* (8), *& de vingt livres d'amende, applicable comme deſſus.* (9)

1. *De ſe faire aſſiſter de deux Témoins ou records.*] Par un Edit du mois d'Août 1669, portant établiſſement du Contrôle des Exploits, les Huiſſiers, Sergents, & autres ayant pouvoir d'exploiter, ont été diſpenſés de ſe faire aſſiſter de Témoins ou Records dans leurs Exploits. Mais par une Déclaration poſtérieure du 21 Mars 1671, les Exploits de ſaiſies féodales, réelles, criées, & appoſitions d'affiches, ont été aſſujettis à la formalité des Records établie par cet article. (Voyez le nouveau Recueil, tome 1, pages 258 & 284.)

On prétend auſſi que les Exploits de protêt & de retrait lignager doivent être recordés. Un acte de notoriété du Châtelet de Paris, du 25

Mars 1687, établit la néceſſité des Records pour les Exploits d'aſſignation en retrait lignager, fondée ſur l'uſage conſtant de ce Tribunal; & le Parlement de Rouen, par un Arrêt de réglement du 17 Janvier 1731, en a fait auſſi une Loi; (Voyez les actes de notoriété de Deniſart) & c'eſt auſſi ce qui paroît réſulter de la Déclaration du 20 Mars 1671.

Au reſte cette Déclaration ne comprend point les Exploits de ſaiſies mobiliaires; ils ſont diſpenſés comme les autres de cette formalité; la Déclaration n'exceptant que les Exploits de ſaiſies réelles. Cependant c'eſt un uſage aſſez général de ſe ſervir de Records dans toutes les ſaiſies & exécutions mobiliaires; ce qui paroît avoir été établi à deux fins; 1°. Afin que l'Huiſſier, dans le cas où il ne pourroit trouver de gardien, puiſſe mettre un de ſes Records en garniſon chez le ſaiſi; 2°. Afin d'avoir avec lui main-forte en cas d'inſulte ou de rébellion à Juſtice.

Cependant par Arrêt du Parlement de Dijon, du 13 Août 1689, R. au Code Civil de Serpillon, pag. 627, une ſaiſie & exécution a été déclarée nulle pour avoir été faite par un Huiſſier ſans Records, quoiqu'on alléguât l'Edit du Contrôle de 1669, & la Déclaration du 22 Mars 1671; ce qui eſt fondé ſur ce que les ſaiſies mobiliaires peuvent être regardées comme des ſaiſies-réelles. Voyez ce qui eſt dit *infrà*, tit. 33, art. 3, n. 1.

On prétend auſſi que les aſſignations en retrait féodal, doivent être recordées de Témoins. (V. Guiot, traité des Fiefs, tome 4, chapitre 20, page 194.)

Les ſaiſies de fruits pendants par les racines ne ſont pas non plus ſujettes à la formalité des Records, parceque ce ſont de vraies ſaiſies mobiliaires : *nam tendunt ad aliquid mobile.*

2. *Ni qui ſoient parents, alliés, ou domeſtiques de la Partie.*] C'eſt-à dire de la Partie qui fait aſſigner. A plus forte raiſon cela doit-il avoir lieu à l'égard de l'Huiſſier qui aſſigne : car un Huiſſier ne peut exploiter à la Requête de celui dont il eſt parent ; (Arrêt du Parlement de Provence du 23 Janvier 1609, qui fait défenſes en général à tous Sergents de faire aucuns Exploits en faveur de leurs parents ou alliés au ſecond & troiſieme degré, à peine de nullité ;) ce qui eſt conforme à un autre Arrêt du Parlement de Paris du 6 Septembre 1721, rapporté au nouveau Recueil, tome 3, page 213, qui a déclaré nul un Exploit de demande en retrait lignager, fait à la Requête du nommé Claude le Févre, par un Huiſſier qui étoit ſon parent au troiſieme degré.

3. *Les Juriſdictions où ils ſont immatriculés.*] C'eſt à-dire, les Juriſdictions où ils ont fait enregiſtrer leurs proviſions, ſoit qu'ils aient été reçus en cette Juriſdiction ou non, *v. g.* lorſqu'il s'agit d'Huiſſiers qui ayant pouvoir d'exploiter hors le territoire de la Juriſdiction où ils ont été reçus, ſe font immatriculer dans une autre Juriſdiction où ils veulent exploiter & établir leur réſidence.

Cette formalité eſt établie, afin que la Partie aſſignée connoiſſe le pouvoir de l'Huiſſier, & s'il n'a pas exploité au-delà de ſon reſſort. Car le principal vice d'un Acte eſt d'être fait par un Officier ſans caractere.

La Déclaration du Roi du premier Mars 1730 » fait défenſes à tous Huiſſiers & Sergens Royaux » de faire ou donner aucuns Exploits d'ajour» nements, commandements, ſaiſies, ni autres » actes de leur miniſtere hors de l'étendue de » la Juriſdiction Royale dont ils ſont Huiſſiers

» ou Sergents par le titre de leurs provisions, & » dans laquelle ils sont immatriculés, à peine » de nullité & de 500 livres d'amende, même » dans les lieux où jusqu'à présent lesdits Huis» siers ou Sergents auroient été en possession pu» blique d'instrumenter hors le territoire de leur » Siége.... Il est ajouté ensuite que S. M. n'en» tend comprendre dans cette défense les Huis» siers du Châtelet de Paris, ayant pouvoir d'ex» ploiter par tout le Royaume, ni les autres » Huissiers qui pourroient avoir le même droit » par le titre de leurs Offices, se réservant de » pourvoir à ce qui les regarde, ainsi qu'elle le » jugera à propos, pour empêcher l'abus qu'ils » pourroient faire de leur privilége. « (Voyez le nouveau Recueil, tome 3, pag. 363.)

Il faut aussi observer que les Fermiers & Commis, quand il s'agit d'assigner, saisir & emprisonner pour deniers Royaux, peuvent se servir de tels Huissiers qu'il leur plaît. (Ordonnance des Aides du mois de Juin 1680, article 26 du titre 8 des droits de gros. Ordonnance des Fermes du mois de Juillet 1681, au tit. commun des Fermes, article 18. Voyez le nouveau Recueil, tome 1, pages 459 & 483.)

Un Huissier ou Sergent peut assigner devant un Juge qui est hors de sa collocation, pourvu que l'Exploit soit posé dans l'étendue de cette collocation. Ainsi un Sergent reçu au Bailliage d'Orléans peut assigner une personne de Blois trouvée à Orléans, à comparoître devant le Bailli de Blois. Car on ne considere que le lieu où l'Exploit est posé pour savoir si le Sergent exploite hors de son ressort, & non le Juge devant lequel l'assignation est donnée.

4. *Leur domicile.*] Ce domicile doit être désigné par le nom de la ville ou du bourg où l'Huissier est demeurant, & par celui de la Pa-

roiſſe, s'il y en a pluſieurs dans le lieu de la demeure de l'Huiſſier ou Record.

5. *Leur nom, ſurnom & vacation.*] Cela s'entend non-ſeulement des Records dans le cas où leur miniſtere eſt néceſſaire, mais auſſi des Huiſſiers ou Sergents; & il faut également exprimer le nom, ſurnom, vacation & domicile des uns & des autres, à peine de nullité de l'Exploit, &c.

6. *Le domicile.*] C'eſt-à-dire, le domicile du Demandeur. (Voyez le Procès-verbal de l'Ordonnance ſur cet article, page 10.)

Par Arrêt du Conſeil du 6 Août 1668, rapporté au nouveau Recueil, tome 1, pag. 205, un Exploit d'aſſignation donnée au Parlement de Bordeaux, & les procédures faites en conſéquence ont été caſſées, faute par le Sergent d'avoir déclaré ſon domicile & celui de ſa Partie.

Ce domicile doit être le domicile actuel & véritable, & non un domicile élu. (Arrêt de réglement de la Cour du 5 Septembre 1710, rapporté au nouveau Recueil, tome 2, pag. 474. Autre du 9 Janvier 1708, rapporté par Augeard, tome 1, qui déclare une aſſignation nulle, faute d'y avoir marqué le véritable domicile de l'Ajournant qui étoit demeurant en la ville de Laval, le Sergent s'étant contenté d'élire pour ſa Partie domicile chez un Procureur du Parlement.)

7. *Et la qualité de la Partie.*] Dans les Exploits qui ſe donnent à la requête des Procureurs du Roi ou Fiſcaux, en tant que Parties publiques, il n'eſt pas néceſſaire que l'Exploit contienne le nom & ſurnom du Demandeur, parcequ'alors le Demandeur eſt ſuffiſamment connu par ſa qualité; comme s'il s'agit, v. g. d'un Exploit donné à la requête du Procureur du Roi au Bailliage d'Orléans.

Mais une aſſignation qui ſeroit donnée à la

requête d'un tel nommé, en y ajoutant ensuite les mots *& Consorts*, seroit nulle, du moins à l'égard de ceux qui ne seroient désignés que sous la qualité de *Consorts*, parcequ'en France on ne plaide point par Procureur; il faut que tous ceux qui forment quelque demande en Justice soient nommés, ou du moins qu'ils soient suffisamment connus par l'Exploit.

Quand il s'agit d'assignations données pour le recouvrement des droits du Roi, les Sous-Fermiers & porteurs de la procuration du Fermier-Général pour la recette & administration de ses droits compris dans les sous-baux, lorsqu'ils procedent dans les Jurisdictions inférieures au Parlement & au Conseil du Roi, soit en demandant ou défendant, ou lorsqu'ils veulent décerner ou faire exécuter quelques contraintes sous le nom du Fermier Général, sont obligés d'ajouter les noms & domiciles du Sous-Fermier, & de ses cautions, & de déclarer que les actions & Procédures sont faites à leur poursuite & diligence, à peine de tous dépens, dommages & intérêts. (Ordonnance des Fermes du mois de Juillet 1681, titre commun des Fermes, article 10, rapporté au nouveau Recueil, tome 1, page 481.)

Dans les Exploits donnés à la requête d'un mari & d'une femme, il n'est pas nécessaire que le mari autorise sa femme pour cet effet; ni pareillement dans le cas où sur une assignation, le mari & la femme procedent en Justice conjointement. Cette autorisation n'est nécessaire que dans les actes qui se passent hors Jugement.

Les Exploits d'ajournements doivent aussi contenir le nom de la Jurisdiction en laquelle on assigne, & le jour, ou du moins le tems pour lequel cette assignation est donnée. (Voyez Imbert en ses Institutions forenses, Livre 1, chap. 5, n. 1 & 2, & chap. 12, n. 9.)

Quand il s'agit d'Exploits contenant des demandes pour censives ou pour la propriété de quelque rente fonciere, charge réelle, hypothèque, corps d'une terre ou métairie, retrait féodal ou lignager, &c. il faut, outre ce qui vient d'être dit, observer encore ce qui est porté dans les articles 3 & 4, du titre IX, ci après. (Voyez ces articles avec les notes.)

Outre les formalités précédentes qu'on peut appeller *intrinséques*, & qui sont de la substance des Exploits, il en faut encore observer d'autres auxquelles on peut donner le nom de *formalités extrinséques*, qui ont été établies par des motifs particuliers, & sans lesquelles les Exploits sont nuls.

Ainsi il faut que l'Exploit soit contrôlé dans les trois jours de sa signification, à peine de nullité de l'Exploit, des procédures faites en conséquence, & de 100. livres d'amende contre la Partie qui voudroit s'en servir; (Edit du mois d'Aout 1669, Déclaration du 24 Mars 1671, rapportés au nouveau Recueil, tome 1, pages 258 & 277,) & ces trois jours doivent être comptés, non compris le jour de la date de l'Exploit; c'est-à-dire, que l'Exploit doit être contrôlé dans le quatrieme jour, y compris celui de la date, soit qu'il y ait des Fêtes ou non pendant cet intervalle.

Les Exploits faits à la requête des Fermiers & Receveurs des droits du Roi, soit pour Taille, Gabelles, Aydes, Domaine, ou autres droits, peuvent être contrôlés dans les sept jours après leur date, lorsqu'ils ont été faits dans les Paroisses de campagne éloignées des endroits où les bureaux sont établis; mais quand ils sont fait dans les villes où il y a des bureaux, ils doivent être contrôlés dans le délai de trois jours après leur date. (Déclaration du 21 Mars 1671, & 23 Février 1677. Voyez le nouveau Recueil, tome 1, pages 277 & 366.)

Il faut aussi excepter de la regle qu'on vient d'établir, les commandements faits aux débiteurs des mêmes droits de Taille, Gabelles, Aydes & Entrées; ces commandements ne sont sujets au contrôle, que lorsqu'on veut obtenir des Jugements & condamnations en conséquence, auquel cas il suffit de les faire controler dans les délais dont on vient de parler. (Même Déclaration du 23 Février 1667.) Un Arrêt du Conseil du 17 Février 1688, dit qu'il suffira de les faire contrôler dans la huitaine, non compris le jour de la date.

A l'égard des Exploits faits à la requête des Receveurs des Tailles contre les Collecteurs, ils sont sujets au contrôle; mais ceux des Collecteurs contre les Redevables en sont exempts, à moins qu'ils ne contiennent des assignations, saisies, arrêts, ou autres contraintes; auxquels cas ils doivent être contrôlés, ainsi qu'il vient d'être dit. (Arrêt du Conseil du 21 Mars 1722.)

Outre les cas dont on vient de parler, il y a des Exploits qui ne sont point en tout sujets au contrôle. Tels sont,

1°. Les Exploits, significations, & tous autres actes concernant la procédure & instruction des Procès, qui se font de Procureur à Procureur. (Déclarations des 21 Mars 1671, 31 Décembre 1676 & 23 Février 1677.)

2°. Les Exploits faits à la requête des Procureurs du Roi, Procureurs Fiscaux, & Promoteurs, quand il s'agit de Police & de vindicte publique, & qu'il n'y a point de Partie civile. (Arrêts du Conseil des 31 Décembre 1676, & 1 Juillet 1687.)

3°. Les Sergents & Gardes des Bois du Roi ne sont point tenus de faire contrôler leurs Procès-verbaux, Rapports, ou Exploits, non plus que ceux faits à la requête des Procureurs du Roi des Eaux & Forêts, qui en sont exempts. (Arrêts du Conseil des 26 Février 1689, 12 Juillet 1729, & 16 Mai 1730.)

4°. Les Exploits faits à la requête des Procureurs-Généraux, ou Procureurs du Roi, poursuite & diligence des Receveurs-Généraux des Domaines & Bois, pour les affaires concernant les Domaines, sont à la vérité sujets au Contrôle; mais ils doivent être contrôlés gratuitement. (Même Arrêt du Conseil du premier Juillet 1687.)

5°. Les Exploits concernant la Capitation, sont aussi exempts de Contrôle. (Déclaration du 12 Mars 1701, article 22.)

6°. Il en est de même des Exploits concernant le Dixieme dernier. (Arrêt du Conseil du 25 Novembre 1710.)

Une autre formalité nécessaire aux Exploits, est qu'ils doivent être écrits sur papier timbré, même ceux faits à la requête des Procureurs du Roi, à peine de nullité de l'Exploit, de mille livres d'amende, & d'interdiction pendant un an contre l'Huissier. (Voyez l'Ordondance des Aydes du mois de Juin 1680, au titre des Droits sur le papier & parchemin timbrés, articles 14 & 19, les autres Réglements sur cette matiere.)

Il faut cependant excepter de cette regle les Exploits touchant la Capitation, qui n'ont pas besoin d'être en papier timbré. (Déclarations des 18 Janvier 1685, & 12 Mars 1708.

Et aussi les Exploits qui concernent le Dixième denier. (Arrêt du Conseil du 25 Novembre 1710.)

8. *Le tout à peine de nullité.*] Voyez la note 4 ſur l'article précédent, page 116.

7. *Et de vingt livres d'amende, applicable comme deſſus.*] Voyez les notes 5 & 6 ſur l'article 1, ci-deſſus, page 117.

ARTICLE III.

Tous Exploits d'ajournement (1) *ſeront faits à perſonne ou domicile* (2); *& ſera fait mention en l'original, & en la copie, des perſonnes auxquelles ils auront été laiſſez* (3) à peine de nullité, *& de pareille amende de vingt livres* (4). *Pourront néantmoins* (5) les Exploits concernant les droits d'un Bénéfice, eſtre faits *au principal manoir du Bénéfice* (6); comme auſſi ceux concernants les droits & fonctions *des Offices ou Commiſſions* (7), ès lieux où s'en fait l'éxercice.

1. *Tous Exploits d'ajournement.*] Tant ceux d'aſſignations données en premiere Inſtance, que les Exploits d'intimations & anticipations en cauſe d'appel.

2. *Seront faits à perſonne ou domicile.*] Quand on peut donner l'Exploit à la perſonne qu'on veut aſſigner, il eſt inutile de le poſer à ſon domicile; mais il faut pour cela que cet Exploit ſoit donné dans un lieu convenable. Ainſi un Exploit qui ſeroit donné dans une Egliſe ou dans un Auditoire, ne ſeroit pas valable, comme il a été jugé par Arrêt du 6 Octobre 1534, & par un autre du 11 Mars 1551, rapporté par Papon en ſon Recueil d'Arrêts, livre 18,

titre 5, note 27. Autre Arrêt du 5 Février 1661. Voyez aussi les Réglements rendus pour les Juges-Consuls de Paris & d'Angers, de 1565 & 1570. Voyez le nouveau Recueil, tome 1, page 15. La Coutume de Berry, article 15, titre des Exécutions, en a une disposition à l'égard des Exploits de Commandement; cet article porte que le Commandement doit être fait dans un lieu opportun.

De même s'il s'agit d'assigner un Marchand, on ne le peut faire dans les lieux appellés Bourses, ou Places d'assemblée des Négocians. (Edit du mois de Novembre 1563, portant création des Juges-consuls, article 15.)

Le domicile des Gouverneurs, Lieutenants-Généraux, &c. n'est pas dans le lieu de leur exercice. (Déclaration du 7 Avril 1707.) V. sur ces questions Bouhier, sur la Coutume de Bourgogne, ch. 21, & 22, tom. 1, p. 445, *& suiv.*

Ou domicile.] C'est-à dire au domicile réel & véritable. Ainsi un Exploit posé au Fermier d'une Terre, pour une action qui regarde le Seigneur de cette Terre, ne seroit pas valable, si le Seigneur n'y a pas son domicile, quand même il s'agiroit de droits concernant cette Terre. (Ainsi jugé par Arrêt du 19 Avril 1657, rapporté par Basset en ses Arrêts, partie 1, livre 2, titre 28, chapitre 2.)

Dans le tems que le Seigneur réside dans sa terre, il est d'usage que les Huissiers posent leurs Exploits au Fermier, & cette assignation est aussi valable que si elle étoit donnée à la personne même du Seigneur.

Il semble même que si l'assignation étoit donnée au vassal à la requête du Seigneur, *aut vice versâ*, pour raison des droits concernant le fief servant ou dominant, l'exploit seroit valablement posé au Fermier du fief, quoique le

Seigneur n'y eût ni ſon domicile ni ſa réſidence. Outre que ce ſentiment eſt appuyé ſur le droit commun des fiefs, ſuivant lequel le chef-lieu du ciel eſt cenſé le domicile du Seigneur de ce Fief; on peut tirer cet argument de l'art. 3 de ce titre 2 de l'Ordonnance, qui porte que les Exploits concernants les droits d'un bénéfice pourront être faits au principal manoir du Bénéfice, ſans diſtinguer ſi le Bénéfice exige réſidence ou non.

Il ne faut pas confondre le *domicile* avec la *réſidence.* On peut être réſident dans un lieu ſans y avoir ſon domicile. Le *domicile* eſt le lieu où l'on habite, & où l'on a établi ſa demeure ordinaire & permanente. *Domicilium eſt locus in quo quis ſedem poſuit, laremque & ſummam rerum ſuarum. L. 7. Cod. de Incolis.* Au lieu que la *réſidence* s'entend d'un lieu où l'on fait une demeure paſſagere.

Quelques-uns entendent par le domicile de l'Ajourné, non ſeulement le domicile véritable, mais encore le domicile qu'il a élu par le Contrat pour raiſon duquel on l'aſſigne. C'eſt ainſi que le penſe M. de Héricourt en ſon Traité de la vente des immeubles par Décret, chapitre 6, note 5, page 89, de l'édition de 1727; & c'eſt auſſi le ſentiment de Baquet en ſon Traité des Droits de Juſtice, chapitre 8, note 16. (Voyez l'Edit de Crémieu, article 14.)

Il y a à ce ſujet un Acte de notoriété des Avocats du Parlement de Bretagne du 29 Mars 1713, (qui ſe trouve à la fin du Recueil d'Arrêts par De Volan, imprimé à Rennes en 1722, *in*-4°.) par lequel il eſt dit qu'encore que par l'Ordonnance de 1667, titre 2, article 3, il ſoit porté, que tous ajournements doivent être donnés à perſonne ou à domicile, néanmoins l'uſage a toujours été en Bretagne, comme il eſt encore aujourd'hui, d'élire par les Actes d'obligations ou Contrats, quand il plaît ainſi aux Parties, un domicile ailleurs qu'en leur domicile naturel, & que les aſſignations données à ce domicile ainſi élu, ſont auſſi valables, & les Sentences rendues par défaut ſur leſdites aſſignations bien rendues, en ce qui regarde cette formalité.

On peut auſſi en appellant d'une Sentence devant le Juge ſupérieur; cotter un Procureur dans cette Cour ſupérieure; & alors il eſt inutile que celui au profit duquel la Sentence dont eſt appel a été rendue, aſſigne ou anticipe l'Appellant à ſon domicile; & l'inſtruction qui ſera faite avec ce Procureur ſera auſſi valable que ſi elle avoit été faite après avoir aſſigné l'Appellant à ſon domicile.

Quoiqu'en général il ſoit vrai de dire, que les Mineurs & les femmes mariées n'ont point d'autre domicile que celui de leur Tuteur, Curateur ou mari, néanmoins cela n'a lieu que pour les effets ordinaires du domicile, & pour déterminer la Juriſdiction en laquelle on doit faire aſſigner ces ſortes de perſonnes; mais ſi le Mineur eſt émancipé, ou ſi la femme eſt ſéparée, & qu'ils aient une demeure ou réſidence différente de celle de leur Curateur ou mari; il faudra les y aſſigner, c'eſt-à-dire, poſer l'Exploit d'aſſignation qui leur eſt donné, au lieu de leur réſiden[illegible], & non au domicile de leur Curateur ou mari.

Quand une femme fait aſſigner ſon mari, demeurant en la même maiſon, *aut vice verſâ*, l'uſage eſt que l'exploit doit être donné à la perſonne même qui eſt aſſignée. (Voyez le Journ. des Aud. tom. 2, liv. 7, chap. 28, & Ricard, Traité du Don mutuel, ch. 5, §. 7, n. 244, & 245.)

Quand

Quand le mineur a deux tuteurs, l'un honoraire & l'autre onéraire; il doit être assigné au domicile du tuteur onéraire, qui est le vrai tuteur & qui a l'administration des biens, & c'est au nom du tuteur onéraire que se forment les actions qui sont à diriger pour le mineur. Le tuteur honoraire n'est, pour ainsi dire, que le Conseil adjoint au tuteur onéraire, par les avis duquel le tuteur onéraire doit se conduire. Cependant s'il étoit question d'affaires qui intéressassent plus la personne que les biens du mineur, comme s'il s'agissoit de faire émanciper ce mineur & autres cas semblables, il semble que c'est au tuteur honoraire que devroit être posé l'exploit, & que c'est alors le cas de la maxime, *Tutor personæ non rei datur.*

Lorsque le Mineur n'est point émancipé, c'est le Tuteur même qui doit être assigné, & non le Mineur, *quia minor non habet legitimam personam standi in Judicio.* Il en est de même d'un Interdit. Mais en Pays de Droit Ecrit, les Mineurs impuberes peuvent ester en jugement, pourvu qu'ils soient assistés de leur Tuteur.

Si le Mineur est émancipé, il faut l'assigner conjointement avec son Curateur, chacun par un Exploit séparé, & cette assignation au Curateur pour assister son Mineur en Jugement, est nécessaire à peine de nullité. (Ainsi jugé par Arrêt du Parlement de Provence du 13 Mars 1713, Voyez Gui Pape, décision 35. Catelan en ses Arrêts, tome 2, page 520, & Boniface, tome 4, livre 4, titre 3, chapitre 4, où il rapporte un Arrêt semblable du 9 Juillet 1687. Néanmoins Dumoulin sur la Coutume de Paris, §. 78, gl. 1, n. 28, prétend que cette nullité n'a pas toujours lieu.

La femme étant sous la puissance de mari,

ne peut aussi être assignée que conjointement avec lui, & par un seul & même Exploit.

Lorsque le Mineur n'a point de Tuteur ou Curateur, il faut avant toutes choses lui en faire créer un.

En matiere de Bénéfices, les Mineurs de vingt-cinq ans qui en sont pourvus, peuvent agir en Justice sans l'autorité d'un Tuteur ou Curateur pour la conservation des droits de leur Bénéfice; ce qui est une exception à la regle générale. (Voyez ci-après l'article 14 du titre 15, avec les notes.)

Quand il s'agit d'assigner les Habitants d'une Paroisse en général, il faut les assigner au domicile des Maire & Echevins, ou du Syndic, ou autre principal Officier de la Communauté. A l'égard des Couvents & autres Communautés Séculieres ou Régulieres, elles doivent être assignées en parlant au Chef, Supérieur, Syndic, ou autre premier & principal Officier, ou au Portier.

Il faut aussi observer que quand il s'agit de demandes à faire à des Communautés, Paroisses, Bourgs & Villages pour droits dûs au Roi, comme Taille, Capitation, Aydes, &c. les Exploits doivent être donnés un jour de Dimanche ou de Fête à l'issue de la Messe Paroissiale ou de Vêpres, en parlant au Syndic, ou en son absence au Marguillier, en présence de deux Habitants au moins, que le Sergent est obligé de nommer en l'Exploit, à peine de nullité, & de vingt livres d'amende. Et à l'égard des Villes où il y a Echevins, les assignations doivent être données à leurs personnes ou domicile. (Déclaration du Roi du 17 Février 1688, art. 3, rapportée au nouveau Recueil, tome 3, pag 13.)

Lorsqu'il s'agit d'assignations concernant l'instruction ou la Procédure, il suffit d'assigner la Partie au domicile de son Procureur; & les assignations qui sont données dans tous ces cas à la personne du Procureur ou à son domicile, sont aussi valables que si elles étoient faites au domicile de la Partie (Voyez *infrà*, titre 12, article. 4.)

3. *Et sera fait mention en l'original, & en la copie, des personnes auxquelles ils auront été laissés.*] Celui auquel on laisse cette copie, doit être au moins pubere, c'est-à-dire, en âge de porter témoignage en Justice. (Voyez Guenois en ses Notes sur Imbert, livre 1, chapitre 5, n. 1.) Ainsi ce seroit une nullité de laisser cette copie à un enfant.

Au reste, il suffit de spécifier la personne à laquelle cette copie a été laissée, en la désignant par sa qualité; comme si c'est un Portier ou un serviteur, sans être obligé de faire mention du nom de ces personnes. Mais si l'Huissier laissoit la copie à un étranger, quoique dans la maison de l'ajourné, ou à la femme ou bien au serviteur de l'ajourné hors de son domicile, l'exploit ne seroit pas valable. Il faut que cet exploit soit posé à la personne de l'assigné, ou à quelqu'un de ses domestiques.

Quand on fait ajourner plusieurs personnes pour le même fait, il suffit de donner copie des pieces à l'une d'elles, lorsque ce sont des freres, ou des cohéritiers, ou des associés, suivant ce qui est dit ci après, page 136. Cela s'observe ainsi en plusieurs Jurisdictions, pour éviter à frais.

4. *Et de pareille amende de vingt livres.*] Voyez ci-dessus les notes 5 & 6, sur l'article 1, de ce titre, page 117.

5. *Pourront néanmoins.*] Car ce n'est point ici une obligation, mais seulement une faculté,

On peut dans ce cas donner l'ajournement à la personne ou au domicile du Bénéficier, soit que le Bénéfice exige résidence ou non.

6. *Au principal manoir du Bénéfice.*] Lorsque le Bénéfice est contentieux, il faut assigner le Bénéficier à personne ou à domicile. (Voyez Papon en ses Arrêts, livre 7, titre 4, n. 2. aux notes; & Imbert en ses Institut. liv. 1, chap. 5, n. 2. Voyez aussi *infrà*, titre 15, art. 3, note 1.)

Il faut aussi observer qu'en matiere Bénéficiale l'assignation doit se donner devant le Bailli Royal du lieu où le Bénéfice est situé, excepté à l'égard de certains Bénéficiers qui ont leurs causes commises au Grand-Conseil, & qui peuvent y demander leur renvoi. Mais dans ce cas même on doit toujours assigner ces Bénéficiers au Bailliage, ou autre Jurisdiction ayant la connoissance des cas Royaux du lieu où le Bénéfice est situé; sauf à eux à demander, s'ils le jugent à propos, leur renvoi au Grand-Conseil.

7. *Des Officiers ou Commissions.*] Les Exploits concernant les Officiers peuvent se donner au domicile du Greffier de la Jurisdiction de l'Officier qu'on fait assigner, quand il s'agit des fonctions du Tribunal relativement à une Partie qui s'en plaint, mais entre Officiers qui ont des contestations entre eux, même pour raison de leurs fonctions, les assignations doivent être données à personne ou à domicile.

ARTICLE IV.

Si les Huissiers ou Sergents ne trouvent personne au domicile, ils seront tenus, *à peine de nullité, & de vingt livres d'amende*, (1) d'attacher leurs Exploits à la porte, *& d'en avertir le proche voisin* (2), par lequel ils feront signer l'exploit; & s'il ne le veut, ou ne peut signer, ils en feront mention : & en cas qu'il n'y eust aucun proche voisin, feront parapher leur Exploit, & datter le jour du paraphe par le Juge du lieu, & en son absence ou refus, par le plus ancien Praticien, auxquels Nous enjoignons de le faire sans frais.

1. *A peine de nullité, & de vingt livres d'amende.*] Voyez ci-dessus les notes 4 & 5, sur l'art. 1. de ce titre, pag. 116 & 117.

2. *Et d'en avertir le proche voisin.*] Voyez l'art. 4, du tit 33, ci-après.

Article V.

Tous Huissiers & Sergents seront tenus de mettre aux bas de l'original des Exploits les sommes qu'ils auront reçues pour leurs salaires, *à peine de vingt livres d'amende* (1), comme dessus.

1. *A peine de vingt livres d'amende.*] Voyez les notes 5 & 6, sur l'article 1 de ce titre, *suprà*, page 117.

Article VI.

Les Demandeurs seront tenus de faire donner dans la mesme feuille ou cahier de l'Exploit, *copie des pieces* (1) sur lesquelles la demande est fondée, *ou des extraits, si elles sont trop longues* (2); autrement les copies qu'ils donneront dans le cours de l'instance, *n'entreront en taxe* (3), & les réponses qui y seront faites, seront & à leurs dépens, & sans répétition.

1. *Copie des Pieces.*] Voyez l'art. 4, du tit. 8, ci-après.

Cette formalité a été établie contre l'avis de M. le premier Président. (Voyez le Procès-verbal de l'Ordonnance, art. 6, pag. 13.)

Lorsqu'on fait assigner plusieurs personnes pour le même fait il faut leur donner à chacune copie des pieces, ou des extraits, si elles sont trop longues. Mais quand il y a plusieurs cohéritiers, il n'est pas nécessaire de donner à chacun d'eux copie des pieces; il suffit de donner cette copie à l'aîné, ou à l'un d'eux, & de sommer les autres d'en prendre communication par ses mains.

Il faut même observer que quand on veut assigner pour obtenir Sentence contre plusieurs Marchands ou autres débiteurs de billets solidaires, les Huissiers doivent avoir attention de ne donner les assignations qu'à la personne ou domicile d'un de ceux qui ont signé ces billets, & ce tant pour lui que pour ceux qui ont signé avec lui, ou endossé lesdits billets; & il en est de même pour les autres Procédures, sans que pour quelque prétexte que ce soit, il en puisse être usé autrement par les Huissiers ou Sergents qui seront chargés de faire ces poursuites, à peine de concussion, & de cinq cents livres d'amende. (Arrêt du Conseil du 13 Juillet

1709.) Ce même Arrêt porte, que les Sentences qui seront ainsi prononcées, seront exécutées contre tous les particuliers qui auront signé ou endossé lesdits billets, après que commandement leur en aura été fait à chacun en particulier en conséquence desdites Sentences, & au pied de la copie d'icelles. Le motif de cet Arrêt, ainsi qu'il est dit dans le préambule, est pour éviter la multiplicité des frais de la part des Huissiers, qui auparavant assignoient tous ceux qui avoient signé ou endossé des billets solidaires, par autant d'Exploits ; ce qui souvent faisoit monter les frais aussi haut que le principal, lorsqu'il y avoit un grand nombre de débiteurs solidaires, & alloit à la charge de ces derniers, sans aucune utilité pour le créancier (Voyez cet Arrêt au nouveau Recueil, tom. 2, pag. 435.)

2. *Ou des Extraits, si elles sont trop longues.*] Lorsque les pieces sont trop longues, comme sont ordinairement les comptes, terriers, aveux & dénombrements, il suffit de les communiquer à la premiere assignation. La Déclaration du Roi du 9 Août 1564, art. 3, rendue en interprétation de l'Ordonnance de Roussillon, en a une disposition, & ajoute, « sans cependant que les » Juges puissent passer au Jugement de la Cause » avant cette communication. » (Voyez aussi *infrà*, tit. 29, art. 9.)

Si les pieces en vertu desquelles on veut agir sont sous signature privée, il faut les faire contrôler, & il faut aussi que les Huissiers fassent mention dans la copie qu'ils en donnent, de la date du contrôle, du bureau où ces actes ont été contrôlés, & du nom du Contrôleur, à peine de nullité des Exploits. (Arrêt du Conseil du 30 Janvier 1731.,) & de 300 liv. d'amende.

(Arrêts des 27 Avril 1706, 21 Août 1714, & 29 Décembre 1716.)

Les Pieces & Quittances sous seing privé, que le Défendeur oppose pour exceptions au Demandeur, ne sont point sujettes à cette formalité du Contrôle (Voyez le Tarif du Contrôle, du 29 Septembre 1722, art. 97, avec les réglements du Conseil rendus en interprétation, & entre autres deux décisions du Conseil des 13 Décembre 1722 & 29 Mai 1734.) Mais si en vertu de ces pieces le Défendeur formoit quelque demande, il faudroit les faire contrôler. (Même décision du Conseil du 31 Décembre 1722.)

3. *N'entreront en taxe.*] Mais non à peine de nullité des Exploits, si ce n'est dans les Procédures qui se font aux Elections, Greniers à Sel, & autres Siéges qui connoissent des Fermes du Roi, où cette formalité est nécessaire, à peine de nullité. (Déclaration du 17 Février 1688, art. 2.)

ARTICLE VII.

Les Estrangers, qui seront hors le Royaume, seront ajournés *ès Hostels de nos Procureurs Généraux* (1) des Parlements, où ressortiront les appellations des Juges devant lesquels ils seront assignés; & ne seront plus données aucunes assignations sur la frontiere.

1. *Es Hôtels de nos Procureurs-Généraux*] Même lorsqu'ils sont Parties; parce qu'ils sont Parties désintéressées. (Voyez le Procès-verbal de l'Ordonnance, pag. 16.

L'article ne parle ici que des assignations; mais s'il s'agit de faire des sommations, significations, de transport, saisies & Arrêts, oppositions, ou autres empêchements, ces Procédures doivent aussi être faites aux Etrangers ès Hôtels des Procureurs-Généraux des Cours.

Les assignations & autres significations qui se donnent aux personnes établies dans les Isles de l'Amérique, doivent aussi être données aux Hôtels des Procureurs-Généraux des Cours où ressortissent les appellations des Juges devant lesquels ils sont assignés. (Arrêt du Conseil du 25 Août 1692, rapporté par Bornier, tom. 1, pag. 244, des Arrêts rendus en interprétation des nouvelles Ordonnances. Autre Arrêt rendu en la Grande-Chambre du Parlement de Paris, le 6 Juillet 1740, qui a jugé qu'une personne domiciliée dans les Isles de l'Amérique qui appartiennent à la France, doit être ajournée au domicile de M. le Procureur-Général, & que le délai de ces assignations n'est que de deux mois.) Voyez le nouveau style du Châtelet de Paris, édition de 1746, *in 4°*.

ARTICLE VIII.

Ceux qui seront condamnés au bannissement *& aux Galeres à tems* (1), & les absents pour faillite, voyages de long cours, ou hors du Royaume, seront assignés à leur dernier domicile, sans qu'il soit besoin de Procès-verbal de perquisition ni de leur créer un Curateur, dont Nous abrogeons l'usage.

1. *Et aux Galeres à tems.*] A l'égard de ceux qui sont condamnés aux Galeres perpétuelles, ou au bannissement à perpétuité, on ne peut

les assigner en aucune maniere, parce qu'ils sont morts civilement.

Il paroît cependant qu'il y a des cas où un homme banni à perpétuité, ou condamné aux Galeres perpétuelles, pourroit être assigné; *v. g.* si sa femme prétendoit que le mariage par elle contracté avec lui avant sa condamnation, fût nul pour quelque cause; on pourroit en ce cas le faire autoriser par justice, ou lui donner un Curateur pour se défendre.

ARTICLE IX.

Ceux qui n'ont, ou n'ont eu aucun domicile connu (1), seront assignés par un seul cri public au principal marché du lieu de l'établissement du Siége *où l'assignation sera donnée* (2), sans aucune perquisition; *& sera l'Exploit paraphé par le Juge des lieux* (3), sans frais.

1. *Ceux qui n'ont, ou n'ont eu aucun domicile connu.*] Soit qu'ils n'aient point de domicile, comme sont les vagabonds; soit qu'après en avoir eu un, leur domicile soit inconnu. Pour établir qu'une personne n'a aucun domicile, il suffit de la notoriété publique.

2. *Où l'assignation sera donnée.*] C'est à dire, pardevant lequel l'assignation sera donnée.

3. *Et sera l'Exploit paraphé par le Juge des lieux.*] Ce paraphe du Juge est-il nécessaire à peine de nullité de l'Exploit? L'Ordonnance ne le dit point.

ARTICLE X.

Les ajournements pourront être faits *pardevant tous Juges* (1) en cause principale & d'appel, *sans aucune commission ni mandement* (2), *encore que les Ajournez eussent leur domicile hors le ressort des Juges par devant lesquels ils seront assignez.* (3)

1. *Pardevant tous Juges.*] Royaux ou non. A l'égard des Cours, Présidiaux, & autres Juges en dernier ressort, voyez ce qui est dit ci-après en l'art. 12.

2. *Sans aucune commission ni mandement.*] Ainsi c'est une formalité inutile, de présenter une Requête au Juge pour avoir permission d'assigner ; cela ne sert qu'à occasionner des frais.

Il y a des Coutumes qui désirent expressément la permission du Juge comme une formalité essentielle pour pouvoir assigner en retrait lignager ; dans ce cas, il faut nécessairement prendre cette permission avant d'assigner, parce que c'est ici une disposition qui concerne un point de Coutume, où tout est de rigueur, plutôt qu'un article de procédure.

3. *Encore que les Ajournés eussent leur domicile hors le ressort des Juges pardevant lesquels ils seront assignés.*] Comme il arrive, quand on assigne quelqu'un, ou devant le Juge de son Privilege, ou en matiere réelle devant le Juge du lieu où la chose contentieuse est située, ou enfin pour entendre en une cause pendante devant un autre Juge que celui du domicile de l'Ajourné. (Voyez une pareille disposition ci-après, tit. 8, art. 1 ; & tit. 10, art. 2, Voyez aussi l'art. 5 du tit. 12 ; & l'art. 5 du tit. 22.)

Dans la regle générale, l'assignation doit toujours être donnée pardevant le Juge du domicile de celui qu'on assigne, suivant cette maxime, que *actor sequitur forum rei*; & cette regle ne souffre aucune exception en matiere personnelle, excepté à l'égard de ceux qui ont leurs causes commises devant certains Juges : car ces personnes sont en droit d'assigner ceux qu'elles veulent poursuivre en Justice devant les Juges de leurs Priviléges; & de même quand elles sont assignées devant le Juge de leur domicile, elles peuvent demander leur renvoi devant le Juge où elles ont leurs causes commises.

Mais ceux qui n'ont point ainsi leurs causes commises, doivent faire assigner le Défendeur, même privilégié, devant le Juge ordinaire de son domicile, sauf à ce Privilégié à user de son Privilege, s'il le juge à propos.

Si le domicile est contesté par le Défendeur, & qu'il prétende n'avoir pas son domicile dans le ressort du Juge devant lequel il est assigné, c'est au Demandeur à faire la preuve du contraire.

En matiere pure réelle, le Demandeur a le choix de faire assigner, ou pardevant le Juge du domicile du Défendeur, ou pardevant le Juge du lieu où la chose contentieuse est située, suivant la Loi finale *Cod. ubi in rem actio exerceri debeat*, qui est suivie en France. (Voyez Bacquet, en son traité des Droits de Justice, chap. 8, art. 31; Papon en ses Arrêts, liv. 7, tit. 7, n. 55; Imbert en ses Institut. liv, 1, chap. 22, n. 2. C'est aussi ce qui résulte de l'art. 24 du titre des *Committimus* de l'Ord. du mois d'Août 1669.)

Enfin il faut observer que lorsqu'on veut faire assigner plusieurs personnes justiciables de différents Juges, il faut les assigner devant le Juge supérieur commun, si toutes ces Parties sont demeurantes en un même Bailliage; (ou en un même Présidial, s'il s'agit d'une affaire

Présidiale ;) & si elles sont de différents Bailliages ou Sieges Présidiaux, il faut alors se pourvoir au Parlement, pour fixer la Jurisdiction où il faudra plaider.

Outre les formalités précédentes, & celles dont on a parlé ci-devant, il faut encore,

1°. Que l'exploit soit posé de jour & non de nuit, c'est-à-dire, entre deux Soleils, suivant cette ancienne maxime tirée de la Loi des douze Tables, *Sol occasus suprema tempestas esto.* (Ainsi jugé par Arrêt du 20 Mars 1576, rapporté par Tournet.) Telle est aussi la disposition de la Coutume de Bretagne, art. 19, qui porte que les Exploits ne peuvent être faits de nuit, si ce n'est pour forfait, délit, ou autre cas requérant célérité. Voyez à ce sujet un Arrêt du Parlement du 21 Juin 1720, au Journal des Aud. pour prouver qu'un Exploit peut être posé de nuit quand il y a péril en la demeure.

2°. Il faut aussi que l'Exploit soit posé aux jours convenables : car il n'est pas permis de le faire tous les jours indistinctement.

L'Ordonnance de Moulins, art. 69, porte, que tous les actes judiciaires doivent cesser les jours de Fêtes & de Dimanches. Mais il faut distinguer si la chose requiert célérité, ou non : quand la chose requiert célérité, on peut assigner un jour de Dimanche ou de Fête. *Quamvis enim citatio die feriato fieri non debeat, hæc tamen regula fallit quoties res urget, aut actionis dies exiturus est, adeò ut res effet dilatione peritura.* L. 1. § *ult* & les deux Loix suivantes, *ff. de feriis & dilationibus.* C'est pour cela, qu'une demande en retrait lignager donnée le jour de la Fête-Dieu, a été déclarée valable par Arrêt du 14 Juin 1566, rapporté par Dumoulin sur l'article 322, de la Coutume de Poitou. C'est aussi le sentiment de Brodeau sur l'article 131, de la Coutume de Paris, de Ricard & d'Auzanet sur l'article 130, de la même Cout. Voyez aussi Louet, lettre R. Sommaire 39.

Une saisie peut aussi être faite un jour de fête ou de Dimanche, dans un cas qui requerroit célérité. (Ainsi jugé par Arrêt du Parlement de Dijon, du 11 Janvier 1673, rapporté par Raviot, tom. 1, page 364. Il s'agissoit de la saisie d'un cheval sur un débiteur insolvable.)

Mais quand la chose ne requiert point célérité, on déclare ces sortes d'Exploits nuls. (Ainsi jugé par Arrêt du 4 Janvier 1719, rapporté au nouveau Recueil, tom. 3, pag. 162, qui a déclaré nul un Exploit de demande en retrait, posé un jour de Fête, parce qu'il y avoit encore un mois avant que l'an & jour du retrait dût expirer.) C'est aussi ce qui resulte de l'art. 7, du tit. 3, ci après.

Il y a un acte de notoriété du Châtelet de Paris, du 5 Mai 1703, (rapporté aussi au nouveau Recueil, tom. 2, pag. 312,) qui porte que les Huissiers ou Sergents ne peuvent faire aucuns Exploits en matiere civile les jours de Fêtes & de Dimanches sans permission du Juge, à peine de nullité.

Il faut néamoins excepter de cette regle les assignations qui se donnent aux Communautés d'habitants, lesquelles aux termes de l'art. 3 de la Déclaration du 17 Février 1688, doivent être assignées un jour de Dimanche ou de Fête, à l'issue de la Messe paroissiale. En matiere criminelle, les Exploits ainsi que l'instruction se font aussi tous les jours indistinctement.

Pour savoir quels sont les actes qui peuvent être faits les jours de Fêtes & de Dimanches, Voyez Raviot, quest. 123, tom. 1, page 364, & quest. 169, page 526.

Au reste, par ces mots *jours de Fêtes*, pendant

lesquels il n'est pas permis de faire aucuns Exploits en matiere Civile, il ne faut entendre que les Fêtes commandées par l'Eglise, & non les Fêtes de Palais. (Déclaration du 28 Avril 1681, qui fait défenses au Parlement de Toulouse de casser des Exploits sous prétexte qu'ils auroient été faits à des jours de Fêtes de Palais. Voyez au nouveau Recueil, tom. 1, pag. 476.)

Article XI.

Ceux qui ont droit de *Committimus* ne pourront faire ajourner *aux Requestes de notre Hostel & du Palais* (1), *qu'en vertu de Lettres de* Committimus (2), bien & duement expédiées, & non surannées, *desquelles sera laissé copie dans la même feuille, ou cahier de l'exploit* (3). S'il y avoit néantmoins des Instances qui y fussent liées *ou retenues* (4), les ajournements pourront y estre donnez en sommation ou autrement, sans Lettres, Requeste ou Commission particuliere.

1. *Aux Requêtes de notre Hôtel & du Palais.*] Ceux qui ont leurs causes commises devant les Baillis & Sénéchaux en vertu des Lettres de garde-gardienne, sont aussi obligés de donner copie de leurs Lettres en tête de l'Exploit. A l'égard de ceux qui jouissent du privilége de scolarité, comme sont les Ecoliers de l'Université, il n'est pas nécessaire qu'ils prennent aucunes Lettres ni commissions pour faire assigner, leur qualité fait leur titre : aussi l'Ordonnance

n'exige-t-elle point cette formalité à leur égard. (Voyez l'Ordonnance du mois d'Août 1669, au titre des *Committimus*, art 30.)

2. *Qu'en vertu des Lettres de* Committimus.] Quand même le Demandeur seroit notoirement privilégié. (Voyez l'Ordonnance du mois d'Août 1669, au tit. des *Committimus*, art. 12.)

3. *Desquelles sera laissé copie dans la même feuille, ou cahier de l'Exploit.*] A peine de nullité de l'Exploit, & de 50 liv. d'amende envers le Roi. (Ordonnance du mois d'Août 1669, titre des *Committimus*, article 8.)

Outre les formalités requises en cet article pour les *Committimus*, il faut encore que l'Huissier ou Sergent soit porteur des Lettres de *Committimus*, à peine de nullité & de 50 liv. d'amende contre l'Huissier. (Même Ordonnance de 1669, tit. des *Committimus*, art 8.)

4. *Ou retenues.*] Une instance est retenue, lorsque le Juge à qui on en demande le renvoi en une autre Jurisdiction refuse ce renvoi, & ordonne que les Parties procéderont pardevant lui.

Article XII.

Ne seront donnez aucuns ajournements pardevant nos Cours *& Juges en dernier ressort* (1), soit en premiere Instance, par appel ou autrement, qu'en vertu de Lettres de Chancellerie, Commission particuliere, ou Arrests. Pourront néanmoins les Ducs & Pairs, pour raison de leurs Pairies, *l'Hostel-Dieu, le Grand Bureau des Pauvres, l'Hospital-Général* *de notre bonne ville de Paris* (2), & autres personnes & Communautez, qui ont droit de plaider en premiere Instance, soit en la Grand'Chambre de nostre Parlement de Paris, ou en nos autres Cours de Parlement, y faire donner les assignations, sans Arrest ni Commission.

1. *Et Juges en dernier ressort*] Ces Juges en dernier ressort distingués des Cours Souveraines dont parle l'Ordonnance dans cet article, sont les Juges Présidiaux. On ne peut assigner devant eux qu'en vertu de Commissions prises dans les Chancelleries établies près de ces Siéges, quoique quelques Auteurs établissent le contraire, sur le fondement qu'on le pratique ainsi au Châtelet de Paris, où l'on assigne par un simple Exploit sans Lettre de Chancellerie ni Commissions. Mais ce sentiment est contraire aux Réglements rendus touchant les Chancelleries Présidiales du Royaume. (Voyez la Déclaration du 23 Mai 1670, touchant les Chancelleries des Cours & Présidiaux du Royaume; celle du 24 Avril 1691, sur le même sujet; l'Edit du mois de Mai 1691, portant création d'offices des Secrétaires du Roi, & la Déclaration du 30 Juin de la même année, rendue en interprétation de cet Edit, qui portent qu'on ne pourra assigner devant les Présidiaux, qu'en vertu de commissions prises ès Chancelleries établies près lesdits Siéges.)

A l'égard de ce qui s'observe au Châtelet de Paris, on n'en peut tirer aucune conséquence, parce qu'à Paris il n'y a point de Chancellerie Présidiale, cette Chancellerie ayant été supprimée par Edit du mois d'Avril 1685, ce qui va à la décharge des frais & au soulagement des Parties.

Depuis la réunion des Prévôtés du Royaume aux Bailliages & Sénéchaussées faite en l'année 1749, le Roi par un Arrêt du Conseil du 7 Novembre de la même année a ordonné que dans toutes les affaires, qui avant cette réunion étoient de la compétence des Prévôtés, Châtellenies, Vicomtés, Vigueries, & autres Jurisdictions Royales réunies, les Parties demeureront dispensées d'obtenir commission pour faire donner les assignations en premiere instance aux Siéges Présidiaux dans les deux cas de l'Edit, & de payer les droits qui pourroient être dûs pour raison de ladite commission. (Voyez le nouveau Recueil, tom. 3, pag. 663.)

Depuis par un Edit du mois d'Août 1777, art. 1, les Parties ont été entièrement dispensées de prendre des commissions pour assigner au Présidial, soit en premiere instance, soit en cause d'appel.

2. *L'Hôtel-Dieu, le Grand-Bureau des Pauvres, l'Hôpital Général de notre bonne Ville de Paris.*] Il semble que par la même raison les autres Hôpitaux du Royaume, dans les cas où ils plaident aux Présidiaux en premiere instance, doivent aussi jouir du même droit, & qu'alors ils peuvent y assigner sans commission.

Article XIII.

Ne pourront aussi estre donnez aucuns ajournements *en nostre Conseil* (1), ni aux Requestes de notre Hostel pour juger en dernier ressort, qu'en vertu d'Arrest de nostre Conseil, ou Commission de nostre Grand-Sceau.

1. *En notre Conseil.*] Il a été dérogé en partie à la disposition de cet article par l'Ordonnance du mois d'Août 1737, concernant les évocations, tit 1, art 53, qui porte que quand le Défendeur à l'évocation soutient que l'affaire n'est pas sujette à être évoquée, l'assignation sera donnée au domicile de la Partie assignée par Exploit libellé, sans qu'il soit besoin d'Arrêts, Lettres, ni autres Commissions ou permissions à cet effet; & ce nonobstant la disposition porté au présent article 13, du tit. 2, de l'Ord. de 1667.

Voyez aussi pour les autres formalités des assignations au Conseil, le nouveau Réglement du Conseil, du 28 Juin 1738, part. 2, tit. 1.

Article XIV.

Enjoignons à tous Sergents *qui ne sçavent écrire & signer* (1), de se défaire de leurs Offices dans trois mois; sinon le tems passé, les avons déclarez vacants & impétrables. Leur défendons dès à présent d'en faire aucune fonction, à peine de faux, vingt livres d'amende envers la Partie, & de tous dépens, dommages & intérests : & aux Seigneurs Hauts-Justiciers, & tous autres qui ont droit d'établir des Sergents dans l'étendue de leurs Justices d'en pourvoir aucuns qui ne sçachent écrire & signer, à peine de déchéance & privation de leurs droits pour cette fois seulement, & d'y estre par Nous pourveu.

1. *Qui ne sçavent écrire & signer.*] L'Ordonnance de Roussillon article 28, exigeoit seulement que les Huissiers sçussent signer leur nom.

Il ne faut pas conclure de la disposition de cet article que l'Exploit doit être écrit de la main de l'Huissier ; l'Ordonnance n'exige point cette condition, & il suffit que l'Exploit soit signé de lui.

Il y a un Arrêt du Parlement de Rouen, du 24 Juillet 1753, rendu en forme de Réglement & envoyé dans les Bailliages, qui faisant droit sur les conclusions du Procureur-Général, enjoint à tous les Huissiers & Sergents de délivrer eux-mêmes les Exploits & autres diligences, de les remplir du nom de la personne à qui ils sont délivrés, tant sur l'original que sur la copie, & dans le même instant ; comme aussi leur fait défenses de signer les actes avant que d'avoir rempli les blancs laissés pour y employer la date & le nom de la personne à laquelle la copie est délivrée, à peine de faux.

Article XV.

Ceux qui demeureront ès Chasteaux & maisons fortes, seront tenus d'élire leur domicile en la plus prochaine Ville, & d'en faire enregistrer l'acte au Greffe de la Jurisdiction Royale du lieu ; sinon, les exploits qui leur seront faits aux domiciles, ou aux personnes de leurs Fermiers, Juges, Procureurs d'office, & Greffiers, vaudront *comme faits à leur propre personne* (1).

1. *Comme faits à leur propre personne.*] Cet article a été sagement établi pour prévenir les

mauvais traitements, auxquels les Huissiers seroient exposés, s'ils étoient obligés d'aller poser les Exploits dans les Maisons fortes; ce qui empêcheroit le plus souvent d'en trouver qui voulussent se charger de cette commission.

Il y a un Arrêt du Parlement de Paris, du 28 Août 1737, (rapporté au Code de Louis XV. tom 9, rendu sur la requête de M. le Procureur-Général au sujet d'un abus qui s'étoit introduit dans la Ville de Paris, de laisser de la part des Huissiers cinq sols aux Suisses & Portiers des Maisons pour chaque Exploit d'assignation à eux laissé pour rendre aux personnes demeurantes dans les Hôtels & Maisons où il y a des Portiers; qui ordonne qu'il ne sera passé en taxe aucune somme de cinq sols ou autre prétendue payée aux Domestiques des Maisons, notamment aux Portiers ou autres préposés à la garde des portes, pour raison des significations laissées (parlant à eux) aux personnes demeurantes dans lesdites Maisons; fait défenses à tous Domestiques de quelque qualité ou dénomination qu'ils soient, ou autres auxquels lesdites significations seront laissées, d'exiger ni recevoir aucune somme à ce sujet, sous telles peines qu'il appartiendra; fait aussi défenses auxdits Domestiques de refuser lesdites significations sous ce prétexte.

ARTICLE XVI.

En tous Siéges & en toutes matieres *où le ministere des Procureurs est nécessaire* (1), les Exploits d'ajournements, d'intimations, ou anticipations, contiendront *le nom du Procureur du Demandeur* (2), à peine de nullité des

Exploits, & de tout ce qui pourroit eſtre fait en exécution, *& de vingt livres d'amende contre le Sergent* (3).

1. *Où le miniſtere des Procureurs eſt néceſſaire.*] Car il y a des matieres & des Juriſdictions, où le miniſtere des Procureurs n'eſt pas néceſſaire. Telles ſont (à l'égard des matieres) les cauſes ſommaires, ſi ce n'eſt dans les Cours, aux Requêtes de l'Hôtel & du Palais, & dans les Siéges Préſidiaux. (Voyez *infrà*, tit. 17, art. 6.) Et, à l'égard des Juriſdictions, les Maîtriſes des Eaux & Forêts, Connétablies, Elections, Greniers à Sel, Traites foraines, Conſervations des priviléges des Foires, Juſtices des Hôtels-de-Ville, & autres Juriſdictions inférieures; (*Infrà*, tit. 14, art. 15.) ainſi que celles des Juges Conſuls. (*Infrà*, tit. 16, art. 2.)

Lorſque le Demandeur ne cotte point Procureur, il doit être aſſigné à ſon domicile. (Voyez ci-après, tit. 17, art. 7, note 2.)

2. *Le nom du Procureur du Demandeur.*] Cet article ſupplée au défaut de préſentation du Demandeur abrogé par l'art. 2 du tit. 4, ci-après.

3. *Et de vingt livres d'amende contre le Sergent.*] Voyez la note 5, ſur l'art. 1, du tit. 2, pag. 117.

TITRE III.

Des délais sur les Assignations & Ajournements.

LES délais établis en ce titre ne sont que pour les Prévôtés, Bailliages & Sénéchaussées Royales, Requêtes de l'Hôtel & du Palais, & Siéges des Conservateurs des priviléges des Universités.

Ceux pour les Cours, Justices des Seigneurs, Maîtrises des Eaux & Forêts, Elections, Greniers à Sel, Traites foraines, &c. sont établis ci après aux tit. 11 & 14.

Il n'est pas permis aux Juges d'abréger les délais de l'Ordonnance sans de grandes raisons, même dans les matieres sommaires, les délais y étant les mêmes que pour les matieres non sommaires. (*Infrà*, tit. 17, art. 7.) Ces délais ont été sagement établis en faveur du Défendeur, & c'est lui faire préjudice que de l'en priver. *Non sibi concessum intelligant Judices dandæ dilationis arbitrium.* L. 1. *Cod. de dilation.* On ne doit les abréger que dans des cas provisoires, & qui requierent célérité. Voyez pour les affaires provisoires, ce qui est dit ci-après au commencement du tit. 17, avant l'art. 1.

De la même maniere que le Juge ne doit point abréger les délais, il ne peut pas non plus les proroger, si ce n'est pour de bonnes raisons, ou lorsque le Demandeur y consent.

Au reste, les délais prescrits dans ce titre n'ont pas lieu pour les assignations données pendant le tems des assises des Jurisdictions qui sont en droit d'en tenir. (Ainsi jugé en faveur des Officiers du Présidial de Sens, par Arrêt du Conseil du 25 Juin 1668, qui ordonne qu'il en sera usé à cet égard en la maniere accoutumée, & ainsi qu'il se pratiquoit en ce Siége avant l'Ordonnance de 1667; Autre Arrêt du Conseil du 23 Juillet 1668, qui contient une semblable disposition en faveur des Officiers du Bailliage de Meaux. Voyez le nouveau Recueil des Réglements, tom. 1, pag 183 & 197.)

Enfin il faut observer que les délais dont il est parlé dans ce titre, ne regardent point les assignations incidentes données dans le cours de la Procédure, comme sont celles pour compulser, celles données à des Témoins ou à des Experts, &c. (Voyez *infrà*, tit. 12, art. 2; tit. 19, art. 4; tit. 21, art. 6; tit. 22, art. 6; & tit. 28, art 3, avec les notes.)

ARTICLE PREMIER.

Les termes & délais des assignations qui seront données *aux Prévostés & Chastellenies Royales* (1), à des personnes domiciliées au lieu où est estabii le Siége de la Prévosté & Chastellenie, *seront au-moins de trois jours, & ne pourront estre plus longs de huitaine* (2).

1. *Aux Prévôtés, &c.*] Depuis que les Prévôtés & Châtellenies Royales ont été réunies aux Bailliages & Sénéchaussées, il semble qu'on auroit dû faire un Réglement particulier pour les délais, qui déclarât si dans les Bailliages & Sénéchaussées il faut suivre les délais des Prévôtés pour les affaires qui se portoient ci-

devant

devant dans les Prévôtés, ou bien si l'intention de Sa Majesté étoit qu'il n'y eût qu'une seule & même espece de délai. Comme l'Edit de réunion des Prévôtés du mois d'Avril 1749, n'a rien fixé à cet égard, il paroît qu'on doit s'en tenir à l'ancienne regle, c'est-à-dire, qu'on doit observer les délais des Prévôtés pour les affaires qui alloient ci-devant dans les Prévôtés: & à l'égard de celles qui ont toujours été portées aux Bailliages & Présidiaux, observer les délais fixés par l'Ordonnance pour les Bailliages en l'art. 3, ci-après. Un Arrêt du Parlement de Rouen, rendu en forme de Réglement du 15 Juillet 1750, porte qu'en toutes actions personnelles & entre toutes sortes de personnes, les assignations qui seront données à comparoir aux Bailliages auxquels les Siéges de Vicomtés (ou Prévôtes) ont été réunis, les délais fixés par les art. 3, du tit. 33, & 32, du tit. 22, de l'Ord. de 1667, seront observés.

Une déclaration du Roi, du 20 Avril 1750, enregistrée au Parlement le 23 Juin audit an, & rendue à l'occasion de cette même réunion, porte que les frais & dépens, droits & vacations des Juges & des Greffiers, Procureurs, Huissiers, Sergents, Receveurs des consignations, Commissaires aux saisies réelles, & tous autres droits sans exception qui se trouveront légitimement dus dans les affaires qui étoient portées ci-devant dans les Prévôtés, &c. réunies aux Bailliages & Sénéchaussées ressortissantes immédiatement aux Parlements, seront réglés, taxés & liquidés sur le même pied & de la même maniere que dans les affaires dont la connoissance appartenoit aux Bailliages, &c. avant la réunion.

L'Ordonnance ne parle point ici des délais des assignations données aux Officialités. M. de

Héricourt prétend que ce délai doit être le même que pour les Prévôtés. (Loix Ecclésiastiques, part. 1, chap. 10, n. 12.).

2. *Seront au moins de trois jours, & ne pourront être plus longs de huitaine.*] Il dépend en ce cas du Demandeur de faire assigner dans le délai de trois jours ou de huitaine, l'Ordonnance lui en laissant le choix. L'usage est de prendre le moindre de ces deux délais.

ARTICLE II.

Si le défendeur *est demeurant hors du lieu* (1), & néantmoins en l'étendue du ressort, le délai de l'assignation *sera au moins de huitaine, & ne pourra estre plus long de quinzaine* (2).

1. *Est demeurant hors du lieu.*] C'est à-dire, hors de la Ville & des Fauxbourgs du lieu où l'assignation est donnée. (Voyez le Procès-verbal de l'Ord. pag. 27, art. 3.)

2. *Sera au moins de huitaine, & ne pourra être plus long de quinzaine.* [Voyez la note 2 sur l'article précédent.

ARTICLE III.

Aux Sieges Présidiaux, Bailliages & Sénéchaussées Royales, le délai des assignations données à ceux *qui sont domiciliez, où le Siége est estabii* (1); ou dans la distance de dix lieues, *ne pourra aussi estre moindre de huitaine, & plus long de quinzaine* (2); & pour ceux qui sont hors la diſtance des dix lieues, le délai de l'aſſignation *ſera au moins de quinzaine, & au plus de trois ſemaines* (3).

1. *Qui ſont domiciliés, où le Siége eſt établi.*] C'eſt-à-dire, dans la Ville ou les Fauxbourgs du lieu où le Siége eſt établi. (Voyez la note 1, ſur l'article précédent.)

2. *Ne pourra auſſi être moindre de huitaine, & plus long de quinzaine.*] Cette diſpoſition s'explique par l'art. 1, du tit. 11, ci-après.

On prétend néanmoins qu'au Châtelet de Paris les aſſignations en matiere ſommaire ſe donnent à 3 jours, ainſi que celles de la Chambre de Police, & celles qui ſe donnent en la Chambre des Auditeurs. (Voyez les actes de notoriété de Deniſart pag. 91 & 431, aux notes.)

3. *Sera au moins de quinzaine, & au plus de trois ſemaines.*] Lorſque la Partie aſſignée demeure au-delà des dix lieues, mais dans l'étendue du reſſort, l'uſage eſt d'augmenter le délai de huitaine d'un jour par dix lieues, par argument tiré de ce qui eſt porté en l'art. 1 du tit. 11, ci-après. (Voyez auſſi l'art. 2 du tit. 8; l'art. 14 du tit. 14; les art. 2 & 31 du tit. 22; l'art. 4 du tit 27 & l'art. 5 du tit. 31, qui en ont des diſpoſitions.)

A l'égard des Etrangers, il faut ſuivre ce qui eſt porté au même art. 1 du tit. 11, & aux autres qu'on vient de citer, à raiſon d'un jour pour dix lieues d'augmentation, lorſque la demeure de ces Etrangers demande un délai plus long que ceux portés en cet article. (Voyez au ſurplus l'art. 7, du tit. 2, ci-deſſus, pag. 30.)

ARTICLE IV.

Aux Requeſtes de noſtre Hoſtel, Requeſ-

tes du Palais (1), & aux Sieges des Conservations des Privileges des Universités, les délais des assignations seront de huitaine pour ceux qui demeurent *en la Ville* (2) où est le Siege de la Jurisdiction; de quinzaine pour ceux qui sont dans l'étendue des dix lieues; d'un mois pour ceux qui sont dans la distance de cinquante lieues; & de six semaines au delà des cinquante lieues; le tout dans le ressort du même Parlement; & de deux mois, pour ceux qui sont demeurants hors le ressort.

1. *Aux Requêtes de notre Hôtel, Requêtes du Palais, &c.*] Voyez pour les délais des assignations aux Cours Souveraines, ci-après tit. 11, art 1.

Et pour ceux des Maîtrises des Eaux & Forêts, Connétablies, Elections, Greniers à Sel, Traite Foraines, Conservations des Privileges des Foires, Justices des Hôtels & Maisons de Ville, & autres Jurisdictions inférieures; Voyez *infrà*, tit. 14, art. 14.

2. *En la Ville.*] Ou dans les Fauxbourgs. (Voyez la note 1, sur l'art. 2, ci-dessus, pag. 156.)

ARTICLE V.

Si dans la huitaine (1) après l'échéance de l'assignation, le Défendeur *ne constitue Procureur, & ne baille ses défenses,* (2) le Demandeur *pourra lever son défaut au Greffe* (3); mais il ne pourra le faire juger, sinon après un autre délai, qui sera de huitaine pour ceux qui seront ajournés à huitaine ou quinzaine; & à l'égard des autres qui seront assignés à plus longs jours, le délai pour faire juger le défaut, outre celui de l'assignation, & de huitaine pour défendre, sera encore de la moitié du tems porté par le délai de l'assignation : lesquels délais seront pareillement observés en toutes nos Cours, à l'égard du Demandeur *& Intimé* (4).

1. *Si dans la huitaine, &c.*] Voyez *infrà*, tit. 5, art. 3, & tit. 11, art. 3.

Ces délais, n'étant établis qu'en faveur de la Partie assignée, il suit qu'elle peut anticiper ces délais, tant celui de l'assignation que celui accordé en cet article, pour se présenter & fournir ses défenses; & elle peut tout d'un coup donner un avenir pour plaider au premier jour, sans attendre qu'ils soient échûs. (Voyez le nouveau Réglement touchant la procédure du Conseil du 28 Juin 1738, seconde partie, tit. 1, art. 16, qui en a une disposition.)

En matiere sommaire il n'y a aucuns délais pour cotter Procureur & fournir des défenses, parce que dans ces sortes de matieres les défenses ne se signifient point, mais se plaident, & que le Ministere des Procureurs n'y est pas nécessaire, si ce n'est dans les Cours, Requêtes du Palais ou de l'Hôtel, & dans les Siéges Présidiaux. (Voyez *infrà*, tit. 17, art. 7.) Il suffit à la Partie assignée de se présenter dans les trois jours après l'échéance de l'assignation. (Voyez *infrà*, tit. 4, art. 1.)

2. *Ne constitue Procureur, & ne baille ses défenses.*] C'est-à-dire, ne fait ni l'un ni l'autre; mais lorsqu'après avoir cotté Procureur, le Défendeur ne fournit pas ses défenses, voyez ci-après tit. 5, art. 3, ce que doit faire le Demandeur.

3. *Lever son défaut au Greffe.*] Voyez ci-après la note 1, sur l'art. 7 du tit. 17.

4. *Et Intimé.*] Presque toutes les Editions *in*-16 & *in*-12 de l'Ordonnance, portent ces mots *& Défendeur*, au lieu de *& Intimé*, qui se trouve dans les Editions *in*-4°. ce qui revient à peu près au même; mais les mots *& Intimé* sont les véritables termes de l'Ordonnance.

ARTICLE VI.

Dans les délais des assignations, & des procédures, *ne seront compris les jours* (1) des significations des Exploits & Actes, ni les jours auxquels écherront les assignations.

1. *Ne seront compris les jours, &c.*] C'est ce qu'on exprime ordinairement par cette maxime de Droit, que *Dies termini non computantur in termino.*

ARTICLE VII.

Tous les autres jours seront continus & utiles *pour les délais des assignations & procédures* (1), même les Dimanches, Festes solemnelles, & les jours de Vacations & autres auxquels il ne se fait aucune expédition de Justice.

1. *Pour les délais des assignations & procédures.*] Mais si le délai de l'assignation échet l'un de ces jours, la Cause est remise de plein droit au lendemain, ou au plus prochain jour plaidoyable.

TITRE IV.

Des Présentations.

ARTICLE PREMIER.

EN nos Cours de Parlement, Grand-Conseil, Cours des Aydes, & autres nos Cours où il y a des Greffes des Présentations, *les Défendeurs, Intimés & Anticipés seront tenus de se présenter* (1) *& cotter le nom de leur Procureur,* (2) sur le cahier des présentations *dans la quinzaine* (3); *& en tous les autres Sieges où il y a pareillement des Greffes des Présentations* (4), dans la huitaine: *& aux matieres sommaires* (5), tant en nos Cours qu'ès autres Siéges, dans trois jours: le tout après l'échéance de l'assignation; *& seront les Présentations faites tous les jours sans distinction* (6).

1. *Les Défendeurs, Intimés & Anticipés seront tenus de se présenter.*] Se présenter, est cotter son nom, & celui de son Procureur, ou

seulement cotter son nom (dans le cas où le ministere des Procureurs n'est pas nécessaire) sur le cahier des Présentations.

L'article premier de la Déclaration du 12 Juillet 1691, établit la nécessité de la Présentation, tant des Demandeurs que des Défendeurs en toutes assignations, soit en premiere Instance ou d'Appel, assistance en Cause, Anticipation, Sommation, Exécutions des Jugements, Sentences ou Arrêts.

Dans le cas même d'intervention, les Procureurs des Parties intervenantes sont aussi tenus de se présenter. (Même Déclaration article 2, rapportée au nouveau Recueil, tom. 2, p. 173. *Idem*, par Arrêt du Conseil du 15 Février 1753.)

Cependant par un Arrêt du Parlement de Paris, du 30 Mai 1696, il est ordonné (en conséquence d'une Déclaration du Roi du 17 Avril précédent, portant union des droits de Présentation en toutes Causes, tant en demandant qu'en défendant, à la Communauté des Procureurs de cette Cour) que le droit de Présentation ne sera taxé que sur les assignations qui seront données en la Cour, & sur lesquelles on doit se présenter, sans qu'il puisse être pris sur les interventions, demandes & incidents joints aux Procès ou Instances, où il n'y a point d'assignation; & que l'extrait de la Présentation ne sera taxé, que lorsqu'il y aura nécessité de le lever pour justifier la nullité de la procédure qui auroit pû être faite, ou pour s'en servir, à l'effet de faire voir qu'il n'y a pas lieu à la péremption.

La présentation a lieu non seulement en matiere civile, mais aussi en matiere criminelle; (Même Déclaration du 12 Juillet 1695, article 1, rapportée au nouveau Recueil, tom. 2, pag.

206,) ce qui s'entend seulement lorsqu'il y a assignation, & qu'il ne s'agit que de petit criminel. (*Ibidem*, article 1, Voyez aussi l'Ordonnance Criminelle de 1670, titre 26, article 11.)

Il est défendu aux Procureurs de faire aucun acte d'instruction & de procédure, si les Parties ne se sont présentées, à peine de trois cents livres d'amende, & de tous dommages & intérêts. (Même Déclaration du 12 Juillet 1695, article 4. Arrêt du Conseil du 31 Décembre 1715, rapporté au nouveau Recueil, tom. 3, p. 30.) Un autre Arrêt du Conseil du 8 Février 1729, dit à peine de nullité des actes, de trois cents livres d'amende, dommages & intérêts, & interdiction.

Quelques Jurisdictions ne sont point sujettes à cette formalité de la Présentation, comme les Greniers à Sel, &c. (Arrêt du Conseil du 19 Octobre 1706,) ce qui est conforme à la disposition des articles 14 & 15, du titre 14, ci-après. (Voyez *infrà* la note 4 sur le présent article.)

2. *Et cotter le nom de leur Procureur.*] Dans les cas où le ministere des Procureurs est nécessaire, voyez la note précédente.

3. *Dans la quinzaine.*] On peut même se présenter après les délais établis dans cet article, tant que l'autre Partie ne prend point de défaut ou de congé. (Voyez ce qui est dit *infrà*, titre 5, article 3, note 2, pag. 172.)

Au reste, le Défendeur peut anticiper ces délais. (Voyez *suprà*, titre 3, article 5, note 1, pag. 159.)

4. *Et en tous les autres Siéges, où il y a pareillement des Greffes des Présentations.*] C'est-à-dire dans les Siéges Royaux; car dans les Justices de Seigneurs, la Présentation n'a pas lieu, (Edit du mois d'Avril 1694,) cet Edit ne por-

tant établissement de Greffiers des Présentations, que dans les Justices Royales. (Voyez aussi *infrà*, titre 14, article 14 & 15.)

Il en étoit de même des Siéges des Maîtrises des Eaux & Forêts, Connétablies, dont il est parlé dans le même article 14 du titre 14; mais le droit de présentation a été établi depuis dans quelques-unes de ces Jurisdictions, en vertu de l'Edit du mois d'Avril 1695, qui a créé des Greffes des Présentations dans toutes les Justices Royales du Royaume.

Il y a quelques Siéges Royaux, même pour les causes de Jurisdiction ordinaire, où la Présentation n'a pas lieu. Ainsi à Orléans le Siége établi par Edit du mois de Mars 1749, article 3, pour juger en dernier ressort les Causes de quarante livres & au-dessous, au nombre de trois Juges, a été dispensé de cette formalité, & aussi des droits attachés à la Présentation, par un Réglement du 25 Novembre 1750, (Voyez le nouveau Recueil, tom. 3, pag. 648 & 672.)

5. *Et aux matieres sommaires.*] Il résulte de cette disposition que dans les matieres sommaires, on est tenu de se présenter comme dans toutes les autres. L'Arrêt du Conseil du 15 Février 1753, en a une disposition expresse. Cet Arrêt porte que dans toutes les Causes sommaires où il y a assignation, les Procureurs seront tenus de se présenter respectivement.

6. *Et seront les Présentations faites tous les jours sans distinction.*] Même les jours de Fêtes de Palais; mais cela ne doit pas s'entendre des jours de Dimanches & Fêtes célébrées par l'Eglise.

Article II.

Les Demandeurs, & ceux qui ont

relevé leur appel, ou qui ont fait anticiper, *ne feront à l'avenir aucune Présentation* (1), dont nous abrogeons l'usage à leur égard, ensemble des délais pour la closture des cahiers, & tous autres délais & procédures.

1. *Ne feront à l'avenir aucune Présentation.*] La formalité de la Présentation à l'égard des Demandeurs, Appellants & Anticipants, qui est abrogée par cet article, a été rétablie par l'Edit du mois d'Avril 1695, dont on vient de parler, & par la Déclaration du 12 Juillet de la même année.

TITRE V.

Des Congés & Défauts en matiere Civile.

IL y a cette différence entre *défaut* & *congé*, que le *défaut* s'obtient par le Demandeur contre la Partie assignée, au lieu que le *congé* s'obtient par la Partie assignée contre le Demandeur.

On distingue trois sortes de *défauts*; le premier est *faute de se présenter*, le second est *faute de défendre*, & le troisieme *faute de plaider*.

On distingue pareillement trois sortes de *Congés*. 1°. *Faute de défendre*, 2°. *Faute de donner copie des Pieces justificatives de la demande*. 3°. *Faute de plaider*.

ARTICLE PREMIER.

En toutes les causes qui seront poursuivies aux Requestes de nostre Hostel, Requestes du Palais, Cours des Monnoyes, Sieges des Grands Maistres des Eaux & Forests, Sieges Présidiaux, Bailliages, Sénéchaussées, Sieges des conservations des Privileges des Universitez, *Prévostez & Chastellenies Royales*, (1) le Défendeur sera tenu *dans les délais à lui accordez* (2) selon la distance des lieux (après le jour de l'assignation échue) *de nommer Procureur* (3), *& faire signifier ses défenses* (4), *signées de celui qui aura charge d'occuper* (4), *avec copie des pieces justificatives, si aucunes il a* (6) : *autrement sera donné défaut* (7), *avec profit* (8), *sans autre acte ni sommation préalable* (9).

1. *Prévôtés & Châtellenies Royales.*] L'Ordonnance ne parlant point ici des Justices de Seigneurs, il s'ensuit que dans ces Justices le Défendeur n'est pas tenu de nommer Procureur, ni de donner ses défenses par écrit, mais seulement en plaidant. C'est aussi ce qui résulte des articles 14 & 15 du titre 14 ci-après. (Voyez ces articles avec les notes.)

Si cependant la Partie assigné veut se servir d'un Procureur, elle peut le signifier à la Partie adverse pour éviter les significations à domicile. (Voyez *infrà*, titre 17, article 7, note 1.)

2. *Dans les délais à lui accordés.*] Ces délais

sont ceux, tant de l'assignation que de la présentation, dont il est parlé dans les deux précédents titres. Le Défendeur peut anticiper ces délais. (Voyez *suprà*, titre 3, article 5, note 1, pag. 159.)

3. *De nommer Procureur.*] Toute personne bien ou mal assignée est tenue de comparoître en Justice, quand même elle seroit assignée en une Jurisdiction dont elle ne seroit pas justiciable, surtout si c'est devant un Juge ordinaire; & par conséquent elle est tenue de cotter Procureur dans le cas où leur ministere est nécessaire. Cette nomination, ou constitution de Procureur se fait par un acte signifié au Demandeur par la Partie assignée.

Cependant lorsque l'incompétence du Juge devant lequel on est assigné est tout-à-fait notoire, on n'est pas tenu de comparoître. (Ordonnance du Roi Jean du mois de Décembre 1355, article 1, rapportée en la Conférence des Ordonnances, tom 1, liv. 1, titre 23. §. 1.) Par exemple, si un Laïque en cause pure personnelle étoit assigné devant un Official. (*Cod. fabr. lib.* 3, *tit.* 12 *déf.* 44; Loiseau en son Traité des Offices, Liv. 1, chap. 6, n. 95.)

Ou si hors les cas de garantie, de cause connexe, ou de privilége, le Défendeur étoit assigné devant un autre Juge que celui dont il est justiciable. (*L fin. ff. de Jurisdict.*)

Mais cela ne doit avoir lieu que dans le cas où cette incompétence est notoire: car si la chose est incertaine, alors celui qui est assigné doit comparoître pour demander son renvoi; ce qui a lieu à plus forte raison lorsque dans certains cas on est justiciable du Juge. (Voyez la Loi 2, *ff. Si quis in Jus vocat*; & la Loi 3. *Si quis ex alienâ Jurisdictione, ff. de Judiciis.*)

4. *Et faire signifier ses défenses.*] Ces défen-

ses par écrit ne sont nécessaires que sur la demande principale : les défenses sur les incidents se plaident. Les Parties fournissent à cet effet des Mémoires à leurs Avocats ou Procureurs.

Exceptions & défenses ne sont point des termes synonimes. On entend par *exceptions* en général toutes sortes de moyens, que celui qui est appellé en Justice peut opposer contre l'action intentée contre lui, soit pour l'éteindre en tout ou en partie, soit pour en différer ou empêcher la poursuite. Mais par *défenses*, on entend seulement les exceptions qui éteignent & détruisent l'action, & dont l'effet est de faire renvoyer le Défendeur absous de la demande.

Il y a trois sortes d'exceptions. 1°. *Les exceptions déclinatoires.* Ce sont celles qui tendent à faire renvoyer l'action devant un autre Juge que celui devant lequel on est assigné, soit parce que le Juge devant lequel l'action est donnée est absolument incompétent, soit parce que celui qui est assigné, quoique devant un Juge compétent, est en droit de demander son renvoi devant le Juge de son domicile, ou de son privilége. Cette premiere espece d'exception doit toujours être proposée dès les premieres défenses; & il n'est plus tems de la proposer, lorsqu'une fois la cause a été contestée, même dans le cas où le Juge seroit absolument incompétent, si cette incompétence a été connue par les Parties. (Voyez sur ces exceptions déclinatoires le titre 6 qui suit.)

2°. *Les exceptions dilatoires.*] Ce sont toutes celles qui sont prises de la qualité du Défendeur, ou qui se proposent contre la demande, & qui ne tendent pas à exclure l'action, mais seulement à en différer la poursuite. Telles sont les exceptions d'un héritier présomptif, ou d'une veuve appellée en Justice, dont il est parlé dans le titre 7, ci-après; celles fondées ſur les délais néceſſaires pour appeller garant, dont il eſt parlé ci-après au titre 8, celles d'un aſſigné en action hypothécaire, qui demande avant de faire droit que ſon Débiteur ſoit diſcuté, &c. Voyez encore ſur ces exceptions dilatoires le titre 9, ci-après.

3°. *Les exceptions peremptoires*, qui ſont de deux ſortes; ſçavoir *les exceptions peremptoires proprement dites*, & *les déſenſes au fond.*

Les exceptions péremptoires proprement dites ſont celles qui empêchent la pourſuite des actions, ſans examiner ſi elle eſt juſte ou non dans ſon principe. Telles ſont les exceptions fondées, ou ſur la nullité de l'Exploit, ou ſur des fins de non-recevoir; comme ſi le Demandeur eſt ſans qualité pour agir au tems de la demande, ou ſur la péremption d'inſtance, ſur la preſcription, &c. (V. *infrà*, art. 5, pag. 178.)

Les défenſes au fond ſont tous les moyens que le Défendeur peut oppoſer contre le fond de la demande, ſoit parce que le Demandeur eſt ſans titre, ſoit parce que l'obligation ſur laquelle cette demande eſt fondée, eſt nulle, ou que les cauſes en ont été payées réellement, ou acquittées par la voie de compenſation, & autres moyens de Droit.

5. *Signées de celui qui aura charge d'occuper.*] Les Procureurs ſont tenus de ſigner les Originaux & les copies de tous les Actes & Procédures qu'ils ſignifient pendant le cours des inſtances. Voyez le nouveau Réglement touchant la Procédure du Conſeil du 28 Juin 1737, partie 2, titre 1, article 17, qui porte, à peine de nullité des ſignifications, & fait défenſes aux Greffiers & à leurs Commis de délivrer aucunes Expéditions ſur des Cédules non ſignées, & aux Huiſſiers de ſignifier aucunes Ecritures ou actes,

ſoit d'inſtruction ou autres, qui ne ſoient ſignées des Avocats au Conſeil, à peine de nullité, & de deux cents livres d'amende.

Les ſignifications des actes de la Procédure; ainſi que celles des Sentences & Jugements, dans les Inſtances où il y a pluſieurs Parties, ne doivent être faites qu'à celles qui ont un intérêt oppoſé a celui de la Partie qui fait la ſignification, & non à celles qui ont le même intérêt que cette Partie, à peine de nullité des ſignifications. (Voyez le Réglement touchant la Procédure du Conſeil du 28 Juin 1738, partie 2, tit. 4, article 24. Voyez auſſi ce qui eſt dit ci-après, titre 14, art. 12, note 3.)

Ces ſignifications doivent être faites par les Huiſſiers en perſonne. (Même Réglement, *ibidem*, article 18. Voyez auſſi le Recueil des Réglements du Conſeil rendus en interprétation de cette Ordonnance.)

6. *Avec copie des pieces juſtificatives, ſi aucunes il a.*] Le Défendeur peut donner cette copie après, s'il ne l'a pas donnée par ſes défenſes; mais il ſemble qu'alors ce doit être à ſes dépens. (Argument tiré de l'article 6 du titre 2, ci-deſſus, pag. 27.)

7. *Autrement ſera donné défaut.*] Voyez *infrà*, article 3, comment ce défaut doit ſe prendre.

8. *Avec profit.*] Le profit de ce défaut, eſt que le Demandeur gagne ſa Cauſe, & obtient ſes concluſions au fond, avec dépens. (*Infrà*, article 3.)

Le Défendeur eſt toujours en droit de nommer Procureur, & de faire ſignifier ſes défenſes, tant que le profit du défaut n'eſt point obtenu. (Voyez *Infrà*, article 3, note 4, p. 172.

9 *Sans autre acte ni ſommation préalable.*] Voyez *infrà*, en l'article 3, la note 8, ſur ces mêmes mots, pag. 173.

Article II.

Abrogeons en toutes causes l'usage des déboutez de défenses, *& réajournements* (1); défendons aux Procureurs, Greffiers, Huissiers & Sergents, de les obtenir, expédier, ni signifier, à peine de nullité, & de vingt livres d'amende en leur nom.

1. *Et réajournements.*] (Voyez *infrà*, tit. 10, art. 4 & tit. 11, art. 7.) L'usage des réajournements a été conservé dans quelques Jurisdictions Consulaires. Ainsi réglé pour le Consulat de Paris par un Arrêt du Conseil du 24 Décembre 1668, (rapporté au nouveau Recueil, tom. 1, pag. 212,) qui maintient les Juges de cette Ville dans le droit d'ordonner, suivant l'exigence des cas, que les défaillants seront réassignés.

Il faut aussi observer que les réajournements prescrits par certaines Coutumes, ne sont pas abolis par l'Ordonnance (Voyez à ce sujet un Arrêt du Parlement de Rouen rendu en 1678, rapporté par Basnage sur l'ar. 587 de la Coutume de Normandie.)

Article III.

Si le Défendeur (1) *dans le délai ci-dessus à lui accordé* (2), *ne met Procureur* (3), *le Demandeur prendra son défaut* (4) *au Greffe* (5); *& si après avoir mis Procureur il ne baille copie de ses défenses & pieces* (6), si aucunes il a, *le Demandeur prendra défaut en l'Audience* (7), *sans autre acte ni sommation préalable* (8), & le profit du défaut, en l'un & en l'autre cas, *sera jugé sur le champ* (9), *les conclusions adjugées au Demandeur* (10) avec dépens, *si la demande se trouve juste & bien vérifiée* (11).

1. *Si le Défendeur.*] Voyez ci-dessus, l'article 5 du titre 3, & les articles 2, 3, 4 & 5 du titre 11.

2. *Dans le délai ci-dessus à lui accordé*] Tant pour l'assignation que pour la présentation. Les délais portés en cet article sont les mêmes pour les Cours (Voyez *infrà*, tit. 11, art. 3 & 4.)

Le Défendeur peut constituer Procureur, & se présenter après la huitaine, quoique les délais soient échus & bien par delà, tant que le Demandeur ne prend & ne lève point son défaut. (Voyez la note 4 ci-après.)

Il faut aussi observer, que si l'assignation avoit été donnée à un plus court délai que celui fixé par l'Ordonnance, il suffiroit pour faire courir cette huitaine, d'attendre l'échéance du délai fixé par l'Ordonnance, & qu'un défaut sur une assignation de cette espece, levé après ce délai expiré, seroit bien obtenu. (Ainsi jugé par Arrêt du Parlement du 12 Mai 1707; autre Arrêt du 5 Août 1666, R. par Basset, tome 1, page 156.)

3. *Ne met Procureur.*] Voyez la note 3, sur l'article 1 de ce titre, page 167.

4. *Le Demandeur prendra son défaut.*] Si avant le Jugement des défauts, le Défendeur constitue Procureur, & fournit ses défenses avec

copie des pieces justificatives, les Parties doivent se pourvoir à l'Audience sans donner défaut; mais les dépens du défaut sont acquis au Demandeur. (Voyez *infrà*, titre 11, art. 6.) Si le Défendeur constitue seulement Procureur sans fournir de défenses, alors le Demandeur peut poursuivre le Jugement de son défaut, sans attendre davantage. (Voyez *ibid.* tit. 11, article 6.)

Il en est de même à l'égard du Demandeur : il peut toujours se présenter, tant que le Défendeur n'a pas fait juger le congé contre lui.

5. *Au Greffe.*] C'est-à-dire, au Greffe des Présentations.

6. *Et si après avoir mis Procureur, il ne baille copie de ses défenses & pieces.*] Dans ce même délai de huitaine. Voyez *infrà*, titre 11, art. 4, qui renferme une pareille disposition pour les Cours. Ces deux articles different néanmoins en ce que dans le présent article, le défaut peut être pris après la huitaine, au lieu que dans les Cours, il ne peut être pris qu'après la quinzaine, suivant le même art. 4 du tit. 11.

Si le Défendeur après avoir nommé Procureur & fourni ses défenses, ou le Demandeur après s'être présenté, ne comparoissoient pas à l'Audience pour plaider, il faudra observer ce qui est porté ci-après en l'art. 4 du tit. 14.

7. *Le Demandeur prendra défaut en l'Audience.*] Dans les Cours, ce défaut se prend au Greffe. (*Infrà*, tit. 11, art. 4.)

8. *Sans autre acte ni sommation préalable.*] Ainsi pour obtenir un défaut faute de défendre, il n'est pas besoin *d'avenir*, aux termes de l'Ordonnance.

9. *Sera jugé sur le champ.*] C'est-à-dire, sommairement, après les délais requis en l'article 5 du titre 3. Voyez ci-après, titre 14, article 4.

10. *Les conclusions adjugées au Demandeur, &c.*] Voyez ci-après l'art. 5 du tit. 11, qui renferme une semblable disposition.

11. *Si la demande se trouve juste & bien vérifiée*] C'est-à-dire, vérifiée par la lecture qui sera faite de l'Exploit & des pieces. (Voyez le Procès verbal de l'Ordonnance, art. 4, pag. 36.)

Si la demande n'est pas suffisamment justifiée, & que la matiere y soit disposée, le Juge permet au Demandeur d'en faire la preuve par Témoins ou autrement (Voyez le Procès-verbal de l'Ordonnance, *ibidem.*)

Si la cause est du nombre de celles qui sont sujettes à communication au Parquet, c'est à-dire, s'il s'agit d'une matiere dans laquelle l'Eglise, le Roi, le Public, ou quelque Mineur qui n'ait point de Tuteur, soit intéressé, l'Avocat du Roi ou Fiscal, ou le promoteur, y doivent donner leurs conclusions. (Voyez *infrà*, titre 35, article 34.)

Si le Mineur a un Tuteur, cette communication n'est pas nécessaire.

Telle est la Loi générale qus M. Joly de Fleury le pere, ancien Procureur-Général, regardoit comme une maxime constante, ainsi que je l'ai vû par quelques unes de ses Lettres & Mémoires qui sont entre mes mains; maxime qui peut aussi se tirer de l'article 36 du titre des Requêtes civiles du projet de l'Ordonnance de 1667, comparé avec l'article 35 de la même Ordonnance, où l'on voit que le moyen de Requête civile, établi par le projet pour défaut de communication aux Gens du Roi, à l'égard des causes où il y a des Mineurs intéressés, a été retranché lors de la rédaction de cet article. Néanmoins il y a plusieurs Parlements où cette communication au Parquet des Causes où des Mineurs ont intérêt, est regardée comme nécessaire. On trouve en effet dans le Recueil d'Arrêts de Réglement du Parlement de Provence, de M. Grimaldi de Regusse, imprimé à Aix en 1744 *in* 4°, un Arrêt du 16 Juin 1741, qui fait défenses de procéder au Jugement des Causes qui intéressent les Pupilles, sans communication aux Gens du Roi. Autres Arrêts du Parlement de Bretagne des 19 Juillet 1636, 28 Novembre 1644 & 2 Décembre 1717, rapportés au Journal des Audiences du Parlement de Bretagne, imprimé à Rennes en 1737, tom. 1, ch. 44. Voyez aussi le Recueil des Arrêts du Parlement de Dijon par Perrier, avec les observations de Raviot, imprimé à Dijon en 1735, tom. 2, pag 253, où cette question est traitée assez au long. On trouve même quelques Arrêts rendus au Parlement de Paris qui ordonnent que les Causes où les Mineurs ont interêt seront communiquées aux Gens du Roi.

Lorsqu'il y a plusieurs Parties assignées à pareils ou differents délais, le Demandeur ne pourra prendre un défaut contre aucunes desdites Parties, qu'après l'échéance de toutes les assignations, & l'expiration du tems prescrit pour lever le défaut. (Réglement du Conseil du 28 Juin 1738, partie 2, titre 2, article 2.) Il semble cependant que pour que cela ait lieu, il faut que le Demandeur ait donné au Défendeur copie de l'Exploit donné aux autres Parties assignées. (Argument tiré de ce qui est dit en l'article 5 du Conseil qu'on vient de citer, partie 2, titre 1, article 8)

Si avant les délais échûs, une des Parties assignées donne ses défenses ou anticipe, pour sçavoir ce qui doit alors s'observer, voyez *infrà*, titre 14, article 1.

Lorsqu'il y a plusieurs Parties assignées, dont quelques-unes font défaut, & les autres comparoiſſent, le défaut contre les défaillants ſe joint au fond, & ſe juge en jugeant le Principal avec les Parties comparantes.

Le même Réglement du Conſeil du 28 Juin 1738, qu'on vient de citer, partie 2, titre 2, article 3, porte que le Demandeur qui voudra lever un défaut, ſera tenu d'y comprendre toutes les Parties aſſignées qui n'auront pas comparu; faute de quoi, celles deſdites Parties qui ſe feront préſentées, pourront obtenir permiſſion de lever ce défaut aux frais du Demandeur, & ſauf à être prononcé contre lui ou contre ſon Avocat (car les Avocats au Conſeil y font auſſi la fonction de Procureurs) telle condamnation de dommages & intérêts qu'il appartiendra.

Tout ce qui eſt dit dans cet article 3, du préſent titre de l'Ordonnance ne concerne que les défauts obtenus contre le Défendeur; mais voici ce qui s'obſerve, lorſque le Demandeur reſte dans l'inaction.

Quand ce Demandeur ne ſe préſente point dans la huitaine ou quinzaine portée par l'Ordonnance, (titre 4, article 1, ci-deſſus, pag. 161.) le Défendeur peut prendre ſon défaut au Greffe des Préſentations, & le donner à juger huitaine après ſans autre acte ni ſommation; & pour le profit, on donne au Défendeur congé de la demande contre lui intentée avec dépens, ſans entrer alors dans l'examen ſi la demande eſt juſte & vérifiée ou non.

On peut ſe pourvoir contre les défauts ou congés obtenus, en formant oppoſition dans la huitaine de la Sentence ou Arrêt qui adjuge le profit de ce défaut ou congé. (Voyez ce qui eſt dit à ce ſujet *infrà*, titre 14, article 4, aux notes.)

Mais il faut obſerver que celui qui forme ainſi oppoſition ne doit point être écouté dans les remontrances qu'il pourroit faire pour faire remettre la plaidoierie de la cause ; parce que c'est une maxime reçue dans tous les Tribunaux, que tout opposant doit être prêt. A l'égard du Défendeur a l'opposition, il peut demander un délai, soit pour rapporterr des pieces servant à sa défense, soit pour quelque autre cause légitime.

Lorsque ni l'une ni l'autre des Parties, tant le Demandeur que le Défendeur, ne comparoissent après les délais échûs, la Cause est continuée de droit, & la Partie la plus diligente pourra ensuite poursuivre l'autre sur un nouvel *avenir*, c'est-à-dire, sur un simple acte ou avertissement pour venir plaider.

Si les deux Parties comparoissent, il faut observer ce qui est dit ci-après tit. 14, art. 1, & suivants.

Article IV.

Si toutefois l'Exploit d'assignation contient plus de trois chefs de demandes, le profit du défaut pourra estre jugé *sur pièces vûes, & mises sur le Bureau* (1), *sans qu'en ce cas les Juges puissent prendre aucunes épices* (2).

1. *Sur pieces vûes & mises sur le Bureau.*] Voyez *infrà*, tit. 6, art 3, note 5. Dans l'usage, on adjuge le plus souvent le profit de ces défauts à l'Audience, & sans examen, à cause de l'opposition qui peut y être formée dans la huitaine ; mais c'est un abus.

2. *Sans qu'en ce cas les Juges puissent prendre aucunes épices.*] Voyez *infrà* l'article 5 du titre 11, qui renferme une pareille disposition,

& défend en aucun cas de prendre des épices pour le Jugement de ces défauts.

Par un Edit du mois de Mars 1691, portant création dans tous les Sieges Royaux d'Offices de Conseillers Rapporteurs & vérificateurs des défauts faute de comparoître & de défendre, réunis depuis au corps des Officiers de chaque Siege par une Déclaration du Roi du 7 Août de la même année, il avoit été dérogé à cet article, & permis aux Officiers qui avoient réuni ces Offices, de prendre des droits & vacations pour chaque défaut faute de comparoître & de défendre en toutes affaires; mais par un autre Edit du mois d'Août 1716, ces Offices & ces droits ont été supprimés, & les choses remises dans le même état où elles étoient établies par la présente Ordonnance.

ARTICLE V.

Dans les défenses (1) seront employées *les fins de non recevoir* (2), *nullité des Exploits* (3), *ou autres exceptions péremptoires* (4), si aucunes y a, *pour y estre préalablement fait droit* (5).

1. *Dans les défenses.*] Voyez ci-dessus, art. 1. note 4, page 167.

2. *Les fins de non-recevoir.*] Voyez *ibidem.*

3. *Nullité des Exploits.*] Ces nullités se couvrent par les défenses de la Partie assignée. (Voyez la note 5, sur l'article 1 du titre 2, page 117.)

Lorsqu'un Demandeur s'apperçoit qu'il y a des nullités dans l'assignation qu'il a donnée, ou qu'elle est mal libellée, il peut la révoquer en le faisant signifier aux Parties assignées, & leur

leur en donner une autre, pour laquelle il faudra qu'il obſerve les délais ordinaires, comme ſi la premiere aſſignation n'avoit pas été donnée : car une Partie peut toujours d'elle-même, & ſans décret du Juge, remédier aux nullités, & corriger les erreurs d'un Exploit, & elle en eſt quitte alors en payant tous les dépens faits ſur la premiere demande. (*L. edita* 3. *Cod. de edendo. L. eum qui temerè* 79. *ff. de judiciis. L. qui ſolidum* 78. §. 2. *ff. de legatis* 1. Voyez auſſi Mornac ſur la *L.* 4. §. *ult. ff. de noxal. action.*) Il n'y a que l'action de retrait lignager qu'il n'eſt pas permis de rectifier par une nouvelle demande. (Mornac *ibidem.*) Et il a été ainſi jugé par Arrêt du 31 Mars 1609.

Si la Partie s'étoit trompée dans les concluſions de l'Exploit, quoique revêtue de toutes ſes formes, elle peut auſſi corriger ou changer ſes concluſions ; (§. *ſi quid aliud* 35. *Inſtitut. de actionibus.*) avec cette différence ſeulement qu'elle ne peut les changer entièrement lorſque la Cauſe a été conteſtée, à moins que cette Partie ne prouve que la litiſconteſtation ſur cette demande n'a point été ſuivie par la faute de ſon Procureur. Mais s'il ne s'agiſſoit que d'ajouter ou de diminuer aux concluſions de la demande, cela peut ſe faire en tout état de Cauſe. (Voyez Vinnius en ſes Obſervations ſur ce §. des Inſtituts, note 1 & ſuivantes.)

4. *Ou autres exceptions péremptoires.*] Voyez l'explication de ces mots en la note 4, ſur l'art. 1 de ce titre, pag. 60.

Si la Partie aſſignée prétendoit n'être pas aſſignée devant un Juge compétent, il faudroit avant tout qu'elle déclinât la Juriſdiction ; & ſi cette Partie quoiqu'aſſignée devant un Juge compétent, étoit privilégiée, & vouloit uſer de ſon droit, il faudroit qu'elle demandât ſon renvoi devant le Juge de ſon privilege ; ce qui dans l'un & l'autre cas doit être fait avant conteſtation en Cauſe. (Voyez *Infrà*, titre 6, article 3, note 3, pag. 187.)

L'incompétence abſolue du Juge peut toujours être alléguée, *in quâcumque parte litis*, parce qu'il n'eſt pas au pouvoir d'une Partie d'accorder un droit à celui qui ne l'a point (*Leg. Privatorum. Cod. de Jurisdict. judicum.*)

5. *Pour y être préalablement fait droit.*] C'eſt-à-dire, pour être jugées avant les moyens du fond : car ſi la Partie aſſignée eſt bien fondée dans ſes exceptions, il eſt inutile d'entrer dans les moyens du fond.

Lorſque les exceptions péremptoires ſont mal fondées, les Juges peuvent paſſer outre à l'inſtruction & Jugement du principal, ſauf à ajouter dans le prononcé du Jugement définitif, *ſans avoir égard à telle ou telle exception.*

Mais quoique les fins de non-recevoir empêchent la conteſtation au principal, néanmoins elles ne l'empêchent pas ſur l'exception propoſée, il faut inſtruire avant tout ſur cette exception, ſi elle n'eſt pas ſuffiſamment juſtifiée. Par exemple, ſi l'on oppoſe la preſcription, & qu'elle ſoit déniée par l'autre Partie, il faut néceſſairement entrer dans cette preuve ; & il en eſt de même des autres fins de non-recevoir (Voyez *infrà* titre 20, article 1, Voyez auſſi Theveneau ſur les Ordonnances, livre 3, tit. 4, article 4.)

On peut même quelquefois réſerver les fins de non-recevoir en paſſant au principal, & ordonner que le Défendeur défendra à toutes fins ce qui arrive dans le cas où les Parties ne conviendroient pas que la fin de non-recevoir oppoſée fût pour le même fait, & où cette conteſtation ne pourroit être prouvée promptement,

& sans une longue discussion. Car autrement il faudroit faire une premiere enquête avant que la Cause fût contestée, pour prouver que la chose seroit la même ; & ensuite en faire une seconde pour prouver la fin de non recevoir, *v. g.* la prescription ou autre. (Voyez Theveneau, *ibidem.*)

Il en seroit de même, si la fin de non recevoir résultoit d'un écrit, *v. g.* d'une Transaction opposée : car si la Partie ne produit cette Transaction dans ses défenses, le Juge peut ordonner qu'il sera passé outre au principal, sans préjudice de cette Transaction.

TITRE VI.

Des Fins de non-procéder.

ARTICLE PREMIER.

DEFENDONS à tous nos Juges, comme aussi aux Juges Ecclésiastiques, & des Seigneurs, de retenir *aucune Cause, Instance ou Procès* (1), *dont la connoissance ne leur appartient* (2) *: mais leur enjoignons de renvoyer les Parties* (3) pardevant les Juges qui doivent en connoître, *ou d'ordonner qu'elles se pourvoiront* (4), à peine de nullité des Jugements; *& en cas de contravention, pourront les Juges estre intimez, & pris à partie* (5).

Les fins de non-procéder renferment, 1°. les exceptions déclinatoires, 2°. les appels de déni de renvoi ou d'incompétence, 3°. les folles intimations, 4°. les désertions d'appel.

1. *Aucune Cause, Instance ou Procès*] *Cause*, ne s'entend que des Causes verbales, c'est-à-dire, de celles qui s'instruisent & se plaident à l'Audience. (*Infrà*, titre 11. art. 8 & 9. & titre 14, article 1 & suivants. Voyez aussi le Procès-verbal de l'Ordonnance, page 121.)

Instance, est la procédure qui se fait dans les Causes appointées en premiere Instance, ou sur un Appel verbal. (Voyez *Infrà*, titre 15, article 17.) Mais ce mot s'entend aussi de la poursuite qui se fait dans les affaires d'Audience. (*Infrà*, titre 17, article 17.) Celle qui se fait dans les Procès appointés retient le nom de *Procès*.

Procès, se dit, à proprement parler, des affaires appointées sur l'appel des Sentences rendues en Procès par écrit. (*Infrà*, titre 11, article 15 & suivants.) Mais il se dit aussi en général de toutes Causes appointées. (*Infrà*, tit. 14, art. 11 & 12.)

2. *Dont la connoissance ne leur appartient.*] Les Juges Royaux, dans le cas même où ils sont Juges d'appel, sont compétents pour connoître en premiere instance des Causes entre les Justiciables des Seigneurs de leur ressort, même des Pairies, tant que la cause n'est point revendiquée par le Seigneur, & quand même ces Justiciables demanderoient leur renvoi devant leur Juge. (Voyez la Déclaration du mois de Juin 1559, art. 1, & celle du 17 Mai 1674; toutes les deux rendues en interprétation de l'Edit de Cremieu.) Ainsi la défense portée en cet article ne regarde point en ce sens les Juges Royaux : car il n'est pas vrai de dire que la connoissance de ces

Causes ne leur appartient point. (Voyez Bacquet des Droits de Justice, chap. 9 & suivants.)

Mais cette défense regarde proprement les Juges qui retiendroient des Causes dont la connoissance ne leur appartient point *ratione materiæ* : comme si un Prévôt ou Bailli vouloit connoître d'une matiere qui est de la compétence des Elections, Eaux & Forêts, &c. Et ce, quand même les Parties consentiroient de procéder devant lui ; parcequ'il n'est pas au pouvoir des Parties de donner Jurisdiction à celui qui n'en a point. (*L. privatorum 3. Cod. de Jurisdict. omnium Judic.*)

Au reste, cette défense regarde non-seulement les Juges de premiere instance, mais encore ceux d'appel, dans le cas où ils voudroient connoître d'une appellation qui doit être portée devant un autre Juge ; *v. g.* si on recevoit au Bailliage d'Orléans l'appel d'une Sentence rendue par le Bailli de la Ferté en matiere d'Eaux & Forêts, dont les appellations doivent se porter à la Table de Marbre de Paris, quoique d'ailleurs les appels de ce Bailli dans les cas ordinaires se portent au Bailliage d'Orléans.

Les Juges ordinaires peuvent connoître des Causes qui sont de leur compétence, même entre personnes qui ne sont pas leurs Justiciables, si ces personnes y consentent. (*L. 1. ff. de Judiciis. L. 28. ff. ad municipalem L. 1. Cod de Jurisdict. omnium Judic.* Edit de Cremieu, art. 14.) Mais cela n'empêche pas que la Cause ne puisse être revendiquée par le Juge qui est naturellement compétent pour en connoître.

3. *Mais leur enjoignons de renvoyer les Parties.*] Ce renvoi doit être fait d'office par le Juge, dans le cas même où les Parties consentiroient de procéder devant lui, si d'ailleurs il étoit incompétent pour en connoître par la na-

ture de l'affaire. (Voyez la note précédente, & l'art. 8 du tit. 8, ci-après.)

4. *Ou d'ordonner qu'elles se pourvoiront.*] On se sert de cette derniere maniere de prononcer, lorsque le Juge devant lequel on renvoie est égal ou supérieur ; mais s'il est inférieur, on se sert du terme de *renvoi*.

Quand on renvoie d'une Jurisdiction dans une autre, même du ressort de la premiere, il faut une nouvelle assignation, de nouveaux délais, & un nouveau droit de présentation. Il en est autrement quand on renvoie du Présidial au Bailliage de la même Ville, *aut vice versâ ;* parceque c'est à proprement parler le même Tribunal.

5. *Et en cas de contravention, pourront les Juges être intimés, & pris à partie.*] Cette prise à partie ne doit avoir lieu contre les Juges, que dans le cas où il paroît par l'évidence du fait, que la Cause par eux retenue ne leur appartient point ; comme si les Elus retenoient une matiere Bénéficiale. C'est ainsi que s'en explique M. Pussort dans le Procès-verbal sur l'Ordonnance, pag. 76. (Voyez sur ces prises à partie le titre 25, ci-après.)

Article II.

Défendons aussi *à tous Juges* (1), sous les mesmes peines, & de nullité des Jugemens qui interviendront, *d'évoquer les Causes, Instances & Procès* (2) pendans aux Siéges inférieurs, ou autres Jurisdictions, sous prétexte d'appel ou connexité, si ce n'est *pour juger definitivement en l'Audience, & sur le champ par un seul & mesme Jugement* (3).

1. *A tous Juges.*] Même aux Cours. (Ordonnance de Blois, article 179.)

2. *D'évoquer les Causes, Instances & Procès.*] Cette défense a lieu dans le cas même où les Parties consentiroient l'évocation de la cause principale, parcequ'il ne dépend pas des Parties de dépouiller les Juges inférieurs de leurs Jurisdictions. Cependant Robert Maranta est d'un sentiment contraire dans son Livre intitulé, *Speculum aureum de ordine Judiciorum, part. 4, dist. 6, tit. de prorogatione Jurisdictionis*, où il dit que ces sortes d'évocations peuvent avoir lieu toutes les fois que les Parties pourroient plaider en premiere instance devant le Juge qui évoque. Il en seroit autrement, si le Juge dont on a évoqué s'opposoit à cette évocation, & demandoit le renvoi de la Cause pardevant lui, à moins que le Juge qui a évoqué ne jugeât ce principal à l'Audience, & sur le champ, comme il est dit en la fin de cet article.

Par l'article 23 de l'Edit de Cremieu, il étoit dit, qu'au cas que les Baillis & Sénéchaux prononçassent du mal jugé des appointements rendus par les Juges inférieurs de leur ressort, ils retiendroient la connoissance du principal; mais l'art. 17 de la Déclaration du mois de Juin 1559. rendue en interprétation de cet Edit, a changé cette disposition. Cet article porte : » Que les » Baillis seront tenus en cas de mal jugé, de ren- » voyer l'affaire dont aura été appellé, pour y » être procédé devant un autre Juge que celui » qui a rendu la Sentence dont est appel, & qu'en » cas de bien jugé, ils renverront purement & » simplement. (*Idem*, par l'art. 148 de l'Ordonnance de Blois.)

L'Edit d'ampliation des Présidiaux du mois de Mars 1551 renferme une pareille disposition. Il porte : » Que les Présidiaux seront tenus de ren-

» voyer devant le Juge *à quo*, s'ils prononcent » du bien jugé, sinon devant autre que celui qui » a rendu l'appointement, sans pouvoir retenir pardevant eux. La même défense est portée pour les Cours par l'art 179 de l'Ordon. de Blois.

3. *Pour juger définitivement en l'Audience, &c.*] Sans aucune instruction ni autre procédure; ce qui n'exclut pas de pouvoir mettre ces sortes de Causes sur le Bureau pour y être jugées sans épices. Voyez l'Ordonnance de 1670, titre 26, article 5.

ARTICLE III.

Enjoignons à tous Juges, sous les mesmes peines, de juger *sommairement à l'Audience* (1) *les renvois, incompétences & déclinatoires* (2) *qui seront requis & proposez* (3) *sous prétexte de litispendance* (4), connexité ou autrement, sans appointer les Parties, *lors mesme qu'il en sera délibéré sur le registre* (5), *ni réserver & joindre au principal* (6), pour y estre préalablement ou autrement fait droit.

1. *Sommairement à l'Audience.*] Ou sur délibéré, sans épices.

On doit juger sur le champ les déclinatoires & renvois, quand les Parties sont d'accord sur la Jurisdiction où la chose contentieuse est située, ou bien dans laquelle la Partie assignée est demeurante; mais si cette situation, ou si le domicile du Défendeur sont contestés, alors le Juge, avant de faire droit sur le renvoi requis, doit ordonner que les Parties feront preuve de cette situation ou de ce domicile dans un certain temps, tant par titres que par témoins.

2 *Les renvois, incompétences & déclinatoires.*] *Renvoi*, est lorsqu'une Partie assignée demande à être renvoyée devant un autre Juge, ou lorsque le Juge d'une Jurisdiction, autre que celle où la Cause est portée, requiert qu'elle soit renvoyée pardevant lui.

Incompétence, est lorsqu'une Partie assignée devant un Juge prétend qu'il est incompétent pour en connoître.

Déclinatoire, a lieu quand l'Ajourné décline la Jurisdiction du Juge devant lequel il est assigné, sous prétexte qu'il n'est pas son Justiciable, ou autrement, sans demander son renvoi devant un autre Juge.

3. *Qui seront requis & proposés.*] Quand même le Juge seroit compétent pour en connoître *ratione materiæ*, si la Partie assignée n'est pas Justiciable de ce Juge, ou si en étant Justiciable, elle avoit ses Causes commises devant un autre Tribunal.

Mais la Partie qui demande son renvoi, doit toujours le demander avant contestation en cause, parcequ'en procédant volontairement devant le Juge, elle se soumet à sa Jurisdiction. (*Itá* Bacquet en son Traité des Droits de Justice, chapitre 8, n. 31, ce qui est conforme à la Loi *Nemo post litem contestatam* 4, *Cod. de Jurisdict. omnium Judic.* à quoi il faut joindre la Loi *Sed & si susceperit* 52, *ff. de Judiciis*, & la Loi 13. *Cod. de exception.* Voy. aussi l'art. 1 du tit des *Committimus* de l'Ordon. du mois d'Août 1669, qui en a une disposition précise à l'égard des Privilégiés.)

La contestation en cause se fait par le premier Réglement, Appointement ou Jugement qui intervient après les défenses fournies. (*Infrà*, tit. 14, art. 13.

Ainſi lorſqu'un Défendeur a demandé à mettre ſes garants en cauſe, c'eſt comme s'il avoit conteſté : car par-là il a reconnu la Juriſdiction. Ce qui a pareillement lieu dans le cas où ſur l'aſſignation à lui donnée, il auroit tout d'un coup aſſigné ſes garants devant le même Juge.

Mais celui qui eſt condamné par défaut ſans avoir fourni de défenſes, n'eſt pas cenſé avoir reconnu la Juriſdiction ; ce qui eſt une ſuite de la définition de la conteſtation en cauſe établie par l'Ordonnance en l'article ci-deſſus cité : ainſi cette partie peut demander ſon renvoi en comparoiſſant en tout état de cauſe, même ſur l'appel.

Il y a même un cas, où le Défendeur peut demander ſon renvoi après conteſtation en cauſe ; c'eſt lorſqu'il a reconnu par erreur la Juriſdiction. (*L.* 15, *ff. de Juriſdict.*)

Une Partie aſſignée ne peut demander ſon renvoi, qu'après s'être préſentée ; & il eſt mieux de le demander d'abord par un acte ſignifié, que de le demander ſeulement à l'Audience, afin de conſtater le déclinatoire par un acte juridique.

Lorſque le renvoi eſt requis par le Juge qui prétend être en droit de connoître de la Cauſe, (ce qu'on appelle plus ſouvent *revendication*,) il peut être requis en tout état de cauſe ; ce qui a lieu, même dans le cas où la Partie aſſignée conſentiroit de plaider en la Juriſdiction où la demande auroit été donnée ; parce qu'il ne doit pas dépendre des Parties de changer l'ordre des Juriſdictions qui eſt de droit public. Ainſi ſi la demande eſt perſonnelle, le Seigneur en la Juriſdiction duquel le Défendeur eſt demeurant, peut revendiquer la Cauſe ; & ſi c'eſt une matiere réelle, cette revendication pourra être faite par le Juge du lieu où l'héritage eſt ſitué, ſi la demande a été donnée devant un autre Juge que celui du domicile de l'aſſigné, quand même la Cauſe ſeroit conteſtée, pourvu que ce ſoit avant la Sentence définitive. (Imbert en ſes inſtitutions, liv. 1, chap. 22, n. 2.)

Et quand même le Seigneur ou ſon Procureur Fiſcal n'auroient pas demandé le renvoi de la Cauſe, ſi le Défendeur étoit Appellant du déni de renvoi, le Seigneur pourroit ſur l'appel au Parlement intervenir, & demander que cette Cauſe lui fût renvoyée. (Imbert, *ibidem*, n. 6.)

Ces ſortes de renvois doivent être requis par les Seigneurs eux mêmes, (du moins dans le cas où il s'agit de demander le renvoi d'une cauſe portée devant un Juge Royal) ou par leur fondé de procuration ſpéciale, ou par leurs Procureurs Fiſcaux en leur nom, parce que les Seigneurs ne plaident ſous le nom de leurs Procureurs Fiſcaux que dans leurs Juſtices, & dans celles qui leur ſont inférieures.

Pour pouvoir demander ces renvois, il faut que le Seigneur intervienne dans la Cauſe; & il ne ſuffiroit pas de faire cette revendication par un acte ſignifié au Juge; parce que la Cauſe étant liée entre les autres parties, il faut néceſſairement que ce renvoi ſe faſſe avec elles.

4. *Sous prétexte de litiſpendance, &c.*] Cette exception de litiſpendance doit être propoſée avant conteſtation en Cauſe, parce qu'elle tend plutôt *ad inſtantiam perimendam, quàm ad actionem elidendam.* Il faut auſſi que la litiſpendance, pour donner lieu au renvoi, ſoit entre les mêmes perſonnes, pour la même choſe, & pour la même cauſe, & de plus qu'elle ſoit vérifiée par le rapport des actes & de la procédure. (Théveneau ſur les Ordonnances, liv. 3, tit. 5, art. 3.)

5. *Lors même qu'il en sera délibéré sur le registre.*] Ainsi on peut sur un déclinatoire ordonner qu'il en sera délibéré sur le registre. Voyez *Infrà*, tit. 17, art. 10.

Le Délibéré sur le registre a lieu, lorsqu'après la plaidoirie des Avocats ou des Procureurs, l'affaire paroît de trop longue discussion pour pouvoir être jugée à l'Audience; auquel cas, ou pour autres considérations, les Juges font remettre par les Avocats ou Procureurs leurs pieces sur le Bureau, pour en être délibéré sur le registre, sans mémoires ni écritures; le Greffier reçoit les pieces & les présente aux Juges, & l'un d'eux s'en charge. On en délibere ensuite, si le tems le permet, à l'issue de l'Audience, ou du moins le lendemain, ou autre jour le plus prochain; & le Jugement se prononce à l'Audience par celui qui a présidé au rapport du Délibéré. On appelle dans quelques endroits ces sortes de Délibérés, *Délibérés sur le Bureau.* (Voyez le Procès-verbal de l'Ordonnance, page 53.)

Ces Délibérés sont de véritables Jugements d'Audience, & ils sont écrits sur le registre & visés de celui qui a présidé au Délibéré. Les Juges ne peuvent prendre aucunes épices pour ces Délibérés.

L'article 25 de l'Arrêt du Conseil du 18 Juillet 1677, servant de Réglement entre les Officiers du Présidial de Tours, porte : » Que tous » les Délibérés sur le registre qui seront ordonnés à l'Audience, seront jugés au rapport du » Lieutenant-Général, Particulier, Assesseurs, » & Conseillers qui auront assisté à l'Audience » où le Délibéré aura été prononcé, & que l'exécution du Jugement qui interviendra appartiendra à celui qui fera le rapport du Délibéré. »

Quand une affaire est mise sur le Bureau, il n'est pas permis d'y écrire ni de faire aucun mémoire, mais on peut produire de nouvelles Pieces.

Si dans une affaire ainsi mise sur le Bureau il intervient de nouvelles demandes incidentes, on peut convertir l'appointement sur le Bureau en appointement à mettre, & même en droit, suivant les circonstances.

6. *Ni réserver & joindre au principal*] On peut juger le fond sans prononcer sur le déclinatoire, quand le Demandeur en renvoi s'est désisté du déclinatoire, du moins tacitement. (*Ità* M. le Nain, Avocat-Général, dans un Arrrêt du 28 Novembre 1709, rapporté au Journal des Audiences, tom. 6.)

Quand les Juges prononcent sur un renvoi, ils doivent condamner aux dépens celui qui a mal-à-propos assigné devant eux; (*Infrà*, titre 31, article 1,) ce qui doit avoir lieu, du moins dans le cas où le Juge devant lequel cette assignation est donnée, seroit totalement incompétent pour connoître de l'affaire.

Tout ce qui a été fait avant le renvoi demandé, est valable, si ce n'est dans le cas où le Juge saisi de l'affaire n'auroit aucun caractere pour en connoître; comme si un Laïque en matiere personnelle ou réelle étoit assigné devant un Official, &c.

ARTICLE IV.

Les appellations de déni de renvoi, & d'incompétence (1), *seront incessamment vuidées* (2) *par l'avis de nos Avocats & Procureurs-Généraux* (3); *& les folles intimations* (4), *& désertions d'appel* (5), *par l'avis d'un ancien Avocat* (6) dont les

Avocats ou les Procureurs conviendront : & ceux qui succomberont, *seront condamnez aux dépens* (7), qui ne pourront estre modérez, mais seront taxez par les Procureurs des Parties *sur un simple mémoire, sans frais* (8) & sans nouveau voyage.

1. *Les appellations de déni de renvoi, & d'incompétence.*] Il y a une grande différence entre ces deux choses. L'*incompétence* a lieu dans le cas où le Juge a connu mal à propos d'une affaire qui n'étoit pas de sa compétence, quoiqu'on n'ait pas décliné sa Jurisdiction. Ainsi lorsque sans avoir demandé le renvoi au Juge, on est Appellant de sa Sentence, comme rendue par un Juge qui étoit incompétent, il y a *incompétence* sans *déni de renvoi.*

Au contraire, il y a *déni de renvoi* sans *incompétence*, si le Juge auquel on demande le renvoi, refuse de l'accorder, lorsqu'il est compétent pour connoître de la Cause.

On ne peut appeller comme de Juge incompétent que dans deux cas. 1°. Lorsque le Juge, étant absolument incompétent, a connu de l'affaire, & l'a jugée par défaut contre le Défendeur. 2°. Ou lorsque le Juge étant compétent *ratione materiæ*, a refusé le renvoi à la Partie qui appelle, quoiqu'elle ne fût pas son Justiciable. Mais si le Juge n'est pas incompétent par lui-même pour connoître de l'affaire, il paroît que la Partie assignée n'a d'autre parti à prendre, que de demander son renvoi au Juge devant lequel on l'assigne.

Dans tous les cas où le Jugement a été rendu contradictoirement au principal entre les Parties, c'est une mauvaise procédure à l'une d'elles d'appeller comme de Juge incompétent; parce que ces Parties ayant reconnu volontairement la Jurisdiction, elles ne peuvent plus la regarder comme incompétente. (Voyez ci-dessus la note 2, sur l'art. 1, de ce tit. sur la fin de la note, pag. 182.) Il n'y a que les Officiaux dont on peut appeller comme d'abus, lorsqu'ils ont connu d'une affaire pour laquelle ils étoient incompétents, quand même les Parties auroient reconnu leur Jurisdiction; l'appellant en est seulement quitte dans ce cas pour payer les dépens de la procédure par lui volontairement faite devant le Juge d'Eglise. (Imbert, liv. 1, de ses Institutions, chap. 26, n. 1.)

Quand une Partie, qui a été jugée par défaut, veut appeller de la Sentence comme de Juge incompétent, elle doit avoir attention de ne pas qualifier son appel *tant comme Juge incompétent qu'autrement*; car dans ce cas, le Parlement est en droit de juger l'un & l'autre de ces appels. Il est vrai qu'on peut ensuite se restreindre à l'appel comme de Juge incompétent; mais alors cela occasionne des dépens en la Grand'Chambre, qu'il faut avoir attention d'éviter.

2. *Seront incessamment vuidées.*] L'effet des appels de deni de renvoi & d'incompétence, est d'empêcher le Juge dont est appel de passer aux Jugements du fond. (C'est la disposition de l'Ordonnance du mois de Mars 1498, art. 82 & 84, & de celle du mois d'Octobre 1535, chap. 16, art. 16. *Ità etiam* papon en son Recueil d'Arrêts, liv. 7, tit. 16, n. 9, aux additions.)

Mais dans le cas où l'Appellant ne se met pas en état de faire juger cet appel, le Juge à qui le renvoi a été demandé peut impartir un délai raisonnable & suffisant, pendant lequel ce Appellant sera tenu de le faire juger, sinon qu'il ſera fait droit au principal ; & après ce délai échû il pourra paſſer au Jugement du fond.

Il faut excepter de la régle qu'on vient d'établir les Juges Conſuls, qui dans les affaires de leur compétence peuvent juger nonobſtant tout déclinatoire, appel d'incompétence, renvoi requis & ſignifié, même en vertu de *Committimus*, ou autres Privileges, ſuivant l'Ordonnance du Commerce du mois de Mars 1673, tit. 12, art. 13.

Au ſurplus, ces ſortes d'appels n'empêchent pas tout ce qui eſt d'inſtruction, en ſorte que le Juge dont on appelle comme de Juge incompétent, peut malgré l'appel inſtruire le procès juſqu'au Jugement définitif excluſivement. Mais ſi par l'Arrêt rendu ſur le déclinatoire, le Juge eſt déclaré incompétent pour connoître de l'affaire, toute cette inſtruction ſera déclarée nulle. (Ainſi jugé par Arrêt du 6 Février 1703, rapporté au Journal des Audiences, tom. 6.)

3. *Par l'avis de nos Avocats & Procureurs-Généraux.*] Car les appels de déni de renvoi ſe portent directement aux Cours, ainſi qu'il a été jugé par pluſieurs Arrêts. Il y en a une diſpoſition préciſe dans l'art. 21 du tit. 2, de l'Ordonnance du mois d'Août 1737, concernant les Evocations & Réglements de Juges. Voici les termes de cet article : » Voulons que l'appel de » toutes Sentences rendues ſur déclinatoires ſoit » porté immédiatement en nos Cours, chacune » en ſon reſſort. « Sur quoi il faut obſerver, que cet article ne dit pas indiſtinctement, que tous les appels d'incompétence ſeront portés nuement aux Cours de Parlement, mais ſeulement les appels de Sentences rendues ſur déclinatoires. D'où il ſemble réſulter que l'eſprit de l'Ordonnance eſt que le Défendeur comparoiſſe & demande ſon renvoi, pour pouvoir, en cas de refus, appeller

nuement en la Cour. (Voyez ce qui a été dit à ce sujet en la note 1 sur le présent article.)

Les Jurisdictions des Tables de Marbre connoissent des appels d'incompétence. Voyez la Conférence & l'Ordonnance des Eaux & Forêts, titre des Tables de Marbre & des appellations.

Lorsque la contestation sur le renvoi est pour raison de deux Justices ressortissantes en un même Bailliage, il paroît plus conforme à l'ordre des Jurisdictions de porter en ce Bailliage l'appel comme de Juge incompétent, & non directement en la Cour. (C'est ainsi que le pense Imbert en ses Institutions, liv. 1, chap. 23, n. 4, où il cite un Arrêt du 10 Avril 1521, qui l'a ainsi jugé.)

Les appellations de déni de renvoi & d'incompétence, qui se vuident par l'avis des Avocats & Procureurs Généraux, se vuident au Parquet, après avoir entendu les Avocats qui sont chargés de la défense des Parties. Cet avis se donne ou contradictoirement, ou par défaut. Lorsqu'il se donne par défaut, on peut former opposition à l'Arrêt qui intervient en conséquence, sur laquelle opposition l'Avocat-Général donne son avis.

Les différends qui peuvent survenir entre les Cour des Aides & celles des Parlemens pour raison de la compétence ou incompétence de Jurisdiction, se reglent de concert par les Avocats-Généraux de ces deux Cours. (Voyez l'Ordonnance du mois d'Août 1669, titre des Réglemens de Juges en matiere civile, article 12, & l'Ordonnance du mois d'Août 1737, tit. 2, art. 23.)

4. *Et les folles intimations.*] Ces folles intimations ont lieu, 1°. Lorsqu'une Partie, sur un appel, est intimée pardevant un autre Juge que celui où l'appel ressortit nuement & immédiate-

ment. (Voyez Theveneau ſur les Ordonnances, liv. 6, tit. 5, art. 3.) 2°. Lorſqu'une Partie qui n'étoit point en Cauſe devant le premier Juge, eſt intimée ſur l'appel.

5. *Et déſertions d'appel.*] Un appel eſt déſert, quand l'Appellant ne l'a point relevé dans les délais preſcrits, c'eſt-à-dire dans les trois mois, ſi l'appel eſt relevé au Parlement, auquel cas l'autre Partie peut le faire aſſigner pour voir prononcer cette déſertion. (Ordonnance de 1453, art. 15; Ordonnance de 1493, art. 59. Imbert, liv. 5, chap. 72, n. 1.)

Les appellations qui ſont interjettées aux Préſidiaux dans les deux cas de l'Edit, doivent être relevées dans ſix ſemaines après l'appel interjetté, & la Partie appellante eſt tenue d'appeller dans la huitaine après la ſignification de la Sentence à elle duement faite; & faute de ce faire, elle n'eſt plus recevable à appeller ſuivant la diſpoſition de l'Edit des Préſidiaux du mois de Mars 1551, art. 40. Mais cette derniere partie de l'art. (qui renferme l'obligation d'appeller dans la huitaine,) paroît avoir été révoquée par l'art. 17 du titre 27 de la préſente Ordonnance, qui porte : » Que les Sentences ne paſſeront en force » de choſe jugée qu'après dix ans.

A l'égard des appellations des Juges inférieurs, qui reſſortiſſent aux Bailliages & Sénéchauſſées, elles doivent y être relevées dans les quarante jours de l'appel interjetté. Ce terme de quarante jours n'eſt pas cependant pour toutes les Juriſdictions; il faut là deſſus ſuivre les Coutumes & les Réglements des différents Siéges. Au reſte il faut obſerver, que dans ces délais on ne compte, ni le jour de la ſignification, ni celui de l'échéance. (Voyez *ſuprà*, tit. 3, art. 6, p 160.)

L'Appellant qui n'a pas relevé ſon appel, a huitaine pour y renoncer, pendant laquelle il ne peut être anticipé. (Ordon. de 1453, art. 16.)

Mais il peut renoncer à son appel, même après la huitaine, jusqu'à ce qu'il soit anticipé. (Voy. Imbert, liv. 2, chap. 13, n. 12.)

L'assignation, pour voir déclarer un appel désert, se donne pardevant le Juge qui a rendu la Sentence dont est appel, lorsque cet appel n'est pas relevé ; & elle peut être donnée à domicile de Procureur. (Argument tiré de l'art. 6, titre 35 ci-après.)

Mais lorsque cet appel est relevé, cette assignation doit être donnée devant le Juge où ressortit l'appel. (Voyez Carondas en ses notes sur la pratique civile de Lizet, pag. 141 de l'édition de 1609. Voyez aussi l'Ordonnance de 1453, art. 15.)

Quoiqu'un appel ait été déclaré désert, cela n'empêche pas que l'Appellant ne puisse appeller de nouveau, s'il est encore dans le temps de pouvoir appeller, en refondant les dépens de cette désertion. (Ainsi jugé par Arrêt du 31 Mai 1672, rapporté au Journal du Palais, tome 1 de l'édit. *in-folio*.)

L'usage est de convertir les désertions d'appel en anticipations. L'Intimé prend des Lettres d'anticipation, qu'il fait signifier à l'Appellant, afin de procéder sur l'appel par lui interjetté.

Lorsque le Juge dont est appel a rendu une Sentence de désertion, qui a été suivie d'exécution de la premiere Sentence par saisie & vente d'effets, & que l'Appellant a fait ensuite signifier son relief d'appel, le Procureur de l'Intimé en faisant signifier son acte d'occuper, doit demander au nom de sa Partie, que l'Appellant soit condamné à payer les frais & mises d'exécutions faits en vertu de la Sentence, comme frais préjudiciaux, & en outre aux dépens de la demande, lesquels doivent être taxés par une seule

& même Déclaration en la maniere accoutumée. Tel est l'usage du Parlement.

On prétend que quand un appel a été déclaré désert, & que celui contre lequel cet appel a été déclaré désert, appelle de nouveau, la Sentence dont est appel doit alors être exécutée par provision. (Ainsi jugé par Arrêt du Parlement de Dijon, du 22 Mai 1686.)

6. *Par l'avis d'un ancien Avocat.*] C'est ce qu'on appelle *vuider à l'expédient.* (Voyez l'art. qui suit avec les notes.)

Il arrive assez souvent que des Causes, autres que celles dont il est parlé dans cet article, sont renvoyées devant des Avocats, & quelquefois même devant des Procureurs, pour être terminées par leur avis. Alors si l'Arrêt de renvoi porte que l'avis sera reçu par forme d'appointement, il est reçu, & devient un Arrêt, après avoir été préalablement communiqué à un des Avocats-Généraux, lorsque la Cause est sujette à communication. Mais s'il n'est pas dit que l'avis sera reçu par forme d'appointement, l'appel en est recevable, parceque dans ce second cas la Cour n'est pas censée avoir remis son pouvoir aux Arbitres comme dans le premier.

7. *Seront condamnés aux dépens.*] Quand même ils réussiroient au fond.

8. *Sur un simple mémoire sans frais.*] C'est-à-dire, sans observer la Procédure ordinaire pour faire taxer les dépens, établie ci-après, tit. 31, art. 4 & suivants, sans droits d'assistance de Procureurs, frais de déclaration, &c.

ARTICLE V.

Dans les Causes *qui se vuideront par expédient* (1) *la présence du Procureur ne ſera point néceſſaire* (2), lorſque les Avocats ſeront chargez des pieces.

1. *Qui ſe vuideront par expédient.*] Une Cauſe ſe vuide par expédient, lorſqu'elle ſe vuide hors Jugement par l'avis d'un ancien Avocat, dont les Avocats ou Procureurs des Parties conviennent; comme ſont les folles intimations & déſertions d'appel, dont il eſt parlé en l'article précédent : c'eſt un eſpece d'arbitrage ſommaire qui ſe fait ſans frais, & qu'il ſuffit enſuite de faire recevoir à l'Audience par forme d'appointé, ainſi qu'il eſt dit ci-après en l'article 8, ſauf à empêcher cette réception, s'il y a lieu de le faire. (Voyez la Déclaration du Roi du 15 Mars 1673, touchant les appointements des appellations, rapportée au nouveau Recueil, tome 1, pag. 326.)

L'article 5, de cette Déclaration veut » que la » réception des appointements aviſés & réſolus au » Parquet ou à l'expédient, ſoit ſeulement pour- » ſuivie aux Audiences des Mercredis & Same- » dis, & que pour cet effet les Placets ſoient » mis dans des Rôles en papier, qui ſeront faits » par M. le premier Préſident. La même Déclaration porte, » que les Avocats ou Procureurs » des Parties peuvent propoſer verbalement aux » Audiences publiques les appointements dont » ils ſont demeurés d'accord, & qu'ils ont » ſignés; mais qu'en cas de conteſtation, les » Parties ſeront renvoyées aux Audiences des » Mercredis & des Samedis, qui ſont à huis clos.

2. *La préſence du Procureur ne ſera point néceſſaire.*] Ce qui eſt une exception à l'article 4 du titre 14, ci-après. Ainſi il ne leur eſt rien dû pour leur préſence; & tel a été le motif de l'Ordonnance. (Voyez le Procès-verbal de l'Ordonnance ſur cet article, pag. 55.)

Article VI.

Les qualitez seront signifiées (1) avant d'aller à l'expédient, & les prononciations rédigées, & signées, aussi-tost qu'elles auront esté arrestées.

1. *Les qualités seront signifiées.*] Cette signification se fait par la Partie qui veut aller en avant. La Partie adverse peut s'opposer à ces qualités.

Touchant les Parties qui peuvent prendre en plaidant la qualité de Nobles, Voyez un Arrêt du Parlement du 3 Août 1663, R. au Journ. des Audienc. Soefve, tom. 2, cent. 2, ch. 80; & la Combe, en sa Jurisprudence civile, au mot *Qualités*, pag. 96.

Article VII.

En cas de refus de signer par l'Avocat de l'une des Parties, l'appointement sera reçeu, pourveu qu'il soit signé de l'Avocat de l'autre Partie, *& du tiers* (1), sans qu'il soit besoin de sommation, ni autre procédure.

2. *Et du tiers.*] C'est-à-dire, de l'ancien Avocat, qui a été choisi par les Avocats ou Procureurs des Parties. (Voyez ci-dessus, art. 4, pag. 191.)

Article VIII.

Les appointemens sur les appellations qui auront esté vuidées par l'avis d'un ancien Avocat, ou par celui de nos Avocats & Procureurs-Généraux, seront prononcez *& reçus en l'Audience* (1) sur la premiere sommation, *s'il n'y a cause légitime paur l'empescher* (2).

1. *Et reçus en l'Audience.*] Ces sortes d'appointements ou expédients se mettent quelquefois au Greffe, sans en demander la réception à l'Audience, lorsque les Parties y consentent; ce qui est néanmoins contraire à la disposition de l'art. 32 du tit. 11, ci-après.

2. *S'il n'y a cause légitime pour l'empêcher.*] Souvent les Juges renvoient des causes légeres ou qui concernent les affaires des pauvres, pardevant un ou deux Avocats, ou même devant d'autres personnes. Alors ce ne sont point des Sentences arbitrales que ces personnes rendent, mais leur avis est reçu seulement par forme d'appointement à-peu-près comme ceux des experts, sans qu'il puisse y être formé opposition. (Arrêt du 28 Février 1680, rapporté au Journal du Palais.)

Quelquefois même il se passe entre les Avocats & Procureurs, des expédients dont les Parties conviennent à l'amiable & qu'ils demandent aux Juges de vouloir bien passer: on en fait lecture à l'Audience, & si l'expédient est trouvé légitime, les Juges ordonnent qu'il passera. En conséquence le Greffier écrit sur le registre le Jugement, tel qu'il a été dressé & convenu par les avocats & Procureurs des Parties.

TITRE VII.

Des Délais pour délibérer.

ARTICLE PREMIER.

L'HÉRITIER (1) *aura trois mois depuis l'ouverture de la succession* (2) pour faire l'inventaire, & quarante jours pour délibérer : & si l'inventaire a esté fait avant les trois mois, le délai de quarante jours commencera du jour qu'il aura esté parachevé.

1. *L'Héritier.*] C'est-à-dire, l'Héritier présomptif. Si cet Héritier étoit Mineur, les délais courroient contre son Tuteur ou Curateur ; & s'il n'avoit point de Tuteur ou Curateur, il faudroit avant toutes choses lui en faire créer un.

2. *Aura trois mois depuis l'ouverture de la succession.*] Si ce délai de trois mois étoit expiré, l'Héritier n'auroit aucun délai pour faire inventaire ; & si outre ces trois mois pour faire inventaire, le délai de quarante jours étoit expiré, il n'auroit aucun délai pour délibérer. *Infrà*, art. 3.)

Si l'Héritier étoit assigné avant l'expiration de ce délai, il peut éloigner l'effet de la demande jusqu'à ce que ces délais soient échus. (*Infrà*, art. 3.)

Lorsque les délais sont expirés, l'Héritier présomptif n'est pas pour cela Héritier ; mais le Jugement

Jugement peut être rendu contre lui en cette qualité. L'article 326 de la Coutume de Bourbonnois porte que s'il est poursuivi par d'autres parents, il est aussi réputé avoir renoncé à leur égard ; mais que s'il a été jugé par contumace, il n'est réputé Héritier qu'au profit de ceux contre lesquels il a été déclaré tel. (Voyez Berault sur la Coutume de Normandie, art. 235.)

ARTICLE II.

Celui qui aura esté assigné comme Héritier en action nouvelle, ou en reprise, *n'aura aucun délai de délibérer* (1), si avant l'échéance de l'assignation il y a plus de quarante jours que l'inventaire ait esté fait en sa présence, ou de son Procureur, ou lui duement appellé.

1. *N'aura aucun délai de délibérer.*] Ces délais sont fatals ; & dès qu'une fois ils sont écoulés, l'Héritier ne peut obtenir d'autre délai, si ce n'est dans le cas de l'article 4 ci-après. Il peut néanmoins se procurer des délais, en appellant de la Sentence qui l'aura déclaré Héritier, faute d'avoir pris qualité : car en renonçant pendant les délais de l'appel, il fera infirmer la Sentence ; mais il sera condamné aux dépens jusqu'au jour de sa renonciation.

ARTICLE III.

Si au jour de l'échéance *de l'assignation* (1) les délais de trois mois pour faire inventaire, & quarante jours pour délibérer n'estoient expirez, il aura le reste du délai, *soit pour procéder à l'inventaire, soit pour faire sa déclaration* (2); & s'ils estoient expirez, encore que l'inventaire n'ait point esté fait, ne sera accordé aucun délai pour délibérer.

1. *De l'assignation*] C'est à-dire, de l'assignation donnée par un créancier, ou autre qui a des droits à exercer contre la succession.

2. *Soit pour procéder à l'inventaire, soit pour faire sa déclaration.*] Lorsque l'Héritier n'a pas fait l'inventaire dans les trois mois, il peut le faire dans les 40 jours accordés pour délibérer, pourvu qu'il fasse aussi sa déclaration dans le même temps.

ARTICLE IV.

S'il justifie néanmoins que l'inventaire n'ait pu estre fait dans les trois mois, *pour n'avoir eu connoissance du décès du défunt* (1), *ou à cause des oppositions & contestations survenues* (2), ou autrement, il lui sera accordé un délai convenable pour faire l'inventaire, & quarante jours pour délibérer; lequel délai sera réglé en l'audience, & sans que la Cause puisse estre appointée.

1. *Pour n'avoir eu connoissance du décès du défunt.*] Soit parcequ'il étoit absent, ou autrement.

2. *Ou à cause des oppositions & contestations survenues.*] C'est-à-dire, formées à la levée d'un Scellé & de la confection de l'inventaire.

ARTICLE V.

La veuve qui sera assignée en qualité de commune, aura les mêmes délais *pour faire inventaire, & deliberer* (1), que ceux accordez ci-dessus à l'Héritier, & sous les mêmes conditions.

1. *Pour faire inventaire & délibérer.*] Une veuve ne peut renoncer à la communauté de biens qui a été entre elle & son mari, qu'en faisant un bon & loyal inventaire, c'est-à-dire, en y appellant les Héritiers du mari (Coutume de Paris, art. 237; & d'Orléans, art. 204.

TITRE VIII.

Des Garants.

ARTICLE PREMIER.

LES garants, *tant en garantie formelle* (1), pour les matieres réelles, ou hypothécaires, *qu'en garantie simple pour toute autre matiere* (2), *seront assignez sans Commission ou Mandement du Juge* (3), *en quelque lieu qu'ils soient demeurants* (4); si ce n'est en nos Cours, & à l'égard des Juges en dernier ressort, pardevant lesquels l'assignation ne sera donnée qu'en vertu d'Arrest ou Commission.

1. *Tant en garantie formelle.*] La garantie formelle a lieu, lorſqu'un tiers Détenteur étant évincé par celui qui ſe prétend propriétaire d'un héritage, ou d'un droit réel, ou même d'une choſe mobiliaire, ou qui eſt aſſigné par un Créancier hypothécaire pour ſe voir condamner à abandonner la choſe dont ce tiers Détenteur eſt en poſſeſſion, agit en recours contre ſon Vendeur, ou contre celui qui lui a donné cette choſe en échange ou en paiement, pour l'indemniſer des condamnations qui pourroient intervenir contre ce tiers Détenteur, tant en principal que dépens.

Cette garantie a pareillement lieu dans le cas où le ceſſionnaire d'une dette avec garantie ayant pourſuivi le Débiteur de la dette, qui refuſeroit de la payer, ou qui ſeroit inſolvable, viendroit à aſſigner ſon garant, pour le faire contraindre à payer cette dette ou à l'indemniſer.

Mais la garantie formelle n'a jamais lieu qu'au profit de celui qui jouit de l'héritage à titre de Propriétaire ou d'Uſufruitier, & non au profit du ſimple fermier ou locataire; ainſi quand un locataire ou fermier eſt appellé en Juſtice par un tiers, qui conclut contre lui à ce qu'il ſoit condamné à délaiſſer l'héritage dont il jouit, il ſuffit au locataire ou fermier d'indiquer à ce tiers le nom de ſon Bailleur, afin qu'il ſe pourvoie contre lui. (Voyez Papon en ſes Arrêts, liv. 11, tit. 4, art. 18.)

2. *Qu'en garantie ſimple pour toute autre matiere.*] La garantie ſimple a lieu en toutes matieres perſonnelles entre pluſieurs co-obligés ſolidairement au paiement d'une dette. Dans ce cas, ſi l'un des co-obligés eſt aſſigné pour le paiement du total de cette dette, il a ſon recours contre ſes autres co-obligés, & peut agir contre eux pour le garantir, & l'acquitter cha-

cun pour leur part & portion, tant en principal que dépens.

3. *Seront aſſignés ſans commiſſion ou mandement du Juge.*] Ainſi c'eſt une Procédure inutile, & qui ne doit point paſſer en taxe, de préſenter à cet effet une Requête au Juge, & d'obtenir de lui une Ordonnance pour avoir permiſſion de mettre un garant en cauſe, & encore une plus inutile de demander à y être autoriſé en Juſtice par une Sentence. (Voyez ci deſſus art. 1, & ci-après tit. 10, art. 2, tit. 12, art. 5 & tit. 22, art. 5.)

4. *En quelque lieu qu'ils ſoient demeurants.*] C'eſt-à-dire, encore que ces garants euſſent leur domicile hors le reſſort des Juges devant leſquels ils ſeroient aſſignés, comme il eſt dit en l'art. 1, du tit. 2, ci-deſſus, & en l'art. 2, du tit. 10, ci après.

ARTICLE II.

Le délai pour faire appeller le garant, *ſera de huitaine du jour de la ſignification de l'Exploit du Demandeur originaire* (1), **& encore de tout le temps qui ſera néceſſaire pour appeller le garant, ſelon la diſtance du lieu de ſa demeure,** *à raiſon d'un jour pour dix lieues* (2), *& autant pour retirer l'Exploit* (3).

1. *Sera de huitaine du jour de la ſignification de l'Exploit du Demandeur originaire.*] Le même délai eſt accordé au premier garant, pour faire appeller le ſecond garant, & ainſi des autres. (Voyez *infrà*, art. 15.)

Lorſque le Défendeur originaire n'a pas fait aſſigner ſon garant dans la huitaine du jour de la signification de l'Exploit de la demande originaire, il n'est pas pour cela privé de sa garantie, & il peut toujours agir contre son garant; mais alors cela doit se faire par une instance séparée, & pardevant le Juge du domicile du garant, à moins que le Demandeur originaire ne consente que la demande en garantie soit jointe à la demande principale.

2. *A raison d'un jour pour dix lieues.*] Voyez ci-dessus, tit. 3, art. 3, note 3, p. 157.

3. *Et autant pour retirer l'Exploit.*] C'est-à-dire, & aussi à raison d'un jour pour dix lieues de distance pour se faire remettre l'Exploit par l'Huissier qui l'a posé. La raison est qu'alors on ne plaide point en la Jurisdiction du garant; ainsi il faut un double délai.

Article III.

Si néantmoins le Défendeur originaire est assigné en qualité d'héritier, & qu'il y ait lieu de lui donner délai pour délibérer, le délai de garant ne commencera que du jour que le délai pour délibérer *sera expiré* (1) : ce qui sera pareillement observé à l'égard des veuves qui seront assignées en qualité de communes.

1. *Sera expiré.*] Parceque ce n'est qu'après ce temps-là, que le Demandeur en garantie peut agir avec une qualité certaine contre le Défendeur.

Article IV.

L'Exploit en garantie sera libellé (1), contiendra sommairement les moyens du

Demandeur, avec la copie des pieces justificatives de la garantie de l'Exploit du Demandeur originaire, & *des pieces dont il aura donné copie* (2), & seront observées les autres formalitez ordonnées pour les ajournemens.

1. *L'Exploit en garantie sera libellé.*] Voyez la note 3 sur l'art. 1 du tit 2 ci-dessus, pag. 116.

2. *Et des pieces dont il aura donné copie.*] Voyez l'art. 6 du tit. 2 ci-dessus, pag. 155.

Article V.

Si le délai de l'assignation en garantie n'est écheu en mesme temps que celui de la demande originaire, *il ne sera pris aucun défaut contre le Défendeur originaire* (1), en donnant par lui au Demandeur copie de l'Exploit de la demande en garantie, & des pieces justificatives.

1. *Il ne sera pris aucun défaut contre le Défendeur originaire.*]. Jusqu'à ce que les délais de l'assignation en garantie soient expirés.

Article VI.

Si le Demandeur originaire soutient *qu'il n'y a lieu au délai pour appeller garant* (1), l'incident *sera jugé sommairement en l'Audience* (2).

1. *Qu'il n'y a lieu au délai pour appeller garant.*] Comme s'il s'agit d'une affaire provisoire.

2. *Sera jugé sommairement en l'Audience.*] Celui qui succombe dans cet incident, doit être condamné aux dépens. (Voyez le Procès-verbal de l'Ordonnance sur l'art. 5, pag. 88.)

Si le délai de la Garantie venoit à écheoir avant que cet incident eût été réglé, le Demandeur originaire pourroit prendre ses avantages contre le Défendeur, sans qu'il fût besoin de faire aucunes autres poursuites sur l'incident, dont les dépens seroient réservés au principal. (Voyez le Procès-verbal de l'Ordonnance, page 89.)

ARTICLE VII.

Il n'y aura point d'autre délai d'amener garant en quelque matiere que ce soit, sous prétexte de minorité, biens d'Eglise ou autre cause Privilégiée, *sauf après le Jugement de la demande principale, à poursuivre les garants* (1).

1. *Sauf après le Jugement de la demande principale, à poursuivre les garants.*] Par action principale sur cette garantie. La raison de cette disposition est pour ne pas retarder le Jugement de la Cause principale.

Quoique le Défendeur originaire ait perdu sa Cause contre le Demandeur, il ne s'en suit pas qu'il ait toujours son recours contre son garant pour raison de cette condamnation, qui n'a point été prononcée avec lui. Mais le garant peut faire juger tout de nouveau la question principale avec le Défendeur originaire, c'est-à-dire, avec celui qu'il a garanti. (Voyez Legrand, sur la Coutume de Troies, art. 87, où il explique au long cette Procédure.)

ARTICLE VIII.

Ceux qui seront assignez en garantie formelle, ou simple, seront tenus de procéder en la Jurisdiction où la demande originaire sera pendante, *encore qu'ils dénient estre garants* (1); *si ce n'est que le garant soit Privilégié* (2), *& qu'il demande son renvoi pardevant le Juge de son Privilége* (3). Mais s'il paroist par écrit, ou par l'évidence du fait, que la demande originaire n'ait esté formée que pour traduire le garant hors de sa Jurisdiction, *enjoignons aux Juges* (4) *de renvoyer* (5) la Cause pardevant ceux qui en doivent connoistre; & en cas de contravention, pourront les Juges estre intimez, & pris à partie en leur nom.

1. *Encore qu'ils dénient être garants.*] Par l'ancien droit du Royaume, lorsqu'une personne assignée en garantie dénioit être garant, il falloit l'assigner sur cette contestation devant son Juge. (Voyez Bacquet en son Traité des droits de Justice, chap. 8, n. 44, & Theveneau sur les Ordonnances, liv. 3, tit. 5, art 1.)

2. *Si ce n'est que le garant soit privilégié.*] Ces mots doivent s'entendre du garant même formel. (Voyez Theveneau sur les Ordonnances, liv. 3, tit. 5, art. 1 & 2; & Bacquet, des droits de Justice, chap. 8, n. 43.)

L'effet de ce privilége est seulement de faire renvoyer la demande en garantie devant le Juge du privilége, mais non la demande principale entre le Demandeur & le Défendeur originaire, qui doit rester devant le Juge qui en est saisi. Cependant Bacquet, en l'endroit qu'on vient de citer, chap. 8, n. 44, prétend que dans ce cas, le garant privilégié peut faire évoquer la demande originaire & principale; mais je penserois que cela ne doit avoir lieu que dans le cas où le Défendeur originaire demanderoit cette évocation, afin de ne pas avoir deux instances pour le même fait en deux Jurisdictions différentes; & que le Garant ne peut jamais par luimême demander cette évocation.

On cite contre cette opinion un Arrêt du Conseil du 26 Août 1669, R. par Bornier dans ses Arrêts rendus en interprétation des nouvelles Ordonnances en faveur des Religieuses de Portroyal; mais cet Arrêt ne prouve point la Question, & d'ailleurs il ne s'agissoit pas d'un simple Privilege, mais d'un droit de *Committimus* portant évocation de toutes les Causes devant les Juges du Privilege.

Il faut observer que le Garant privilégié ne peut demander le renvoi devant le Juge de son privilége, que lorsque le Juge de ce privilége n'est pas inférieur à celui devant lequel la demande originaire est intentée. Ainsi, si la demande étoit intentée originairement au Parlement, un Garant qui auroit ses causes commises aux Requêtes du Palais du même Parlement, ne pourroit demander son renvoi devant les Juges de son privilége, & il seroit tenu de procéder au Parlement.

Les Privilégiés sont tous ceux qui peuvent faire renvoyer leurs causes devant quelques Juges particuliers; comme sont ceux qui ont leurs causes commises au Grand-Conseil, aux Requêtes de l'Hôtel ou du Palais; ceux qui ont des

Lettres de Garde-Gardienne, ou qui jouissent du privilége de scolarité, &c.

Les Nobles sont aussi du nombre des Priviléгiés, & ils ont leurs causes commises en matiere personnelle devant les Baillis & Sénéchaux, à l'exclusion des Prévôts Royaux, mais non des Juges des Seigneurs. (Edit de Cremieu, art. 5.) C'est pourquoi si un Noble étoit assigné en garantie dans une instance pendante en une Prévôté, il seroit bien fondé à demander son renvoi au Bailliage Royal de son domicile.

Les Bourgeois de Paris ont aussi le privilége de ne pouvoir être contraints de plaider, en défendant en matiere civile, ailleurs que pardevant le Prévôt de Paris, suivant l'art. 112 de la Coutume de cette Ville; ainsi il a lieu dans le cas de garantie. (Voyez Bacquet, Traité des droits de Justice, chap. 8, n. 43.)

A l'égard des Ecclésiastiques garants, même garants simples, ils ne peuvent jamais demander leur renvoi devant leur Official (*Ità* Fevret en son Traité de l'abus, liv. 4, chap. 10, n. 5; & M. de Hericourt en ses Loix Ecclésiastiques, partie 1, chap. 19, n. 16; & il a été ainsi jugé par Arrêt du 18 Janv. 1675, rapporté par Boniface, tome 3, liv. 1, tit. 3, chap. 3.)

Si un Laïc étoit caution ou garant d'un Ecclésiastique assigné en l'Officialité pour le paiement d'une promesse, il ne pourroit être assigné en cette Jurisdiction sur cette demande en garantie. (Fevret *ibidem*, liv. 4, chap. 10, n. 7.) Mais il faudroit assigner le Laïc devant le Juge ordinaire de son domicile.

3. *Et qu'il demande son renvoi pardevant le Juge de son privilége.*] Car le Privilége n'a lieu que dans le cas où le Privilégié veut en jouir. (Voyez ce qui a été dit ci-dessus en la note 3 sur l'art. 19 du tit. 2, pag. 141.) Il ne peut pas non

plus en user, lorsqu'une fois il a contesté au fond pardevant le premier Juge. (Voyez la note 3, sur l'article 3 du tit. 6, pag. 78.)

4. *Enjoignons aux Juges.*] C'est à-dire, aux Juges saisis de la demande principale.

5. *De renvoyer.*] Même d'office, sans attendre qu'ils en soient requis par les Parties. (Voyez le Procès verbal de l'Ordonnance, pag. 91, & ci-dessus tit. 6, art. 1.)

ARTICLE IX.

En garantie formelle, les garants pourront prendre le fait & cause pour le garanti, lequel sera mis hors de Cause, *s'il le requiert* (1) avant la contestation.

1. *S'il le requiert.*] Mais s'il ne le demande point, il restera en Cause : car il est censé par son silence n'avoir pas voulu profiter de l'avantage que la Loi accorde ici.

ARTICLE X.

Encore que le garanti ait esté mis hors de Cause, *il pourra y assister* (1) pour la conservation de ses droits.

1. *Il pourra y assister.*] *Assister en Cause*, c'est rester en Cause seulement pour la forme, & sans qu'on puisse rien signifier au garanti qui a été ainsi mis hors de Cause. L'effet de cette assistance est de lui donner la faculté de pouvoir veiller & défendre ses intérêts, sans être obligé d'intervenir, ni de faire recevoir son intervention, sauf aux autres Parties de répondre à ce qui sera alors signifié par le garanti. (Voyez l'art. suivant, sur la fin.)

ARTICLE XI.

Les Jugemens *rendus contre les garants* (1), *seront exécutoires contre les garantis* (2), *sauf pour les dépens* (3), dommages & intérests, dont la liquidation & exécution *ne sera faite que contre les garants* (4), & suffira de signifier le Jugement aux garantis, *soit qu'ils ayent esté mis hors de Cause, ou qu'ils y ayent assisté* (5), sans autre demande ni procédure.

1. *Rendus contre les garants.*] C'est à-dire, contre les garants formels; cet article, ainsi que le précédent, étant la suite de l'article 9, qui parle seulement des garants formels.

2. *Seront exécutoires contre les garantis.*] Pour les contraindre à délaisser la chose dont ils sont en possession, ou pour faire déclarer l'héritage affecté à telle charge ou hypotheque.

Au reste, les Jugements ne sont exécutoires contre les garantis, que lorsque la demande originaire & la demande en garantie ont été jugées par un seul & même Jugement contre le garanti & le garant.

3. *Sauf pour les dépens.*] Ce qui comprend tous les dépens faits pour la défense de la cause, comme pour recouvrer les titres, pieces & autres actes nécessaires servants à l'instance principale, ou pour la preuve par Témoins, ou vérification qui auroit été ordonnée, &c.

4. *Ne sera faite que contre les garants.*] Ce qui s'entend toujours des garants formels.; mais s'il s'agit de garantie simple, les Jugements sont exécutoires contre le garanti, tant pour le prin-

cipal, que pour les dépens, dommages & intérêts, sauf le recours de ce garanti contre les garants simples.

Il faut cependant observer, que les garants simples ne sont tenus d'indemniser le garanti que chacun pour leur part & portion; ce qui est fondé sur ce que les garants simples ne sont pas plus débiteurs que celui qui les appelle en garantie, & qu'ils sont tous également obligés, comme il arrive entre co-obligés solidairement, & entre co-héritiers, dont l'un ayant été assigné, auroit donné une demande en recours contre les autres.

Dans le cas où ces garants simples contestent mal à propos la garantie, ils doivent en entier les dépens de leur mauvaise contestation. Lorsqu'ils ne la contestent point, il n'y a plus de dépens, & ces dépens doivent être compensés entre eux, sauf ceux de l'exploit en garantie, & de la demande originaire, si elle est bien fondée, qui doivent être supportés par chacun *pro virili parte*, ou du moins *pro ratâ emolumenti*, ces dépens étant faits pour l'utilité commune.

Il faut même observer que quand on dit que le garanti n'est sujet à aucune condamnation de dépens, dommages & intérêts dans le cas de garantie formelle, c'est qu'on suppose qu'il a été mis hors de Cause. Autrement s'il avoit contesté avec le Demandeur originaire, il seroit Partie au Procès, & seroit tenu personnellement des dépens, dommages & intérêts, si ce dernier venoit à gagner sa Cause, sauf son recours contre le garant.

Si le Défendeur originaire qui a un recours de garantie formelle à exercer, veut bien défendre de son chef, quoiqu'il n'y soit pas obligé, sur la demande contre lui intentée, faute par le garant de vouloir prendre son fait & cause, & que ce Défendeur originaire obtienne au fond sur la demande principale; le Demandeur originaire doit être condamné aux dépens envers lui. A l'égard des dépens faits entre le garant & le Défendeur originaire, il est constant que si la garantie est bien fondée, c'est au garant à porter ces dépens, tant ceux de contestation que ceux de l'exploit de demande en garantie, & autres dépens utiles & nécessaires; mais si cette garantie étoit mal fondée, ce seroit au Défendeur originaire à les payer.

Dans ce cas, où la demande originaire est sans fondement, & où la demande en garantie est bien dirigée, on pourroit douter si le Demandeur originaire doit indemniser le garant des dépens auxquels il est condamné envers le Défendeur originaire; mais il faut dire que non: car ou le garant sur la demande en sommation conteste la garantie, ou il ne la conteste point. Dans le premier cas, s'il la conteste sans fondement, les frais de contestation doivent tomber sur lui sans espérance de recours; mais s'il ne la conteste pas, alors il n'y a plus de dépens. Il faut cependant en excepter les frais de la demande en sommation, & ceux des significations nécessaires faites au garant, lesquels devant être portés par le garant dans le cas où la demande en sommation procede, il est juste que ce garant en soit indemnisé par le demandeur originaire, puisque c'est lui qui a occasionné mal-à-propos ces dépens. On a coutume dans ce cas, pour éviter le circuit d'action, de condamner tout d'un coup le Demandeur originaire, tant aux dépens faits entre lui & le Défendeur, qu'en ceux que ce Défendeur a été obligé de faire contre son garant, autres que ceux de contestation; & pour cela on compense les dépens entre le Défendeur originaire & le garant, & on ordonne que ces dépens seront portés par le Demandeur originaire.

Si la garantie étoit mal fondée, quoique le Demandeur en garantie ne la contestât point, ce seroit au Défendeur originaire à payer les dépens, tant de la demande en sommation, que des autres significations faites au garant, parceque ce Défendeur originaire auroit fait ces frais mal-à propos & sans fondement; & dans ce cas le garant peut exercer les droits du Défendeur originaire, si ce Défendeur obtient au fond contre le Demandeur originaire.

5. *Soit qu'ils aient été mis hors de Cause, ou qu'ils y aient assisté.*] Lorsque le garanti n'a pas été mis hors de Cause, il ne peut répéter contre son garant que les frais qui entrent en taxe, & non ceux des voyages & autres frais qui ne se taxent point.

ARTICLE XII.

En garantie simple, *les garants ne pourront prendre le fait & cause* (1); mais seulement intervenir, si bon leur semble.

1. *Les garants ne pourront prendre le fait & cause.*] Parceque le garanti étant obligé personnellement envers le Demandeur originaire, doit par lui-même répondre de son obligation, & par conséquent ne peut demander à être mis hors de Cause.

ARTICLE XIII.

Si la demande principale & celle en garantie, sont en mesme temps en estat d'eſtre jugées, il y ſera fait droit conjointement; ſinon le Demandeur originaire pourra faire juger ſa demande ſéparément, trois jours *après avoir fait ſignifier que l'inſtance principale eſt en eſtat* (1); & le meſme Jugement prononcera ſur la disjonction, ſi les deux Inſtances originaires & en garantie avoient eſté jointes, ſauf après le Jugement du principal à faire droit ſur la garantie, s'il y échet.

1. *Après avoir fait ſignifier que l'Inſtance principale eſt en état.*] Ce qu'il doit faire par un ſimple acte ſignifié au Procureur des Parties, ſans autre ſignification ni délai. (Voyez le Procès-verbal de l'Ordonnance, page 94.)

Article XIV.

Les garants qui ſuccomberont *ſeront condamnez aux dépens de la Cauſe principale* (1) *du jour de la ſommation ſeulement* (2), & non de ceux faits auparavant, *ſinon de l'Exploit de demande originaire* (3).

1. *Seront condamnés aux dépens de la Cauſe principale.*] C'eſt-à-dire, non-ſeulement aux dépens faits entr'eux & le garanti, mais encore en ceux faits entre le garanti & le Demandeur originaire.

2. *Du jour de la ſommation ſeulement.*] La raiſon de cette diſpoſition de l'Ordonnance eſt ſenſible. En effet, ſi le Défendeur originaire eût

dénoncé plutôt le trouble qui lui est fait, & qu'il eût appellé son garant dès le commencement, ou ce garant auroit consenti aux conclusions du Demandeur originaire, & dans ce cas il n'y auroit point eu de dépens; ou bien il auroit fourni des moyens de défenses valables, & alors il auroit obtenu congé de l'action de ce Demandeur avec dépens.

3. *Sinon l'Exploit de la demande originaire*] Parceque cet Exploit doit nécessairement précéder la sommation faite au garant, & que c'est ce garant qui y a donné lieu.

Tout ce qui vient d'être dit dans les notes sur cet article & sur les trois précédents, touchant les garants à l'égard des Demandeurs & Défendeurs originaires, lorsqu'il n'y a qu'une demande en sommation, doit également recevoir son application dans le cas où les garants ont eux-mêmes des sommations à diriger contre d'autres garants, ce qu'on appelle ordinairement contre-sommations. On doit alors suivre les mêmes regles entre ces nouveaux garants & celui qui les assigne en sommation, qu'entre le premier garant & le Défendeur originaire: car tout garant peut être regardé comme Défendeur à l'égard de celui dont il est garant, & comme Demandeur en sommation par rapport à celui contre lequel il doit exercer.

Il en est de même, si les garants assignés en contre-sommation ont d'autres garants à mettre en Cause; il faut suivre la même regle. On doit seulement observer que ces contre-sommés, dans le cas où ils succombent, ne doivent être condamnés aux dépens que du jour qu'ils ont été mis en Cause, à la réserve des Exploits de demande originaire, & ceux des Exploits de garantie donnés par le Défendeur originaire contre le premier garant, & du premier garant contre le ſecond, & ainſi de ſuite. En général, les contre-ſommés qui ſuccombent, doivent, outre les dépens de leur temps, tous ceux des Exploits donnés contre le Défendeur originaire, & contre tous les garants qui les précédent, & qu'il ſont tenus de garantir médiatement ou immédiatement. Tel eſt l'eſprit de l'Ordonnance, qui réſulte de la diſpoſition du préſent article.

Article XV.

Les meſmes délais (1) qui auront eſté donnez pour le premier garant, ſeront gardez à l'égard du ſecond : & s'il y a pluſieurs garants intéreſſez en une meſme garantie, il n'y aura qu'un ſeul délai pour tous, qui ſera réglé *ſelon la demeure du garant le plus éloigné* (2).

1. *Les mêmes délais, &c.*] Voyez la note derniere ſur l'article précédent.

2. *Selon la demeure du garant le plus éloigné*] Afin que par ce plus long délai accordé au garant le plus éloigné, toutes les demandes en garantie ſe trouvent en même tems en état d'être jugées avec la demande originaire.

TITRE IX.

Des Exceptions dilatoires, & de l'abrogation des Vues & Montrées.

ARTICLE PREMIER.

CELUI qui aura plusieurs exceptions dilatoires, *sera tenu de les proposer par un mesme Acte* (1).

1. *Sera tenu de les proposer par un même Acte.*] Ces exceptions doivent être proposées avant de défendre au fond, c'est-à-dire, avant la contestation en cause; autrement on n'est plus recevable à les proposer.

ARTICLE II.

Si néantmoins un héritier, ou une veuve (1), en qualité de commune, sont assignez, ne seront tenus de proposer les exceptions dilatoires, *qu'après le terme pour délibérer expiré* (2).

1. *Si néanmoins un héritier ou une veuve, &c.*] Voyez ci-dessus, tit. 7, art. 1, & les suivants.

2. *Qu'après le terme pour délibérer expiré.*] Parce que jusqu'à ce tems il est incertain si l'héritier sera héritier ou non, ou si la veuve sera commune, ou renoncera à la communauté.

ARTICLE III.

Ceux qui feront demande *de censive par action* (1), ou de la propriété de quelque héritage, rente fonciere, charge réelle ou hypotheque, *seront tenus* (2), *à peine de nullité* (3), de déclarer par leur premier Exploit le Bourg, Village ou Hameau, le terroir & la contrée où l'héritage est situé; sa consistance, ses nouveaux tenans & aboutissans, du côté du Septentrion, Midi, Orient & Occident; sa nature au temps de l'Exploit, si c'est terre labourable, prez, bois, vignes, ou d'autre qualité; ensorte que le Défendeur ne puisse ignorer *pour quel héritage il est assigné* (4).

1. *De censives par action*] Comme lorsqu'un Seigneur demande un droit de cens contre son censitaire, ou lorsqu'il revendique une censive contre un autre Seigneur. (Voyez le Procès-verbal de l'Ordonnance sur cet article, p. 84.)

2. *Seront tenus.*] C'est-à-dire, seront tenus, outre les formalités requises pour les Exploits au titre des Ajournements (Voyez *suprà*, tit. 2)

3. *A peine de nullité.*] Cette nullité ne se prononce guère dans l'usage, & on se contente d'ordonner que le Demandeur sera tenu de cotter aux termes de l'Ordonnance par tenants & aboutissants l'héritage qu'il revendique, ou sur lequel il prétend une rente fonciere, ou une hypotheque; & l'exploit comme nul est rejetté de la taxe des dépens, si par le Jugement qui in-

tervient, le Défeudeur eſt condamné aux dépens.

Toutes les formalités preſcrites en cet article doivent être obſervées dans les Exploits de demande en retrait lignager. Mais outre ces formalités, il y en a encore de particulieres pour ces ſortes d'ajournements, qui varient ſuivant les différentes Coutumes ; & l'omiſſion d'une ſeule de ces formalités emporteroit la nullité de l'Exploit & feroit par conſéquent tomber la demande en retrait, ſans pouvoir l'intenter de nouveau : car en cette matiere tout eſt de rigueur. Ainſi dans la Coutume d'Orléans, ſuivant l'article 367, le Retrayant eſt tenu par l'Exploit de demande d'élire domicile au lieu de la Juſtice ordinaire où l'Ajourné eſt demeurant, à peine de nullité du retrait. A Paris, il faut offrir par l'Exploit bourſe, deniers & loyaux coûts à parfaire, ſuivant l'article 140 de la Coutume de cette Ville, & ainſi des autres.

On trouve néanmoins au Journal des Audiences, tom. 6, un Arrêt du 1 Février 1716, qui a jugé qu'un Exploit en retrait lignager étoit ſuffiſamment libellé, lorſque le contrat d'acquiſition y étoit daté. Il s'agiſſoit d'un droit de terrage & de champart, vendu moyennant une rente rachetable, & l'Exploit contenoit des offres de rendre à l'acquéreur le prix de ſon acquiſition & de lui remettre le contrat de rente acquitté & déchargé. On ſoutenoit de la part du Retrayant pour juſtifier ſa procédure, que l'acquéreur ne pouvoit ignorer ce qu'on vouloit lui retirer ; ce qui fut ainſi jugé par cet Arrêt. Cette déciſion eſt très juſte : en effet il ſeroit ſouvent impoſſible au Retrayant de ſe conformer aux diſpoſitions portées par ce titre

4. *Pour quel héritage il eſt aſſigné.*] Ainſi quand le Demandeur en retrait ne peut ignorer

quel est l'héritage pour lequel la demande est formée, les formalités prescrites par cet article deviennent inutiles, ainsi qu'il a été jugé par l'Arrêt qu'on vient de citer; ces formalités n'étant établies que pour faire connoître au Défendeur quel est l'héritage dont on veut l'évincer.

ARTICLE IV.

S'il est question du corps d'une Terre ou Métairie, *il suffira d'en designer le nom & la situation* (1): & si c'est d'une maison, *les tenans & aboutissans* (2) seront désignez en la mesme maniere.

1. *Il suffira d'en désigner le nom, & la situation.*] C'est-à dire le nom de la Terre ou Métairie, & celui du Bourg, Village ou Hameau, & de la Paroisse où elle est située.

2. *Les tenants & aboutissants.*] Du côté du Septentrion, Midi, Orient & Occident, comme en l'article précédent.

ARTICLE V.

Abrogeons les exceptions *des veues & montrées* (1), pour quelque cause que ce soit.

1. *Des vues & montrées.*] Les vues & montrées étoient une exception autrefois en usage en matière réelle & hypothécaire, par laquelle la Partie assignée demandoit avant toutes choses, que le Demandeur lui montrât au doigt & à l'œil l'héritage contentieux, ce qui ne servoit qu'à occasionner des frais considérables par des descentes sur les lieux, des plans & des descrip-

tions. Ces vues & montrées avoient été établies par une Ordonnance de Philippe VI de l'année 1334, par une autre du Roi Jean de l'année 1353, & par une autre de Charles VII de l'année 1453.

TITRE X.

Des Interrogatoires sur faits & articles.

CES Interrogatoires ont été établis pour pouvoir tirer la vérité de la bouche d'une Partie sur des faits dont on ne peut avoir d'ailleurs de preuve au Procès. Ils peuvent avoir lieu, tant dans les Causes d'Audience que dans les Procès par écrit ; mais le Juge ne peut les ordonner, à moins qu'il n'en soit requis par l'une des Parties.

ARTICLE PREMIER.

Permettons aux Parties (1) de se faire interroger *en tout estat de Cause* (2) sur faits & articles pertinens, concernant seulement la matiere dont est question, *pardevant le Juge où le différent est pendant* (3); *& en cas d'absence de la Partie, pardevant le Juge qui sera par lui commis* (4) : le tout sans retardation de l'Instruction & Jugement.

1. *Permettons aux Parties.*] C'est-à-dire, à ceux

ceux seulement qui sont Parties au Procès, & non à autres personnes, quand même elles auroient d'ailleurs une parfaite connoissance des faits.

Les Tuteurs peuvent être interrogés pour le fait de leurs Mineurs, & même les Mineurs puberes peuvent être contraints de répondre sur ce qui est de leur connoissance dans les Causes que leur Pere ou Curateur poursuit à cause d'eux. (Voy. Imbert en ses Instit. liv. 1, chap. 1, chap. 38, n. 4.)

On peut aussi faire interroger la femme dans le cas où le Mari est seul en cause pour raison de quelque action mobiliaire qui la concerne. (Voyez Imbert *ibidem*, aux notes, où il cite un Arrêt du 7 Février 1550, qui l'a ainsi jugé.)

Enfin il faut observer qu'un mari ne peut empêcher sa femme, sous prétexte de défaut d'autorisation, de subir interrogatoire sur faits & articles, parcequ'il est juste que la vérité soit connue, quand elle est nécessaire pour la décision de la cause. (Ainsi jugé par Arrêt du Parlement de Paris du 17 Décembre 1713.)

2. *En tout état de Cause.*] Même sur l'appel. (Voyez le Procès-verbal de l'Ordonnance, art. 4, pag 210.) Mais il faut qu'il y ait une instance liée, pour pouvoir requérir ces interrogatoires.

3. *Pardevant le Juge où le différend est pendant.*] Dans les Jurisdictions où il y a des Commissaires-Enquêteurs-Examinateurs, c'est à eux à faire ces sortes d'interrogatoires sur faits & articles. (Edit du mois d'Octobre 1693, & autres Edits antérieurs concernant ces Offices. Voyez le nouveau Recueil, tom. 2, p. 149.)

Dans les Cours & autres Jurisdictions où il n'y a point d'Enquêteurs, on commet un Juge;

& si l'affaire est appointée, c'est au Rapporteur à faire l'interogatoire.

4. *Et en cas d'absence de la Partie, pardevant le Juge qui sera par lui commis.*] Lorsque la Partie qu'on veut interroger est absente, c'est pardevant le Juge du lieu où est cette Partie, qu'elle doit être interrogée. (Voyez le Procès-verbal de l'Ordonnance, pag. 208.) On obtient pour cela une commission sur une Requête présentée au Siege où le Procès est pendant, sur laquelle on rend un jugement, Parties appellées, qui commet un Juge pour faire subir l'interrogatoire. Cette commission est ou *simple*, ou *rogatoire* : *simple*, quand le Juge qui commet est supérieur ; & *rogatoire*, quand celui qui commet est inférieur ou égal à celui qui est commis.

Si le Juge qui commet est un Juge Royal, il commet ordinairement un autre Juge Royal le plus prochain du lieu de la demeure de celui qu'on veut faire interroger ; néanmoins il peut aussi commettre un Juge subalterne, quand il n'y en a point d'autre sur le lieu. (Voyez au surplus la note sur l'article 2 du tit. 22, ci-après. pour savoir ce que doit faire le Juge qui a été ainsi commis.)

Article II.

Les assignations pour répondre sur faits & articles seront données *en vertu d'ordonnance du Juge* (1) *sans commission du Greffe* (2), *encore que la Partie fust demeurante hors du lieu où le différend est pendant* (3), & sans que pour l'ordonnance le Juge & le Greffier puissent prétendre aucune chose.

1. *En vertu d'ordonnance du Juge.*] Dans le délai par lui indiqué.

Cette ordonnance doit faire mention du jour & de l'heure auxquels la Partie aſſignée doit comparoître, pour répondre ſur les faits dont il lui a été donné copie. (Voyez *infrà*, tit. 21, art. 6, & tit. 22, art. 6.) Ce temps eſt arbitraire, & dépend de la volonté du Juge ou Commiſſaire.

2. *Sans commiſſion du Greffe.*] Voyez ci-deſſus tit. 2, art. 10; tit. 8, art. 1; & ci-après tit. 12, art. 5 : & tit. 22, art. 5.

3. *Encore que la Partie fût demeurante hors du lieu où le différend eſt pendant.*] Comme ci-deſſus, art. 10 du tit. 2, pag. 140; & art. 1 du tit. 8, pag. 205.

ARTICLE III.

L'aſſignation ſera donnée à perſonne ou domicile de la Partie, *& non à aucun domicile éleu, ni à celui du Procureur* (1), & ſera donné copie de l'ordonnance du Juge, *& des faits & articles* (2).

1. *Et non à aucun domicile élu, ni à celui du Procureur.*] Parceque l'obligation de répondre ſur faits & articles eſt un fait purement perſonnel, dont la Partie doit être prévenue pour n'être point ſurpriſe, & pour pouvoir rappeller dans ſa mémoire les faits ſur leſquels elle doit être interrogée.

2, *Et des faits & articles.*] Sur leſquels la Partie doit être interrogée, afin que s'ils ne ſe trouvent pas pertinents, cette Partie puiſſe les faire rejetter.

ARTICLE IV.

Si la Partie ne compare (1) aux jours & lieux qui seront assignez, ou fait refus de répondre, sera dressé un Procès-verbal sommaire, faisant mention de l'assignation & du refus; & sur le Procès-verbal *seront les faits tenus pour confessez & avérez* (2) en toutes Jurisdictions & Justices, mesme en nos Cours de Parlement, Grand-Conseil, Chambre des Comptes, Cours des Aydes, & autres nos Cours, *sans obtenir aucun Arrest ou Jugement* (3), *& sans réassignation* (4).

1. *Si la Partie ne compare.*] Lorsque la Partie est dans l'impuissance de comparoître, *v. g.* si elle est malade ou absente, il faut qu'elle fasse présenter son exoine, c'est-à-dire, qu'elle expose & justifie les raisons qui l'empêchent de comparoître. (Voyez l'Ordonnance de 1670, tit. 11, art. 1.)

2. *Seront les faits tenus pour confessés & avérés.*] Voyez la Loi *si non fuerit* 37, *ff de Jurejurando.*

Lorsqu'un Tuteur est en cause pour son Mineur, & que ce Tuteur refuse de comparoître pour subir interrogatoire, les faits ne doivent pas être tenus pour confessés & avérés au préjudice de son Mineur.

Si la Partie interrogée & qui refuse de répondre, ou qui demande un délai pour le faire, déclare la cause de son refus, le Commissaire ne peut passer outre, & il faut examiner si ce refus est juste & raisonnable; comme, si cette Partie se fonde sur l'incompétence du Juge, ou sur ce que les faits ne sont pas pertinents, &c. alors cette contestation forme un incident, pour raison duquel les Parties doivent se pourvoir à l'Audience, & que le Commissaire ou Rapporteur ne peut régler seul. A plus forte raison les Commissaires Enquêteurs, qui par eux mêmes n'ont aucune Jurisdiction, (*infrà*, tit. 22, article 8,) ne peuvent-ils déclarer les faits tenus pour confessés & avérés, faute par la Partie assignée d'avoir subi interrogatoire pardevant eux. (Arrêt de Réglement, du 5 Septembre 1651, rapporté au Journal des Audiences, tom 4, qui leur enjoint en ce cas de renvoyer les Parties pour y être pourvu par les Juges.)

3. *Sans obtenir aucun Arrêt ou Jugement.*] Ainsi c'est une mauvaise procédure de prendre un Jugement, qui ordonne que les faits seront tenus pour confessés, faute par la Partie d'avoir voulu répondre.

4. *Et sans réassignation.*] Voy. *suprà*, tit. 5, art. 2, & *infrà*, tit. 11, art. 17.

ARTICLE V.

Voulons néantmoins que si la Partie se présente *avant le jugement du Procès* (1), pour subir l'interrogatoire, *elle soit receue, à répondre* (2), à la charge *de payer les frais de l'interrogatoire* (3), & d'en bailler copie à la Partie, mesme de rembourser les dépens du premier Procès-verbal, sans les pouvoir répeter, & sans retardation du jugement du Procès.

1. *Avant le Jugement du Procès.*] Dans le cas où ce Procès se juge en dernier ressort : car si on en peut appeller, la Partie peut se présenter, même sur l'appel, pour subir cet interrogatoire. (Voyez le Procès-verbal de l'Ordonnance, page 210.)

2. *Elle soit reçue à répondre.*] Ceci est conforme à la disposition de la Loi 8, §. 14, *ff. de inofficioso testamento*, & à la Loi 8, Cod. *de his quibus ut indignis.*

3. *De payer les frais de l'interrogatoire.*] Comme frais préjudiciaux. Voyez ci-après titre 11, art. 6 ; & tit. 12, art. 3.

ARTICLE VI.

La Partie répondra *en personne* (1), & non par Procureur ni par écrit ; *& en cas de maladie* (2) *ou empeschement légitime* (3), le Juge se transportera en son domicile pour recevoir son interrogatoire.

1. *En personne.*] Cet interrogatoire ne doit se faire qu'en présence du Juge & du Greffier La Partie qui fait interroger, ne peut y être présente. (Voyez Bouvot, tom. 2, au mot *serment*, question 1.)

2. *Et en cas de maladie.*] Il faut pour cela que la maladie soit constatée par un certificat en bonne forme.

3. *Ou empêchement légitime.*] Comme celui qui vient de la qualité distinguée des personnes, *v. g.* des Princes du Sang. La dignité d'Evêque n'est pas considérée à cet égard comme un empêchement légitime. (Ainsi jugé par Arrêt du Parlement de Toulouse du 5 Décembre 1707,

contre M. Fléchier, Evêque de Nismes, qui avoit été condamné à subir interrogatoire sur faits & articles par le Sénéchal de Nismes. Ce Prélat prétendoit que le Commissaire devoit se transporter chez lui; mais par l'Arrêt il fut ordonné que M. Fléchier se transporteroit chez le Commissaire.)

ARTICLE VII.

Le Juge, *après avoir pris le serment* (1), recevra les réponses sur chacun fait & article, & *pourra mesme d'office interroger* (2) *sur aucuns faits* (3), quoiqu'il n'en ait esté donné copie.

1. *Après avoir pris le serment.*] Ce serment est nécessaire à peine de nullité. L'interrogatoire doit aussi contenir le nom, surnom, qualité & demeure de la Partie interrogée, & être signé d'elle, ainsi que du Juge. Si cet interrogatoire étoit trop long, le Juge pourroit le faire à deux fois.

2. *Et pourra même d'office interroger.*] Les Commissaires au Châtelet de Paris, & autres Commissaires-Enquêteurs peuvent aussi dans ce cas interroger d'office.

3. *Sur aucuns faits.*] Pourvu que ces faits aient de la liaison avec les faits principaux dont il a été donné copie.

Ces faits sont appellés *faits secrets*, que l'on tâche de rédiger de maniere que celui qui doit répondre ne puisse méditer des réponses contraires à la vérité. Dans la regle, ces faits ne doivent point être fournis par la Partie qui poursuit l'interrogatoire.

Un Juge prudent & éclairé doit refuser de

recevoir des Mémoires secrets pour interroger; autrement ce seroit rendre illusoire l'article de l'Ordonnance, qui porte qu'il sera donné copie à la Partie des faits sur lesquels elle doit être interrogé. Le Juge doit seulement interroger d'office suivant que l'occasion l'exige, & que les réponses de la Partie paroîtront l'exiger. Mais sur les autres articles secrets donnés aux Juges par le Demandeur, le Défendeur n'est pas obligé de répondre.

ARTICLE VII.

Les réponses seront précises & pertinentes sur chacun fait (1), & sans aucun terme injurieux ni calomnieux.

1. *Les réponses seront précises & pertinentes sur chacun fait.*] C'est-à-dire, que la Partie doit répondre par oui & par non sur ce qu'elle sait, & non d'une maniere incertaine, équivoque & ambiguë.

Au reste, on ne peut en matiere civile diviser les réponses de la Partie interrogée, c'est-à-dire, qu'on ne peut admettre un chef de l'interrogatoire pour en tirer avantage, & servir de conviction contre cette Partie, & rejetter les autres chefs qui vont à sa décharge; mais il faut prendre la déclaration de cette Partie en entier, & ainsi qu'elle est faite, à la différence de ce qui s'observe en matiere criminelle. (Voyez Guenoîs en ses notes sur la Pratique de Mazuer, titre des Exceptions, nombre dernier; Chorier en sa Jurisprudence sur Gui-Pape, page 311; & Berroyer en ses Additions sur les Arrêts de Bardet, tom. 1, p. 617, où il examine quel est le sens de cette maxime, & si elle reçoit toujours une juste application.)

Ceux qui dans leurs interrogatoires dénient des faits contraires à la vérité, & qui par l'événement se trouvent véritables, doivent être condamnés en une amende arbitraire. (Voyez le Procès-verbal de l'Ordonnance, article 8, page 212.) Cette condamnation dépend de la prudence du Juge, & ne doit souffrir aucune difficulté, lorsque les Juges voient un homme manifestement convaincu de parjure: ils peuvent même dans ce cas le condamner à des peines proportionnées. (Voyez *ibidem*, p. 313.) Par l'art. 39 de l'Ordonnance de 1539, cette amende étoit fixée pour chacun fait dénié contre la vérité, à dix livres dans les Cours Souveraines, & à cent sols dans les autres Jurisdictions; & par le projet de l'article 8, porté au Procès-verbal de l'Ordonnance, page 212, elle étoit réglée à vingt livres pour les Cours, & à dix livres pour les autres Jurisdictions; mais dans la rédaction de cet article on a cru qu'il étoit plus convenable de laisser les choses à l'arbitrage du Juge.

Article IX.

Seront tenus les Chapitres, Corps & Communautez, nommer un Syndic, Procureur ou Officier, pour répondre sur les faits & articles qui lui auront esté communiquez; & à cette fin passeront un pouvoir spécial, dans lequel les réponses seront expliquées & affirmées véritables : *autrement seront les faits tenus pour confessez* (1) & avérez, sans préjudice de faire interroger les Syndics, Procureurs & autres, qui ont agi par les ordres de la Communauté, sur les faits qui les concerneront en particulier, *pour y avoir par le Juge tel égard que de raison* (2).

1. *Autrement seront les faits tenus pour confessés.*] Voyez ci-dessus la note 2 sur l'art. 4 de ce titre, page 230.

2. *Pour y avoir par le Juge tel égard que de raison.*] Car il y auroit trop d'inconvéniens à faire dépendre l'événement du Procès d'une Communauté, de la foi d'un Syndic, qui souvent pourroit être corrompu. (Voyez le Procès-verbal de l'Ordonnance sur cet article, p. 213.)

Article X.

Les interrogatoires se feront aux frais & dépens *de ceux qui les auront requis* (1), sans qu'ils puissent en demander aucune répétition, ni les faire entrer en taxe, même en cas de condamnation de dépens.

1. *De ceux qui les auront requis.*] Sauf au cas de l'article 5 de ce titre ci-dessus, page 231.

Lorsque l'interrogatoire est fini, celui qui veut s'en servir leve le Procès-verbal pour en faire la lecture à l'Audience, si c'est une cause d'Audience, ou pour le produire par production nouvelle, si c'est une instance en Procès par écrit. Les arguments qui se tirent de cet interrogatoire, se plaident par les Avocats, lorsque la cause est d'Audience, sans qu'il soit nécessaire de les signifier. (Voyez ci-après, titre 21, art. 23 & tit. 22, articles 4 & 35.)

Des Délais & Procédures ès Cours de Parlement Grand-Conseil, & Cours des Aydes, en premiere Instance, & Cause d'appel.

SUIVANT le Procès verbal de l'Ordonnance, pag. 110, après ces mots du titre, *en premiere instance*, il y avoit ceux ci, *& encore en cause d'appel, tant esdites Cours, qu'ès Siéges & Jurisdictions ressortissantes en icelles*; ce qui fait voir que tout ce qui est dit dans ce titre des Causes d'appel, convient non seulement aux Cours, mais encore aux Bailliages & Séné-chaussées, & autres Jurisdictions d'appel. Ce qui résulte aussi des art. 14 & 17, ci-après, du présent titre.

ARTICLE PREMIER.

Es Cours de Parlement, Grand-Conseil (1), *& Cours des Aydes* (2), tant en premiere Instance qu'en Cause d'appel, les délais des assignations seront de huitaine *pour ceux qui demeurent en la mesme Ville* (3) où sont establies nos Cours de Parlement, & Cours des Aydes, & où le Grand Conseil fera sa résidence; de quinzaine pour ceux qui sont demeurans hors la Ville dans la distance de dix lieues; d'un mois pour ceux qui ont leur domicile au-delà de dix lieues, dans la distance de cinquante; de six semaines pour ceux qui sont au delà de cinquante lieues; le tout dans le ressort du mesme Parlement & Cour des Aydes; & de deux mois pour les personnes *qui sont domiciliées hors le ressort* (4) : & pour le Grand-Conseil, au-delà des cinquante lieues, le délai des assignations sera augmenté *d'un jour pour dix lieues* (5)

Un Edit du mois de Février 1771, qui contient 14 tit. & 180 art. établit un nouveau Réglement touchant la Procédure qui doit être tenue au Parlement de Paris. Depuis il y a eu un Arrêt du même Parlement, du 13 Mars 1775, qui porte que pour des frais de procédure il en sera usé comme par le passé.

1. *Es Cours de Parlement, Grand Conseil.*] Voyez pour les délais des assignations au Conseil du Roi, le nouveau Réglement du Conseil du 28 Juin 1738, partie 2, tit. 1, art. 3.

2. *Et Cours des Aydes.*] Et autres Cours Supérieures, comme Cours des Monnoies.

3. *Pour ceux qui demeurent en la même Ville.*] Ajoutez, ou Fauxbourgs. (Voyez ci-dessus, titre 3, article 2, note 1, pag. 156.)

4. *Qui sont domiciliées hors le ressort.*] C'est-à-dire, hors le ressort du même Parlement, ou de la même Cour. Il résulte de ces délais, que des Parties demeurantes à une lieue l'une de l'autre, mais dans le ressort de différentes Cours, ont un délai très considérable; mais la regle est générale.

5. *D'un jour pour dix lieues.*] Comme en l'article 2 du tit. 8, & en l'art. 14 du tit. 14, (Voyez ci-dessus, tit. 3, art. 3, note 1, pag. 157.)

ARTICLE II.

Les Causes qui seront poursuivies en premiere instance en nos Cours de Parlement, Grand-Conseil, & Cours des Aydes, le Défendeur sera tenu *dans les délais ci-devant ordonnez* (1), après l'échéance de l'assignation, *de mettre Procureur* (2), *fournir ses défenses* (3) *avec copie des pieces justificatives.* (4).

1. *Dans les délais ci-devant ordonnés.*] Voyez ci dessus tit. 4, art 1, pag. 161, & tit. 3, art. 5, pag. 158. Ces délais sont ceux, tant de l'assignation que de la présentation, dont il est parlé dans l'art. 1 du présent tit. & dans l'art. 1 du tit. 4. Le Demandeur peut anticiper ces délais. (Voyez *suprà*, tit. 3, art. 5, note 1, pag. 158.)

3. *De mettre Procureur.*] Voyez ci-dessus la note 3, sur l'art. 1, du tit. 5, pag. 166. Cette constitution de Procureur n'exclut pas la présentation. (Voyez l'art. 1 du tit. 4, pag. 161.)

3. *Fournir ses défenses.*] Voyez ci-dessus la note 4, sur l'art. 1 du tit. 5, pag. 167, ce que c'est que *défenses*, & combien il y en a d'especes.

Ces défenses doivent être signées de celui qui a charge d'occuper. (Voyez les notes sur l'art. 1 du tit 5, note 5, pag. 169.)

4. *Avec copie des pieces justificatives.*] Voyez *suprà*, tit. 5, art 1, pag. 166.)

Le Défendeur peut donner cette copie après, lorsqu'il ne l'a pas donnée par ses défenses. (Voyez la note 6, sur l'art 1 du tit. 5, pag. 170.)

Article III.

Si dans le délai (1), après l'échéance de l'assignation, le Défendeur *ne constitue Procureur* (2), le Demandeur *levera son défaut au Greffe* (3), *& huitaine après le baillera à juger* (4).

1. *Si dans le délai.*] C'est-à-dire, dans la quinzaine après l'échéance de l'assignation. (*Suprà*, tit. 4, art. 1. Voyez aussi le Procès-verbal de l'Ordonnance, art. 3, pag. 116.)

Les délais pour faire juger les défauts après la présentation, qui sont portés dans cet article & le suivant, sont ici les mêmes pour les Cours que pour les autres Jurisdictions. (Voyez quels sont ces délais, ci-dessus, tit. 3, art. 5, pag. 49.)

Le défendeur peut constituer Procureur, & se présenter après la huitaine, quoique les délais soient échus. (Voyez ci-dessus la note 2, sur l'art. 3 du tit. 5, pag. 59.) Voyez aussi en la même note ce qui doit s'observer, lorsque l'assignation a été donnée à un délai plus court que celui fixé par l'Ordonnance.

2. *Ne constitue Procureur.*] Voyez la note 3, sur l'art. 1 du tit. 5, pag. 58.

3. *Levera son défaut au Greffe.*] Voyez la note 4, sur l'art. 3 du tit. 5, pag. 63. Ce défaut se prend sans acte ni sommation préalable. (Voyez ci-dessus, tit. 5, art. 1 & 3.)

4. *Et huitaine après le baillera à juger.*] C'est-à-dire, pour ceux qui sont assignés à huitaine ou à quinzaine, à l'égard de ceux qui sont assignés à plus longs jours, le délai pour faire juger ce défaut, outre celui de l'assignation & de huitaine pour défendre, sera encore de la

moitié du tems porté par l'assignation. (Voyez ci-dessus, tit. 3, art. 5, pag. 158.)

Article IV.

Si le Défendeur, après avoir mis Procureur, *ne fournit ses défenses* (1) *dans le mesme délai* (2), & copie des pieces justificatives, si aucunes il a, *le Demandeur prendra aussi son défaut au Greffe* (3), lequel il fera signifier au Procureur du Défendeur, & huitaine après la signification, le baillera à juger.

1. *Ne fournit ses défenses.*] Voyez *suprà*, tit. 3, art. 5; & tit. 5, art. 3, note 6, page 173.

2. *Dans le même délai*] C'est-à-dire, dans le même délai de quinzaine.

3. *Le Demandeur prendra aussi son défaut au Greffe.*] Dans les autres Jurisdictions que les Cours, ce délai se prend à l'Audience (Voyez *suprà*, tit. 5, art. 3, page 171.)

Ce défaut se prend aussi sans aucun acte, ni sommation préalable. (Voyez ci-dessus, tit. 5, art. 1 & 3, avec les notes.)

Article V.

Pour le profit du défaut, les conclusions *seront adjugées au Demandeur* (1) avec dépens, *si elles sont trouvées justes, & duement vérifiées* (2) sans qu'en aucun cas, les juges puissent prendre des épices pour *le Jugement des défauts* (3).

1. *Seront adjugées au Demandeur.*] & jugées sur-le-champ (*Suprà*, tit. 5, art. 3.) Néanmoins si l'Exploit d'assignation contenoit plus de trois chefs de demande, le profit du défaut pourra être jugé sur pieces vues & mises sur le Bureau, sans épices. (Voyez ci-dessus, tit. 5, art. 4, avec les notes, page 177, & ci-après tit. 14, art. 4.)

2. *Si elles sont trouvées justes, & duement vérifiées.*] C'est-à dire, vérifiées par la lecture qui sera faite de l'Exploit & des pieces. (Voyez le Procès-verbal de l'Ordonnance, art 4, page 36. Voyez aussi *suprà*, tit. 5, art. 3, avec la note 11, page 171, & *infrà* tit. 14, art. 4.)

Si ces conclusions n'étoient pas suffisamment justifiées, & que la matiere y fût disposée, le Juge doit permettre au Demandeur d'en faire la preuve par témoins, si la preuve testimoniale est admissible, ou autrement. (Voyez le Procès-verbal de l'Ordonnance, page 36.)

Lorsque la cause intéresse l'Eglise, le Roi, ou le Public, ou quelque Mineur qui n'a point de Tuteur, avant d'obtenir le défaut, il faut qu'elle soit communiquée à l'un des Avocats-Généraux, pour y donner ses conclusions. Si le Mineur a un Tuteur, cette communication n'est pas nécessaire. (Voyez ci-dessus tit. 5, art. 3, note 11, page 174.)

Voyez *ibid*, tit. 5, art. 3, note 11, page 174, ce qui doit s'observer pour pouvoir obtenir les défauts, lorsque les Parties sont assignées à différents délais.

Voyez aussi *ibidem* même note, page 176, ce qui doit s'observer lorsque le Demandeur ne se présente point, & qu'on veut obtenir congé contre lui.

On peut se pourvoir contre ces défauts & congés, en formant opposition dans la huitaine aux

Jugements qui en adjugent le profit. (Voyez *infrà*, tit. 14, art. 4, note 3.)

3. *Pour le Jugement des défauts*] *ibidem.* par l'art. 4, du tit. 5, ci-dessus.

Article VI.

Si avant le Jugement des défauts (1) le Défendeur *constitue Procureur*, *& fournit des défenses* (2) avec copie des pieces justificatives sur le principal, les Parties *se pourvoiront à l'Audience* (3) ; & néanmoins les dépens du défaut seront acquis au Demandeur. Mais s'il constitue seulement Procureur, sans fournir de défenses, le Demandeur pourra poursuivre le Jugement de son défaut, sans autre procédure ni sommation.

1. *Si avant le Jugement des défauts.*] Quoique long-temps après les délais échus.

2. *Constitue Procureur, & fournit des défenses.*] Ainsi ces deux conditions sont nécessaires, pour que les Parties puissent se pourvoir à l'Audience.

3 *Se pourvoiront à l'Audience.*] A l'effet de quoi la Partie qui poursuit, sera tenue de faire trouver son Avocat ou son Procureur pour plaider la Cause. (Voyez *infrà*, tit. 14, art. 4.)

Article VII.

Ne seront pris à l'avenir *aucuns défauts saufs, purs & simples, & aux ordonnances* (1), ni permission de les faire juger : &

ne seront faites autres procédures que celles ci-dessus ordonnées, *sans aucuns réajournements* (2); l'usage desquelles procédures & réajournemens nous abrogeons.

1. *Aucuns défauts saufs, purs & simples, &c.*] Voyez pour toute cette Procédure abrogée le Procès verbal de l'Ordonnance de 1667, tit. 4, art. 1, page 31, & suivantes. Voyez aussi ci-dessus, tit. 5, art. 2, page 171.

2. *Sans aucuns réajournements.*] Voyez ci-dessus, tit. 5, art. 2, & tit. 10, art. 4.

ARTICLE VIII.

Trois jours après les défenses fournies, & la copie des pieces justificatives, *la cause sera poursuivie à l'Audience* (1) *sur un simple acte* (2), signé du Procureur, & signifié, sans prendre au Greffe *aucun avenir* (3), desquels Nous abrogeons l'usage en toutes Cours & Jurisdictions.

1. *La Cause sera poursuivie à l'Audience.*] Avec le Procureur présent. (*Infrà*, tit. 14, art. 4.)

2. *Sur un simple acte.*] Sans qu'on puisse prendre aucun avenir ni Jugement pour plaider. (Voyez *infrà* la note 2, sur l'art. 1, du tit. 14.)

Le Demandeur dans le même délai de trois jours peut fournir de répliques, pourvu que cela n'arrête pas la Procédure. (*Infra*, tit. 14, art. 3.)

Voyez ci après, tit. 14, art. 4, 5 & 6, la suite de la Procédure qui doit se tenir dans les

Causes d'Audience, soit pour les plaider, soit pour les juger ou continuer.

3. *Aucun avenir.*] A peine de nullité, & de vingt livres d'amende contre chacun des Procureurs & Greffiers qui les auront pris & expédiés. (*Infrà*, tit. 14, art. 1.)

ARTICLE IX.

Aucune Cause ne pourra estre *appointée au Conseil* (1), *en droit* (2), *ou à mettre* (3), *si ce n'est en l'Audience* (4) *à la pluralité des voix* (5), à peine de nullité, & seront tenus les Juges *de délibérer préalablement, si la cause sera appointée* (6), ou jugée, avant que d'ouvrir leurs opinions sur le fonds, ce qui sera observé dans toutes nos Cours, Jurisdictions & justices, mesme celles des Seigneurs.

1. *Appointée au Conseil.*] *L'appointement au Conseil* est un réglement rendu à l'Audience, par lequel sur une appellation verbale, c'est-à-dire, d'une Sentence rendue à l'Audience, les Parties sont appointées à fournir causes & moyens d'appel à écrire & produire. Cet appointement au Conseil se dit, à proprement parler, de ceux qui se prononcent dans les Cours sur des appellations verbales.

2. *En droit.*] *L'appointement en droit* est celui qui, sur la plaidoirie des Parties, ordonne qu'elles produiront & écriront dans la huitaine. (Voyez *infrà*, tit. 14, art. 7.) Cet appointement ne se dit, à proprement parler, que des appointements qui se prononcent en premiere instance, soit dans les Cours, soit dans les Bail-

liages, Prévôtés & autres Justices inférieures. (Voyez *infrà*, tit. 14, art. 7, aux notes, ce qui est dit sur ces sortes d'appointements.)

3. *Ou à mettre.* Voyez ci-après art. 13, de ce tit. & l'art. 6 du tit. 14.

Les *appointements à mettre* se prononcent ordinairement dans les affaires, qui quoique susceptibles d'appointement, demandent néanmoins à être réglées promptement; comme quand il s'agit d'adjuger une provision, ou de prononcer un sequestre, d'une demande en interdiction, &c.

On peut aussi appointer *à mettre* les affaires où il y a plus de trois chefs de demandes, lorsque l'affaire n'est pas du nombre des matieres sommaires, sur tout lorsqu'il s'agit de lire des titres & piéces, & d'en expliquer les clauses. (Argument tiré de l'article 4, du tit. 5, & de l'art. 10, du tit. 17, ci-après.)

Il en est de même dans le cas où il s'agit de décider s'il y a lieu de condamner à rendre compte; (*Infrà*. tit, 29, art. 4) ou bien s'il s'agit d'une liquidation de dommages & intérêts. (*Infrà*, tit. 32, art. 3.)

Au Parlement on ne peut appointer *à mettre* qu'aux Audiences à huis clos, qui sont celles où se plaident les affaires provisoires d'instruction, opposition à l'exécution des Arrêts, défenses, & autres qui requierent célérité. (Déclaration du 15 Mars 1673 rapportée au nouveau Recueil de Réglements, tom. 1, pag. 226.)

Mais on n'y peut prononcer ces appointements aux Audiences publiques, si ce n'est incidemment, lorsqu'en appointant au Conseil ou *en droit* sur le principal, il y a quelque demande sur la provision. (Même déclaration, *ibidem.*)

Ces sortes d'appointements, dans les Bailliages & Sénéchaussées, ne se distribuent qu'à ceux des Juges qui ont assisté à l'Audience lorsque la Cause a été appointée (Arrêt du Conseil du 18 Juillet 1677, servant de Réglement entre les Officiers du Présidial de Tours, art. 33. Autre du 2 Août 1688, rendu pour le Présidial de Poitiers, art. 19. Autre du 16 Mars 1705, rendu entre les Officiers du Présidial d'Autun, art. 15. (Voyez le nouveau Recueil, tom. 1, pag. 373, & tom. 2, pag. 26 & 370.)

La Procédure qui se fait sur ces appointement, est très simple. En exécution de l'appointement, on met ses pieces entre les mains du Rapporteur qui est toujours nommé par le Jugement, & on y joint un court inventaire de production, qui contient sommairement les moyens & l'état des pieces des parties ; on n'y peut faire d'autres écritures.

Il y a un Arrêt du Parlement du 22 Février 1695, rendu sur une déliberation de la Communauté des Procureurs du 24 Janvier précedent, par lequel il est ordonné que les Procureurs ne pourront produire dans les instances d'appointé à mettre, sans au préalable signifier les moyens qu'ils employeront, sinon la production sera rejettée, & le Procureur privé de ses frais, sans pouvoir même les répéter contre sa Partie. Au Parlement ces sortes d'appointements ne se produisent point par la voie du Greffe.

Par un autre Arrêt du 25 Novembre 1689, (rapporté au nouveau Recueil, tom. 2, pag. 51.) il est dit que les frais des appointements à mettre dans les Cours ne pourront excéder la somme de vingt livres pour quelque cause & prétexte que ce soit, soit pour le Demandeur ou pour le Défendeur, y compris les déboursés, même l'Arrêt de Réglement, & tout ce qui ſera fait juſqu'à l'Arrêt qui prononce ſur l'inſtance.

Outre les trois eſpeces d'appointement dont on vient de parler, il y en a encore une quatrieme qu'on appelle *appointement de concluſion :* c'eſt celui par lequel, ſur l'appel d'une Sentence rendue ſur production des Parties, on conclut ; ce qui fait alors un Procès par écrit, à fournir griefs & réponſes. (*Infrà*, articles 14 & ſuivantes.)

4. *Si ce n'eſt en l'Audience.*] Voyez *infrà* l'art. 32 de ce tit.

5. *A la pluralité des voix*] Les Juges qui ont été d'avis d'appointer, peuvent néanmoins opiner, lorſqu'il paſſe à la pluralité des voix de juger le fond à l'Audience, ſi d'ailleurs ils ſont ſuffiſamment éclaircis, après avoir entendu les délibérations & les raiſons propoſées dans les opinions des autres Juges. (Voyez le Procès-verbal de l'Ordonnance, pag. 66.)

6 *De délibérer préalablement, ſi la Cauſe ſera appointée.*] Tout ce qui peut être jugé à l'Audience, doit y être jugé (Ordonnance du 11 Février 1519, article 19,) & l'on ne doit appointer, ſoit en droit, ou à mettre, que les Cauſes qui ne peuvent être jugées à l'Audience. (Voyez *infrà*, tit. 14, art. 7, note 1, quelles ſont les Cauſes qu'on ne peut appointer, & celles qui peuvent l'être.)

ARTICLE X.

Pourront néanmoins eſtrepris *des appointemens au Greffe* (1) ès matieres de reddition de compte, liquidation de dommages & intérêts, & appellation de taxes de dépens, *lorsqu'il il y aura plus de deux croix* (2).

1. *Des appointements au Greffe.*] Voyez *infrà*, tit. 31, art. 30. Ces appointements se prennent ordinairement du consentement des Procureurs; mais en cas de refus de l'un d'eux, il faut que celui qui veut aller en avant, fasse une sommation au Procureur adverse de le signer & passer, & lui donne jour pour voir ordonner qu'il sera reçû : ensuite cet appointement doit être expédié par le Greffier en forme, & signifié; & du jour de cette signification commencent à courir les délais de fournir moyens ou griefs, &c. (Voyez *infrà*, tit. 29, art. 13.)

2. *Lorsqu'il y aura plus de deux croix.*] Voyez *infrà*, tit. 31, art. 30.

ARTICLE XI.

Abrogeons toutes les instructions à la Barre, *& pardevant les Conseillers commis* (1), comme aussi les renvois pardevant les Juges, à lieu, jour & heure extraordinaire : N'entendons néanmoins en ce y comprendre *les comparutions sur les clameurs de Haro* (2), *& sur les arrêts de personnes ou des biens, en vertu des Privileges des Villes & des Foires* (3).

1. *Et pardevant les Conseillers Commis.*] Ces instructions doivent se faire à l'Audience; & lorsque les Causes sont appointés, il faut suivre ce qui est marqué ci-après dans les articles 23, 24 & suivants de ce titre.

La défense portée par cet article a été renouvellée par une Déclaration du Roi du 12 Août 1669, (rapporté au nouveau Recueil, tom. 1, pag. 271,) qui fait défenses à toutes Cours & Juges d'ordonner que les Parties contesteront devant les Rapporteurs ; & que néanmoins où il arriveroit que les demandes ne seroient pas entiérement éclaircies, & que la matiere requît une plus ample instruction, les Juges pourront ordonner que les Parties contesteront plus amplement en la forme portée par l'Ordonnance du mois d'Avril 1667.

On ne peut non plus donner aucune assignation en l'hôtel d'un Officier du Siege, soit pour représenter des quittances ou autrement, qu'en conséquence d'un Jugement rendu au Siége, par lequel cet Officier aura été commis. (Edit de Janvier 1685, rendu pour le Châtelet de Paris, art. 10, rapporté au nouveau Recueil, tom. 1, pag. 558.)

2. *Les comparutions sur les clameurs de Haro.*] Clameur de Haro est en Normandie la clameur publique, ou de celui à qui on fait violence, & qui implore le secours public, ou la clameur de celui qui trouvant sa Partie, veut la mener devant le Juge (Voyez sur ces clameurs de Haro la Coutume de Normandie, art. 55, & suivants.)

3. *Et sur les arrêts des personnes ou des biens, en vertu des priviléges des Villes & des Foires.*] Il y a des Villes où pour promesses faites par des Forains ou Etrangers, on peut arrêter & faire emprisonner les personnes qui les ont subies. Telle est la Ville de Rheims & plusieurs autres (Voyez *infrà*, tit. 34, art. 4.) Il y a d'autres Villes où l'on peut seulement arrêter les biens pour ces sortes de promesses, & non les personnes. Telles sont les Villes de Paris & d'Orléans, &c. (Voyez la Coutume de Paris, art. 173, & celle d'Orléans, art. 442.)

De

De même il y a des Foires privilégiées, où l'on peut arrêter les marchandises des Débiteurs forains, & même les emprisonner pour marchés faits dans ces Foires. (Voyez Chopin sur la Coutume d'Anjou, liv. 1, chap. 34. Voyez aussi *infrà*, tit. 34, art. 5, note 2.

Dans tous ces cas, comme l'affaire requiert ordinairement célérité, l'instruction se fait en l'hôtel du Juge : à Orléans elle se faisoit à un Siége particulier qu'on nommoit le Siége de la Cage, qui se tenoit en l'Hôtel du Prévot avant la réunion de la Prévôté, & depuis elle se fait en l'hôtel du lieutenant-Général, ou de celui qui le représente. (Voyez la Coutume de Paris, art. 174, & celle d'Orléans, article 443, avec les Commentateurs de ces Coutumes)

En général les assignations à l'extraordinaire ou à l'hôtel du Juge ne peuvent être données que dans les cas qui requierent célérité. (Voyez Henris, tom. 2, liv. 4, Quest. 20, p. 360; & Dumoulin sur l'art. 332 de la Coutume de Paris. Voyez aussi l'art. 6 de l'Édit du mois de Janvier 1685 rendu pour le Châtelet de Paris).

Ces assignations sont nulles si l'on excede le délai pour assigner accordé par le Juge.

Article XII.

L'appointement *en droit* (1) *à écrire* (2) *& produire* (3) sera de huitaine, & emportera aussi réglement à contredire dans pareil délai, encore que cela ne soit exprimé dans l'appointement.

1. *En droit.*] Voyez sur ces sortes d'appointements, *infrà*, tit. 14, art 7.

2. *A écrire.*] Les écritures qui se font en vertu

des appointements en droit en premiere instance, se nomment *Avertissement*; elles contiennent les moyens des Parties, & sont du ministere des Avocats, ainsi que les Griefs, Causes d'appel, réponses, contredits, &c. (Voyez la note 1, sur l'art. 10 du tit. 31 ci-après.)

3. *Et produire.*] La production se fait, en mettant les Pieces au Greffe dans un sac avec un Inventaire des pieces. (Voyez *infrà*, art. 31, la maniere dont on doit faire ces sortes de productions & Inventaires.)

ARTICLE XIII.

Sera néantmoins, aux affaires de peu de conséquence, donné un simple appointement à mettre *dans trois jours* (1), pour estre ensuite distribué par celui à qui qui la distribution appartiendra.

1. *Dans trois jours.*] Voyez ci-dessus, pag. 245, art. 9, note 3, ce qui est dit sur les appointements à mettre, dans quels cas ils ont lieu, & la procédure qui doit s'y observer.

ARTICLE XIV.

Es appellations qui seront relevées ès Cours de Parlement, Grand-Conseil, Cours des Aydes, Présidiaux, Bailliages, Sénéchaussées, & autres Siéges, des Sentences rendues *sur des appointements en droit* (1), mesme par forclusion, contre l'une des Parties, *ou sur des appointemens à mettre, quand les deux Parties ont produit* (2), chacune des Parties sera tenue *dans la huitaine* (3) après l'échéance du délai de l'assignation pour comparoir, de mettre *ses productions au Greffe de la Cour* (4) ou du Siége où l'appel ressortit, *& le faire signifier au Procureur de la Partie adverse* (5).

1, *Sur des appointements en droit.*] Suivant un Réglement du Châtelet de Paris, confirmé par Arrêt du Parlement du 2 Juillet 1691, les appellations des Sentences rendues sur Procès par écrit, soit sur des appointements à mettre ou en droit, se jugent comme les appellations verbales, lorsque les épices des Sentences dont est appel, n'excédent pas la somme de six livres.

2. *Ou sur des appointements à mettre, quand les deux Parties ont produit.*] Donc, si sur l'appointement à mettre les deux Parties n'ont pas produit, le Procès ne demeurera pas appointé de droit ; mais l'appel se portera à l'Audience du Juge supérieur.

On doit aussi se pourvoir comme en Procès par écrit, sur l'appel d'une Sentence rendue par défaut, faute de comparoir sur l'appel d'une Sentence d'un premier Juge, rendue en Procès par écrit. (*Infrà*, art. 19, note 4, pag. 259)

3. *Dans la huitaine.*] Ce délai ne s'observe point à la rigueur. (Voyez *infrà*, art. 17, avec les notes, pag. 255.)

4. *Ses productions au Greffe de la Cour,*] Ces sortes de Procès sur des appels de Sentences rendues en Procès par écrit, sont appointés en droit *ipso jure.*

Toute production qui se fait dans les Procès par écrit, doit nécessairement être déposée au

Greffe, & il en doit être fait inventaire, qui doit aussi être déposé. (Voyez *infrà*, art. 33, de ce tit. avec les notes.)

5. *Et le faire signifier au Procureur de la Partie adverse.*] Il faut observer que la procédure établie dans cet article sur les appels des Sentences rendues sur appointements, n'a lieu que quand l'Intimé ou l'Anticipe ont constitué Procureur : car s'ils avoient omis de le faire, celui qui a fait donner l'assignation, doit prendre défaut contre l'autre Partie, & le faire juger, suivant qu'il est porté en l'art. 3 de ce titre.

ARTICLE XV.

Trois jours après que le Procès aura esté jugé, *le Rapporteur mettra au Greffe* (1) *le* dictum *de la Sentence* (2), *& le Procès en entier* (3), sans qu'il puisse après le Jugement *en donner communication aux Parties, ni à leur Procureur* (4), à peine de tous dépens, dommages & interests.

1. *Le Rapporteur mettra au Greffe.*] On ne peut délivrer l'expédition d'aucune Sentence rendue en Procès par écrit, que la minute n'en ait été mise au Greffe ; & il est défendu aux Procureurs ou autres de retirer les minutes sous quelque prétexte que ce soit. (Arrêt du Conseil du 16 Mars 1705, servant de Réglement entre les Officiers du Présidial d'Autun, art. 29, rapporté au nouveau Recueil, tom. 2, pag. 371.)

2. *Le* Dictum *de la Sentence.*] C'est-à-dire, le dispositif de la Sentence. (Voyez *Infrà*, tit. 26, art 8, note derniere, en quoi le *dictum* d'une Sentence ou Arrêt differe de la minute).

3. *Et le Procès en entier.*] En remettant le Procès au Greffe, il doit avoir soin de faire rayer sa signature, suivant laquelle il étoit chargé de ce Procès sur le registre des distributions; ou de faire mettre à côté en marge, que le Procès a été par lui remis au Greffe.

Quand les Rapporteurs n'ont pas remis au Greffe le Procès dont ils étoient chargés, ils demeurent responsables des pieces pendant cinq ans à l'égard des Procès jugés, & pendant dix ans quand ils n'ont point été jugés. (Arrêt du Parlement de Rouen du 28 Février 1705, rapporté au nouveau Recueil, tom. 2, pag. 341.

Un Arrêt du Parlement de Paris, du 25 Novembre 1555, rapporté par le Vest en ses Arrêts, Arrêt 226, & rendu toutes les Chambres assemblées sur la Requête du Procureur-Général, porte qu'après trois ans, à compter du jour que les Procès auront été jugés, & l'Arrêt prononcé, ou acquiescement fait, les Conseillers chargés des sacs desdits Procès ou leurs veuves & héritiers, se purgeant par serment qu'ils ne les ont point & ne savent où ils sont, seront déchargés de la perte desdits sacs, productions & pieces, & qu'il en est de même à l'égard des incidents & Procès non jugés. Voyez le nouveau Réglement touchant la procédure du Conseil, du 18 Juin 1738, part. 2, tit. 14, art. 1 & 2.)

Les Procureurs doivent avoir soin de retirer du Greffe les pieces des Procès que les Rapporteurs y ont remis; autrement ils sont aussi responsables de ces pieces. (Argument tiré de l'article 3 du titre 14 du même Réglement du 28 Juin 1738.)

Voyez touchant les communications de pieces par les Procureurs, les Lettres-Patentes du 31 Mai 1770, art. 10, ci-après à la fin.

4 *En donner communication aux Parties, ni à*

leur Procureur.] C'est-à-dire, sans qu'ils puissent donner communication des productions. (Voy. le Procès-verbal de l'Ordonnance, page 125, art. 11.) Mais cela ne doit pas s'entendre de la Sentence : car il est permis au Rapporteur d'en donner communication aux Parties avant qu'elles la levent, ou même avant que cette Sentence soit mise au Greffe. Il est même porté par l'Edit du mois de Mars 1673, article 6 : » Que la » communication des Arrêts, Jugements & Sen- » tences qui auront été mis au Greffe, ne pourra » être refusée aux Parties, encore que les épices » & vacations n'aient été payées, à peine d'a- » mende, &c. contre les Greffiers, qui ne pourra » être remise ni modérée, faute par eux de sa- » tisfaire dans la huitaine à la premiere som- » mation qui leur aura été faite, ou à leurs » Clercs ou Commis «. (Voyez le nouveau Recueil, tome 1, page 519.)

ARTICLE XVI.

Le Procès ayant esté remis au Greffe, *les Procureurs retireront leurs productions* (1) : leur défendons de prendre celles des Parties adverses, & aux Greffiers de les bailler par communication, ni les mettre ès mains des Messagers, à peine de vingt livres d'amende, & de tous dépens, dommages & intérests, *sauf aux Parties de prendre des copies collationnées des pieces qui auront esté produites* (2).

1. *Les Procureurs retireront leurs productions.*] Cet article est la suite du précédent, & s'y rap-

porte immédiatement. (Voyez le Procès-verbal de l'Ordonnance, page 125.)

Ces productions ne peuvent être refusées par les Greffiers aux Procureurs, à peine de trois livres d'amende contre les Greffiers par chacun jour de retard. (*Infrà*, tit. 31, art. 4.)

Dans le cas où les Procureurs ont retiré du Greffe les pieces du Procès, ils en demeurent déchargés envers les Parties après cinq ans pour les Procès jugés, & après dix ans pour les Procès non jugés ; & à l'égard de leurs veuves, enfants & héritiers, ou autres ayant droit des Avocats & Procureurs, ils jouissent de cette décharge pour le regard des Procès tant jugés qu'indécis, cinq ans après le décès des Avocats & Procureurs. (Déclaration du 11 Décembre 1597, avec l'Arrêt d'enregistrement rapporté par Néron, tom. 1, p. 693. Voyez aussi le nouveau Réglement touchant la procédure du Conseil, du 28 Juin 1738, part. 2, tit. 54, art. 4.)

2. *Sauf aux Parties de prendre des copies collationnées des pieces qui auront été produites.*] C'est à-dire, produites par les Parties adverses, ou en l'hôtel du Rapporteur, lorsqu'il est encore saisi du Procès. (Voyez *infrà*, tit. 14, art. 10.)

Article XVII.

Si l'une des Parties est en demeure *de faire mettre ou joindre* (1) dans la huitaine ses productions au Greffe de la Cour du Siége d'appel, & de le signifier au Procureur de la Partie adverse, *elle en demeurera forclose de plein droit* (2), *& le Procès sera jugé* (3) sur ce qui se trouvera au Greffe, *sans faire aucun com-*

mandement (4), sommation ni autre procédure ; & néantmoins les inductions, si aucunes ont esté tirées des pieces, écriture ; & reconnoissances *contenues ès productions du Défaillant* (5), demeureront pour *constantes & avérées contre lui* (6).

1. *De faire mettre ou joindre.*] *Mettre*, c'est produire par celui qui va en avant, ou qui produit le premier. *Joindre*, c'est produire par l'autre Partie.

2. *Elle en demeure forclose de plein droit.*] Voyez *infrà*, art. 10, avec les notes, p. 260.

On entend par *forclusion* une exclusion d'écrire & produire encourue par une Partie, pour ne l'avoir pas fait dans le temps porté par l'Ordonnance ; & on appelle *Jugement par forclusion*, celui qui est rendu lorsqu'une Partie n'a pas produit.

Cette forclusion, & celle marquée en l'article 20 du présent titre, n'empêchent pas la Partie forclose d'être reçue à produire en tout état de cause, tant que le procès n'est pas jugé, nonobstant l'échéance des délais. (Voyez le Procès-verbal de l'Ordonnance sur cet article, p. 127, lig. 1 ;) & si le procès est distribué, la production se fait alors entre les mains du Rapporteur.

Pour établir la forclusion, la Partie qui l'a acquise doit remettre au Rapporteur un certificat du Greffier, portant que l'autre Partie n'a pas produit ; ensuite de quoi elle pourra obtenir un Jugement par forclusion. (Voyez le nouveau Réglement touchant la procédure du Conseil, du 28 Juin 1738, part. 2, tit. 5, art. 2.)

3. *Et le Procès sera jugé.*] On n'est point re-

cevable à former opposition aux Arrêts ou Jugements ainsi rendus par forclusion. (Voyez *infrà*, tit. 35, art. 3, avec les notes.)

4. *Sans faire aucun commandement*, *&c.*] Voyez *infrà*, art. 20, note 4, page 263.

5. *Contenues ès productions du Défaillant.*] C'est-à-dire, aux productions qui ont été signifiées en Cause principale.

6. *Constantes & avérées contre lui.*] Faute par lui d'y avoir répondu, en produisant les pieces qui pouvoient détruire cette induction.

ARTICLE XVIII.

Dans la mesme huitaine après l'échéance de l'assignation pour comparoir, *l'Intimé sera tenu de fournir* (1) & mettre au Greffe *la Sentence en forme* (2), *ou par extrait*, *à son choix* (3); & à faute de ce faire dans le temps, l'Appellant sans commandement ni signification préalable, pourra lever la Sentence par extrait aux frais & dépens de l'intimé, dont sera délivré exécutoire.

1. *L'Intimé sera tenu de fournir*, *&c.*] Lorsque les deux Parties sont respectivement Appellantes, c'est à celui qui est le premier Intimé à mettre au Greffe la Sentence en forme, ou par extrait, à son choix, dans le délai porté par cet article; sinon il est permis à celui qui a appellé le premier, de lever cette Sentence par extrait, & de la mettre au Greffe aux frais & dépens du premier Intimé. (Arrêt de Réglement du 8 Août 1714, rapporté au nouveau Recueil, tome 2, page 616.)

2. *La Sentence en forme.*] On appelle *Sentence en forme*, celle qui contient au long le vû des pieces, les qualités des Parties, & le dispositif. *Sentence par extrait*, est celle qui ne contient que les qualités des Parties & le dispositif.

3. *Où par extrait, à son choix.*] Il n'est donc pas permis au Greffier de refuser de délivrer des expéditions par extrait de ces sortes de Sentences, & ils courroient risque d'être punis, s'ils vouloient obliger les Parties de lever les Sentences en forme.

Dans les appellations verbales, l'Intimé n'est pas tenu de rapporter sur l'appel copie de la Sentence, comme dans les Procès par écrit ; (Arrêt de Réglement du 2 Juillet 1691, art. 1, rapporté au Recueil des Réglements de Justice, *in*-12. tome 1.) ce qui est fondé sur ce que les Sentences rendues en l'Audience sont publiques & censées connues des Parties, ou ont dû être signifiées si elles ont été rendues par défaut.

ARTICLE XIX.

Huitaine après que le Procès & la Sentence auront esté mises au Greffe, le Procureur plus diligent, offrira & fera signifier au Procureur de la Partie adverse *l'appointement de conclusion* (1), portant Réglement de fournir griefs & réponses *de huitaine en huitaine* (2), *avec sommation de comparoir au Greffe pour le passer* (3) : & à faute de ce faire trois jours après la signification, *sera le congé ou défaut délivré & jugé* (4), & pour le profit l'Appellant décheu de son appel, & l'Intimé du profit de la Sentence.

1. *L'appointement de conclusion.*] Cet appointement, lorsque les deux Parties concluent, forme la contestation en Cause. Dans les appels portés au Parlement des Sentences rendues en Procès par écrit, lorsqu'il survient quelque incident, il se porte à la Grand'Chambre, si ces incidents surviennent avant que le Procès ait été conclu; mais s'ils ne surviennent qu'après l'appointement, ils se portent aux Enquêtes dans la Chambre où le Procès est distribué; & si la distribution n'en est pas encore faite, c'est à la premiere Chambre des Enquêtes à les juger.

Il faut aussi observer que, lorsqu'on a des fins de non-recevoir, désertions d'appel, ou autres exceptions préalables à proposer, on doit les plaider avant de conclure au Procès. (Ordonnance de 1510, art. 29. Ordonnance de 1535, chap. 8, art. 5.)

2. *De huitaine en huitaine.*] Ces délais ne sont point fatals, & servent seulement à marquer le temps après lequel on peut faire juger le Procès par forclusion. (Voyez *suprà*, art. 17, note 2, page 256.)

3. *Avec sommation de comparoître au Greffe pour le passer.*] Il faut aussi que le Procureur plus diligent, & qui veut aller en avant, consigne l'amende, si l'Appellant ne l'a pas consignée, & fasse signer copie de la quittance au Procureur adverse; les Réglements y sont formels. (Déclaration du 21 Mars 1671, Edit de Février 1691.)

4. *Sera le congé ou defaut délivré & jugé.*] Si la Partie qui a été sommée de passer l'appointement de conclusion, ne comparoît pas, il faut distinguer si c'est l'Intimé ou l'Appellant. Si c'est l'Intimé, on peut lever contre lui le défaut au Greffe, faute de conclure, & le donner à juger, comme les autres défauts dont il a

été parlé ci-dessus, art. 3 & 4. Le profit de ce défaut emporte le mal jugé de la Sentence. Si c'est l'Appellant qui fait défaut, l'Intimé prend contre lui le même défaut, faute de conclure, & pour le profit, l'Appellant est déclaré déchu de son appel.

On ne reçoit point d'opposition aux Jugements qui prononcent ces sortes de défauts, non plus qu'aux Jugements rendus par forclusion. (Voyez *infrà*, tit. 35, art. 3.)

Il faut aussi observer que, sur l'appellation d'une Sentence rendue par défaut, faute de comparoir sur l'appel d'une Sentence d'un premier Juge rendue en Procès par écrit, on doit se pourvoir en la Cour comme en Procès par écrit. (Voyez le Recueil des Réglements concernant les Procureurs du Parlement de Paris, imprimé en 1694, *in*-4°, page 193.)

Article XX.

Les délais de fournir *griefs & réponses* (1), commenceront contre l'Appellant *du jour de la sommation* (2) qui en aura esté faite à son Procureur, par acte signé du Procureur de l'Intimé, & contre l'Intimé, du jour de la signification qui aura esté faite à son Procureur des griefs de l'Appellant; *& sans la forclusion acquise de plein droit* (3) contre l'un & l'autre, *sans autres commandement & procédure* (4), à peine de nullité.

1. *Griefs & réponses.*] On se sert du mot de *Griefs*, dans les appellations sur Procès par écrit;

& du terme de *causes & moyens d'appel*, dans les appellations verbales appointées au Conseil.

2. *Du jour de la sommation.*] C'est-à-dire, de la sommation de fournir griefs.

3. *Et sera la forclusion acquise de plein droit.*] Comme ci-après en l'art. 8, du tit. 14.

Par ces mots, *de plein droit*, il faut entendre que ce sera sans faire d'autres procédures, qui seront nulles au cas que l'on en fasse, (comme il est dit dans le Procès-verbal de l'Ordonnance, page 130, lig. 15.) Ainsi tout ce qui résulte de ces termes, c'est qu'après les délais marqués en cet article, la Partie la plus diligente qui a produit, pourra faire juger la forclusion contre la partie qui n'a pas produit. (Voyez *suprà*, art. 17, aux notes, page 256.) Au reste cette forclusion n'emporte pas la perte du procès contre celui qui a négligé de produire, & les Juges doivent alors juger sur le vû des pieces, sur-tout lorsque c'est l'Intimé qui n'a pas produit: (Argument tiré de l'art. 5 de ce tit. & de l'art. 3 du tit. 5, ci dessus,) car l'Appellant est considéré en cause d'appel comme un Demandeur. Mais si c'est l'Appellant qui n'a pas produit, on le déclare *sans griefs* sans autre examen; parcequ'il est censé n'en avoir aucun à proposer contre la Sentence.

4. *Sans autres commandement & procédure.*] Dans l'usage, les forclusions ne s'acquierent point de plein droit; mais il faut qu'il y ait eu sommation de produire: l'usage est d'en donner deux. M. le premier Président, lors de la rédaction des articles de l'Ordonnance, a donné lieu à cet usage; il demandoit que les Parties, pour acquérir la forclusion, fussent tenues de signifier un acte simple, portant que les délais sont expirés, & que l'on va poursuivre le Jugement du Procès. (Voyez le Procès-verbal de l'Ordon-

nance, pag. 205, lig. 5 & suiv.) Ces sommations doivent être faites de huitaine en huitaine pour les Cours & Siéges ressortissants nuement aux Cours, & de trois jours en trois jours pour les autres Siéges. (Argument tiré de l'art. 4 du tit. 25, ci-après.

Article XXI.

Le mesme sera observé *au lieu des forclusions* (1) de fournir des causes d'appel, réponses & contredits *ès Instances appointées au Conseil* (2).

1. *Au lieu des forclusions, &c.*] C'est-à-dire, que la forclusion aura aussi lieu de plein droit, faute par l'Appellant de fournir cause d'appel, &c. sans autre commandement ni procédure; aulieu qu'anciennement on obtenoit un Jugement qui prononçoit la forclusion de fournir cause d'appel, &c. avant le Jugement définitif.

2. *Es instances appointées au Conseil.*] Voyez ci-dessus la note 1, sur l'art. 9, de ce tit. pag. 245.

Article XXII.

Défendons d'avoir égard aux réponses à griefs, & réponses aux causes d'appel, *si elles n'ont esté signifiées* (1).

1. *Si elles n'ont été signifiées.*] Il en est de même des griefs, & des causes & moyens d'appel. Car c'est une maxime certaine en fait de Procédure, que toutes les Ecritures, de quelque espece qu'elles soient, doivent être signifiées, & qu'il en doit être donné copie aux

Parties adverses ; autrement elles sont rejettées du Procès, sans y avoir aucun égard, & elles n'entrent point en taxe. (Voyez *infrà*, tit. 14, art. 12, avec les notes.)

Au reste cela ne regarde que les écritures, & non les conclusions des Gens du Roi, ni les inventaires de production : car ces actes ne se signifient point. (Voyez *infrà*, art. 33, note 1.)

Voyez encore les art. 9, 10 & 11 du tit. 14, ci-après, touchant la maniere dont on peut prendre communication des Procès : ces articles doivent recevoir ici leur application.

En cause verbale d'appel on ne doit signifier aucuns moyens d'appel. (Réglement du Parlem. de Paris du 2 Juillet 1691, art. 7, R. au Journ. des Aud. tom. 5, pag. 627.

Article XXIII.

Si durant le cours du Procès principal, ou en cause d'appel, sont formées des appellations *ou demandes incidentes* (1), ou qu'on obtienne des Lettres de restitution, récision ou autres, la Partie sera tenue d'expliquer ses moyens dans les mesmes Lettres, *ou dans la Requeste* (2) qui contiendra ses appellations & demandes, & d'y joindre les pieces justificatives, faire signifier le tout à l'Intimé & Défendeur, & lui en donner copie.

1. *Ou demandes incidentes.*] On ne doit jamais permettre aux Parties sur des appellations, de former des demandes incidentes, à moins

que ces demandes ne soient accessoires & dépendantes de ces mêmes appellations : autrement on doit renvoyer devant les premiers Juges, pour procéder sur ces demandes ; & les frais faits à cet égard devant le Juge d'appel par les Demandeurs, ne doivent point entrer en taxe ; les Procureurs mêmes ne peuvent les répéter contre les Parties. C'est ainsi que s'en explique M. le Procureur-Général dans une Mercuriale du 18 Avril 1692, art. 3. (Voyez le nouveau Recueil, tom. 2, pag. 126.)

Si cependant le Défendeur à ces demandes incidentes consentoit de procéder devant le Juge d'appel, il semble que ce Juge en pourroit connoître. (Voyez ce qui a été dit ci-dessus, tit. 6, art. 1, note 2, pag. 182.)

2. *Ou dans la Réquête.*] Voyez *infrà*, art. 27. Voyez aussi la note 2, sur l'art. 24, qui suit, touchant la maniere dont ces Requêtes doivent être répondues & rapportées.

ARTICLE XXIV.

Les incidens *seront réglez* (1) sommairement & sans épices, par la Chambre où le procès sera pendant, *sur une simple Requête qui sera présentée* (2) à cette fin par l'Appellant & Demandeur, laquelle contiendra les moyens, & l'emploi fait de sa part pour cause d'appel, écritures & productions de ses Requêtes & Lettres, & des pieces qui y seront jointes, dont sera donné acte, & ordonné que le Défendeur sera tenu de fournir de réponses, écrire & produire de sa part dans trois jours, ou autre plus bref délai, selon la nature & qualité des incidens; *qui seront joints au Procès principal* (3).

1. *Seront réglés.*] C'est-à-dire réglés par appointement, par lequel il sera donné acte au Demandeur de sa production sur ces incidents, & il sera ordonné que le Défendeur y répondra, comme il est dit à la fin de cet article; ou bien par lequel on renverra sur ces demandes les Parties devant le premier Juge.

2. *Sur une simple Requête, qui sera présentée, &c.*] Cette Requête doit être présentée au Rapporteur, & de lui répondue & signée; & il est défendu d'en présenter à d'autres qu'à lui. (Réglement du Conseil du 24 Mai 1603, rendu pour le Présidial de Bourg-en-Bresse, art. 25; Arrêt de la Cour du 23 Mai 1678, servant de Réglement entre les Officiers de la Prévôté du Mans; Edit du mois de Janvier 1685, servant de Réglement pour le Châtelet de Paris, art. 5, rapporté au nouveau Recueil, tom. 1, pag. 556.)

Cette Requête doit aussi être intitulée du nom du Rapporteur, & à lui adressée : tel est l'usage du Châtelet de Paris. Il y a cependant quelques Siéges où le contraire se pratique; & il a même été ainsi jugé par Arrêt du 10 Juin 1689, rendu pour le Présidial d'Angoulême, art. 7.

Dans les Cours Souveraines, toutes les Requêtes sont adressées à la Cour.

Lorsque la Requête a été présentée au Rapporteur, il doit en faire son rapport à la Chambre pour y régler les Parties sommairement & sans frais, ainsi qu'il est dit au commencement du présent article.

Mais il est défendu aux Procureurs de suivre

les Réglements de ces sortes de Requêtes à l'Audience ni autrement, lorsque les Procès sont appointés, & aux Greffiers de leur en délivrer aucun appointement. (Arrêt du Parlement du 9 Aout 1669.) Cependant je vois que dans l'usage on viole tous les jours ce Réglement.

Lorsqu'il n'y a point encore de Rapporteur nommé, on prend une Ordonnance de *Viennent* signée du Président, sur laquelle les Parties se pourvoient à l'Audience.

Au surplus ce qui vient d'être dit, que les Requêtes présentées au Rapporteur doivent être rapportées à la Chambre, ne s'entend point des Requêtes d'instruction : car le Rapporteur peut répondre seul en sa maison ces sortes de Requêtes, sans être obligé d'en faire le rapport, à moins qu'elles ne fissent préjudice au principal, auquel cas il doit les rapporter à la Chambre.

3. *Qui seront joints au procès principal.*] S'il y a lieu de les joindre ; sinon elles doivent être rejettées.

Article XXV.

Sera tenu le Défendeur ou Intimé dans le mesme délai, de faire bailler au Procureur du Demandeur & Appellant, *copie de l'inventaire de sa production* (1), *& des pieces y contenues* (2) sans qu'on puisse donner de contredits sur les incidens, *sauf à y répondre par requeste* (3).

1. *Copie de l'inventaire de sa production.*] Car ces sortes d'inventaires se signifient, à la différence de ceux de la production principale qui ne se doivent point signifier. (Voyez *infrà*, art. 33, note 5.

2. *Et des pieces y contenues.*] C'eſt-à-dire, & copie des pieces y contenues, ainſi qu'il réſulte du Procès-verbal de l'Ordonnance ſur cet article. (Voyez ce Procès-verbal, pag. 133.)

3. *Sauf à y répondre par Requête.*] Parce que les Requêtes occaſionnent moins de frais que les contredits. (Voyez le Procès-verbal de l'Ordonnance ſur cet article, *ibidem*, pag. 133.)

ARTICLE XXVI.

Ne ſeront expédiées à l'avenir aucunes Lettres *pour articuler faits nouveaux* (1); mais les faits ſeront poſez par une ſimple requeſte qui ſera ſignifiée & jointe au Procès, ſauf au Défendeur d'y répondre par une autre requeſte.

1. *Pour articuler faits nouveaux* [*V. G.* ſi ce ſont des pieces déciſives nouvellement recouvrées, ou quelque fait nouveau qui change l'état de la Cauſe. Les Requêtes qui ſe donnent à cet effet, doivent, comme il eſt dit ci-deſſus ſur l'article 24, être préſentées au Rapporteur, qui en fait ſon rapport à la Chambre.

ARTICLE XXVII.

Si durant le cours d'un Procès une des Parties *forme des demandes incidentes* (1), prend des Lettres, ou interjette des appellations des Jugemens & appointemens qui auront eſté produits, elle ſera tenue *de faire tous les incidens par une meſme requeſte* (2) laquelle ſera réglée *en la forme ci dessus ordonnée* (3) : & à faute de ce faire, les autres incidens qui seront formez ensuite par la meme Partie, avec les pieces justificatives qui les concerneront, *seront joints au Procès* (4), pour sur ces incidens, ensemble sur les Requestes & pieces qui pourront estre jointes de la part de l'autre Partie, y estre fait droit diffinitivement, ou autrement : & à cette fin, les Parties *seront tenues se communiquer les Requestes* (5) & pieces dont ils entendent se servir.

1. *Forme des demandes incidentes.*] Voyez l'article 24, ci-dessus, qui établit la regle générale; celui-ci renferme la maniere de l'exécuter.

2. *De faire tous les incidents par une même Requête.*] Voyez l'art. 1 du tit. 9, ci-dessus. On ne peut produire par Requête aucunes pieces, sinon dans les productions nouvelles, & dans les incidents où l'Ordonnance oblige d'employer. Toutes les autres productions, où il s'agit de produire des pieces, se font par inventaire; autrement elles ne passent point en taxe. (Voyez le Recueil *in*-4°. des Réglements concernant la Communauté des Avocats & Procureurs du Parlement de Paris, pag. 150.)

3. *En la forme ci dessus ordonnée.*] En l'article 24, du présent titre.

4. *Seront joints au Procès.*] Par une Déclaration du 18 Octobre 1693, rendue pour le Parlement de Toulouse, S. M. a ordonné » que » les Lettres incidentes aux Procès pendants en » toutes les Chambres de ladite Cour, pourront » être jointes auxdits Procès aux termes de cet

» article, ou renvoyées en Jugement selon l'exi-
» gence des cas, & par ordonnance délibérée en
» la Chambre sur requête, laquelle à cet effet
» sera remise ès mains du Rapporteur du Procès
» principal, sans que les Parties puissent être re-
» çues à se pourvoir par Lettres en opposition
» contre lesdites oppositions; & que les autres
» oppositions, ensemble les Lettres en interven-
» tion seront portées à l'audience de la Grand-
» Chambre où le Procès sera pendant en la for-
» me ordinaire; & qu'à l'égard des Lettres ten-
» dantes à distraction de Ressort, évocation, ou
» introduction d'instance, elles seront plaidées
» en la Grand'Chambre de ladite Cour, con-
» formément à la Déclaration du 10 Décembre
» 1780, sans que sous prétexte de litispendance
» ou connexité avec les Procès pendans ès autres
» Chambres, elles y puissent être plaidées.

5. *Seront tenues se communiquer ses Requêtes, &c.*] Cette communication se fait de la main à la main, & non par la voie de signification.

Article XXVIII.

Toutes Requestes d'interventions (1), tant en premiere instance qu'en Cause d'appel en contiendront les moyens, *& en sera baillée copie* (2), & des pieces justificatives, pour en venir à l'Audience des Siéges & Cours, où le Procès principal sera pendant, *pour estre plaidées & jugées* (3) contradictoirement, ou par défaut, sur la premiere assignation, mesme ès Chambres des Enquestes de nos Cours de Parlement : ce que Nous voulons eſtre obſervé, à peine de nullité & de caſſation des Jugemens & Arreſts qui pourroient intervenir, & de répétition de tous dommages & intéreſts ſolidairement, tant contre la Partie, que contre les Procureurs en leur nom.

1. *Toutes Requêtes d'intervention.*] Cet article reçoit auſſi ſon application aux Cauſes d'Audience, dans leſquelles on ne peut intervenir ſans en donner les moyens par la Requête d'intervention ; & ſi l'on intervient à l'Audience, il faut plaider ſur-le-champ les moyens d'intervention. C'eſt un abus de recevoir quelqu'un Partie intervenante, & d'ordonner qu'il en donnera les moyens au prochain Siége ; cela ne ſert qu'à tirer les procès en longueur. Un Intervenant doit toujours être prêt.

Pour intervenir dans une inſtance, ſoit aux Cours de Parlement, ſoit dans les Préſidiaux, il n'eſt pas néceſſaire de prendre une commiſſion en Chancellerie.

Si la Partie qui intervient eſt privilégiée, elle peut en vertu de ſon privilege faire renvoyer l'affaire principale devant les Juges de ſon privilege. C'eſt ce qui réſulte de l'article 21 de l'Ordonnance du mois d'Août 1669, au titre des *Committimus ;* mais il faut pour cela que cette intervention ſoit fondée.

L'Arrêt de Réglement du 5 Juin 1659 rendu entre les Officiers du Bailliage de Montdidier & ceux de la Prévôté dudit lieu, rapporté au Journal des Audiences, tome 2, peut ſervir de regle ſur la maniere dont ces ſortes d'intervention doivent être reçues. Il eſt porté par cet Arrêt : » que ceux qui ont leurs cauſes commiſes au » Bailliage pourront intervenir en tout état de

» cause pour demander leur renvoi au Bailliage, » encore que la cause soit contestée, même ap- » pointée & distribuée en la Prévôté, pourvu » que le Procès ne soit point en état de juger sur » production respective des Parties ou par for- » clusion duement acquise ; pourvu aussi que ce- » lui qui formera son intervention, soit inté- » ressé en son nom, ou comme héritier, ou à » un autre titre universel & particulier, de bonne » foi & sans fraude ; & que s'il n'a d'autre qualité » que celle de Créancier simple de l'une des Par- » ties qui plaident, le renvoi n'aura lieu ; mais » que s'il veut intervenir en ce cas pour empê- » cher la collusion, il sera tenu de procéder en » la Prévôté, si les Parties principales y sont jus- » ticiables «. Ce qui est aussi conforme à la dis- position portée en l'art. 8 du titre 8 ci-dessus.

Il faut aussi observer que ce renvoi ne pourroit être demandé par un Privilégié qui interviendroit en cause d'appel seulement, à moins que ses droits n'eussent pas encore été ouverts, ou que lui ou ses auteurs n'eussent pu agir avant le Jugement rendu en cause principale. (Argument tiré de l'Ordonnance des Evocations du mois d'Août 1737, tit. 1, art. 29.)

Dans les interventions qui peuvent survenir dans le cours des Procès par écrit, s'il y a lieu d'y avoir égard, les Juges doivent ordonner par le Jugement qui reçoit la Partie intervenante, qu'il sera fait droit sur le surplus de sa demande ainsi qu'il appartiendra, en jugeant l'instance principale.

Les Parties qui n'ont rien à dire de nouveau sur ces interventions, doivent seulement employer pour moyens ce qu'elles ont dit dans le cours de l'instance, & remettre leurs Requêtes entre les mains du Rapporteur.

2. *Et en sera baillée copie.*] Afin de connoître

si la Partie qui intervient, a quelque intérêt dans la cause, & que cela n'éloigne pas le Jugement : *ne interventio malitiosè & ad processum extrahendum fiat. L. si suspecta, ff. de inoffic. testam.*

8. *Pour être plaidées & jugées.*] Si l'intérêt de l'Intervenant est apparent, l'intervention doit être reçue & jugée avec la cause principale dans le cas où il s'agit d'une cause d'Audience, & lorsque le principal peut être jugé en même temps que l'intervention ; & alors on fait droit sur le tout par un seul & même Jugement. Mais si le Procès est par écrit, on appointe *en droit & joint* sur cette intervention, qui est ensuite réglée par le même Jugement que le principal, s'il y a lieu de le faire, sauf à disjoindre.

ARTICLE XXIX.

Ceux qui font profession de la Religion Prétendue-Réformée, ne pourront sous prétexte d'intervention évoquer en la Chambre de l'Edit, les Procès pendans entre d'autres Parties ès Chambres de nos Cours de Parlement ; si l'intervention n'est faite dans le mois pour les Causes d'Audiences, à compter du jour de la publication du rolle, si elles y ont esté mises, ou de la signification du premier acte pour venir plaider ; & s'il y a appointement en droit ou au Conseil, du jour de l'appointement ; & à l'égard des Procès par écrit, du jour du premier Arrest de conclusion : autrement ils ne seront

ſeront recevables à évoquer, ſauf à intervenir dans les Chambres où les Procès ſeront pendans, ſans qu'ils en puiſſent évoquer.

Article XXX.

Si par le Jugement du Procès qui aura eſté évoqué ès Chambre de l'Edit, ſur l'intervention d'aucun faiſant profeſſion de la Religion Prétendue-Réformée, il paroiſt que l'Intervenant n'euſt aucun intéreſt au Procès, & qu'il ne fuſt intervenu que pour évoquer; en ce cas, il ſera condamné aux dommages & intéreſts des Parties qui auront eſté évoquées, & en cent cinquante livres d'amende envers Nous, pour avoir abuſé de ſon Privilege.

Article XXXI.

Le Procureur de celui qui voudra évoquer en la Chambre de l'Edit, ſera fondée de procuration ſpéciale; autrement il en ſera débouté.

Ces trois articles ſont devenus inutiles depuis l'Edit du mois d'Octobre 1685, portant révocation de l'Edit de Nantes, qui défend l'exercice de la Religion Prétendue-Réformée dans le Royaume.

Article XXXII.

Défendons à tous Greffiers, en quelque Siege & matiere que ce ſoit, d'écrire ſur leur feuille, ou dans le regiſtre de leurs minutes, & de délivrer, collationner ou parapher aucun congé ou défaut, appointement à mettre ou en droit, Arreſt, Jugement ou Ordonnance de requeſte, & pieces miſes ès Cauſes d'Audience, *qu'il n'ait eſté prononcé publiquement par le Juge* (1), à peine de faux, & de cent livres d'amende, applicable moitié à Nous, moitié aux réparations de l'Auditoire.

1. *Qu'il n'ait été prononcé publiquement par le Juge.*] Quand les appointements ſont convenus, rédigés & ſignés par les Avocats & Procureurs des Parties; il ſemble qu'on peut les mettre au Greffe ſans en demander la réception aux Parties; mais il eſt plus sûr de faire recevoir ces appointements par le Juge.

ARTICLE XXXIII.

Défendons pareillement aux Procureurs en toutes nos Cours, Juriſdictions & Juſtices, *de mettre au Greffe* (1) *des productions en blanc* (2), ni aucun inventaire, *dont les cottes ne ſoient pas remplies* (3), & aux Greffiers de les recevoir : Et voulons que s'il s'en trouve aucune à l'avenir de cette qualité, le Procureur qui l'aura miſe, & le Greffiier qui l'aura receue, ſoient condamnez chacun en cent cinquante livres d'amende, applicable comme dessus, *& sera le Procès jugé* (4), *sans qu'il soit besoin de faire aucune poursuite pour remplir l'inventaire* (5).

1. *De mettre au Greffe.*] Tous Procès, quels qu'ils soient, quand ils sont par écrit, doivent être produits par la voie du Greffe, & remis aux Greffiers, qui sont tenus de s'en charger par inventaire. (Ordonnance de 1535, chapitre 12, article 18.)

L'Arrêt de la Cour du 3 Septembre 1667, servant de Réglement général pour les procédures qui se poursuivent dans le ressort du Parlement de Paris, porte : » Que toutes les productions » des Parties passeront par le Greffe, & seront » remises au Greffier Garde-Sacs, qui sera tenu » de les enregistrer sur un registre sur lequel cha- » que Officier des Sieges Présidiaux, Bailliages » & autres Justices Royales, même des Justices » subalternes, s'en chargera & mettra sa signa- » ture à côté de l'enregistrement du Sac, qui » sera rayée lorsque le Rapporteur l'aura remise » au Greffe; & que le Greffier en demeurera char- » gé, s'il n'appert que quelque Officier en soit » chargé sur le registre par sa signature qu'il » aura apposée. « Voyez le nouveau Recueil, tome 1, page 159.

Cette nécessité de produire par la voie du Greffe a lieu non seulement dans les appointements de conclusions, mais aussi dans les appointements en droit & au Conseil, & même dans les appointements à mettre, du moins dans les Cours. Voyez le Procès-verbal de l'Ordonnance de 1667, tit. 6, art. 10, page 68. Mais lorsque les Procès appointés à mettre se distribuent nommément à un des Juges présents, nommé par la Sentence d'appointement, ainsi qu'il s'observe dans les Bailliages & Sénéchaussées, on ne les produit point au Greffe, mais on les remet tout d'un coup au Rapporteur nommé. (Voyez *suprà*, art. 9, note 3, page 246.

Au reste, ce qui vient d'être dit ne regarde que les productions *principales*, & non les productions *nouvelles* : car il suffit de produire ces dernieres entre les mains du Rapporteur. Il en est de même des écritures qui se font depuis que le Procès est distribué ; ces procédures ne se remettent point au Greffe, mais au Rapporteur chargé du procès.

On appelle *production principale* dans les appointements de conclusion, celle qui contient les pieces sur lesquelles les premiers Juges ont rendu leur Sentence en Procès par écrit ; & dans les appointements en droit ou au Conseil, celle qui se fait en vertu du Jugement qui a prononcé l'appointement.

On entend par *production nouvelle*, celle qui se fait sur des incidents dans le cours d'une Instance ou Procès, après que la production principale a été mise au Greffe.

Les Procureurs doivent avoir attention de composer les productions des pieces qu'ils veulent produire par des dossiers séparés, s'il y a beaucoup de pieces, sinon par un seul, & de cotter ces dossiers par ordre des lettres alphabétiques. Chacun de ces dossiers doit contenir les pieces qui ont du rapport les unes aux autres, & qui doivent toutes être paraphées par premiere & derniere, & attachées ensemble.

Il faut pour cela suivre dans la production, autant qu'on le peut, l'ordre naturel du fait & de la procédure, en sorte que la demande soit la premiere cotte de la production ; que les pieces justificatives de la demande composent les pieces suivantes, selon l'ordre & la date des faits; que les défenses, si aucunes y a, soient placées après; ensuite l'appointement; & enfin les écritures, auxquelles doivent être attachées les sommations de produire & contredire, s'il y en a. Cet ordre dans la production doit être également observé par toutes les Parties.

2. *Des productions en blanc.*] C'est-à-dire des productions sans piece & non remplies.

3. *Dont les cottes ne soient pas remplies.*] Il est nécessaire que les inventaires des productions mises au Greffe soient cottés, parceque les Parties dans leurs productions ne peuvent produire ni plus ni moins que ce qui est en l'inventaire. (Edit du mois d'Octobre 1446, article 39. Ordonnance de 1453, art. 100. Ordonnance de 1535, chap. 8, art. 14.)

Toutes les productions qui se mettent au Greffe, doivent être accompagnées d'un inventaire des pieces produites : c'est la disposition de l'article 12, de l'Ordonnance du 3 Janvier 1528, qui porte : » Que les Procureurs des Parties seront » tenus de faire inventaire des Procès qu'ils pro- » duiront pardevant les Juges; & défend aux Greffiers de les recevoir sans cet inventaire.

L'Ordonnance de 1535, chap. 3, art. 24, veut aussi : » Que dans les Procès par écrit il soit » fait inventaire des pieces que chacune des Par- » ties aura produites, & dont elle entend se ser- » vir pour le Jugement du Procès; & l'article suivant défend aussi aux Greffiers de les recevoir sans cet inventaire; ce qui est encore répété en l'art. 14, du chap. 18 de la même Ordonnance. (Voyez Imbert en ses Institutions, liv. 1, chap. 47, n. 1.)

La raison pour laquelle cet inventaire est requis, est afin que les Parties sachent de qui elles pourront recouvrer leurs pieces, & que l'on sache ce qu'elles ont produit par le jugement du procès.

Quand on produit sur l'appel avant l'appointement de conclusion, on ne met au Greffe que l'inventaire de production de la Cause principale.

Cet inventaire que les Praticiens disent être l'ame du procès, (suivant Carondas en ses notes sur le Code Henri, liv. 2, tit. 33, art. 3,) doit contenir une description sommaire des pieces que la Partie produit. Ces pieces doivent y être énoncées dans le même ordre qu'elles ont été produites. Les Procureurs doivent aussi y exposer pour quelle fin ils produisent chaque piece, ce qu'elle contient, l'induction qu'ils en tirent, ce qui sert, tant pour établir le droit de la Partie, que pour instruire la religion du Juge; mais il ne doit contenir aucune raison de Droit. (Ordonnance du mois d'Avril 1458, art. 101. Ordonnance de 1507, art. 132. Ordonnance de 1535, chap. 8, art. 13.)

Les pieces produites dans cet inventaire doivent être cottées par lettres *A*, *B*, *C*, &c. tant en l'inventaire que sur le dos des pieces produites. (Ordonnance du mois d'Août 1539, chap. 1, art. 5, rapportée en la Conférence des Ordonnances, tom. 1, liv. 3, §. 66, page 518.)

Cet inventaire doit aussi être signé du Procureur qui le produit, & il doit en avoir un double, à la fin desquels deux inventaires il doit être mis par le Greffier, après la derniere ligne desdits inventaires & signature du Procureur, *apporté au Greffe tel jour & an par tel Procureur.* L'un de ces inventaires doit être joint aux pieces du procès, & l'autre doit être remis à la Partie ou à son Procureur pour le garder, & recouvrer les pieces quand elle en aura besoin. (Ordonnance de 1535, chap. 3, art. 24)

Les inventaires de production principale ne doivent point être signifiés, parceque les pieces produites n'étant point sujettes à communication, jusqu'à ce que l'autre Partie ait produit ou renoncé de produire, (*infrà*, tit. 14, art. 9,) il est juste que l'inventaire des pieces, du moins de celui qui a produit, ne soit point communiqué à l'autre Partie, & par conséquent qu'il ne lui soit point signifié.

C'est pourquoi dans la taxe des dépens, on ne passe point en taxe les copies des inventaires de production sur les demandes & appellations principales, mais seulement sur les incidents. (Voy. le Recueil des Réglements de la Communauté des Avocats & Procureurs du Parlement de Paris de 1694, *in*-4°. page 80, où est rapportée une Délibération de cette Communauté du 5 Mai 1687, art. 10, qui en a une disposition expresse. C'est aussi ce qui est établi par M. Pussort sur l'art 8, du tit. 27 du Procès-verbal de l'Ordonnance, page 379.)

La raison de cette différence est fondée sur ce qu'on ne donne point copie des productions principales, & qu'elles ne se signifient point; au lieu qu'on signifie les productions incidentes. (Voyez le Procès verbal de l'Ordonnance, tit. 11, art. 20, page 133.)

4. *Et sera le Procès jugé.*] Sur ce qui a été produit.

5. *Sans qu'il soit besoin de faire aucune poursuite pour remplir l'inventaire.*] Afin de ne pas retarder le jugement du procès.

TITRE XII.

Des Compulsoires & collations de Pieces (*a*).

ARTICLE PREMIER.

LES assignations pour assister *aux compulsoires* (1), *extraits ou collations de pieces* (2), ne seront plus données aux portes des Eglises, ou autres lieux publics, pour de là se transporter ailleurs; mais seront données à comparoir *au domicile d'un Greffier ou Notaire* (3), soit que les pieces qui doivent estre compulsées soient en leur possession, *ou entre les mains d'autres personnes* (4).

1. *Aux compulsoires.*] Lorsqu'une Partie a besoin pour établir son droit d'une piece ou d'un acte qui n'est point en sa possession, mais en celle d'un Officier public, qui par son état est obligé de tenir l'acte secret, cette Partie peut prendre communication de cet acte, & s'en faire délivrer une copie, en s'adressant à cet effet au Juge, qui lui permet de le compulser; ce qui se fait en décernant par le Juge une ordonnance

(*a*) Voyez touchant les Compulsoires les Lettres Patentes du 12 Août 1779.

ou commission, pour contraindre l'Officier public dépositaire de cet acte à le représenter, afin d'en être tiré une copie collationnée par un Huissier porteur de cette ordonnance ou de cette commission, au profit de la Partie qui veut s'en aider.

La raison pour laquelle on est obligé dans ce cas d'implorer le secours du Juge, c'est que les actes reçûs par les Notaires appartenant aux Particuliers qui les ont passés, ou à ceux qui représentent ces Particuliers, il est défendu aux Notaires dépositaires de ces actes d'en donner communication, & par conséquent d'en délivrer des expéditions à d'autres, à moins que par justice il n'en soit autrement ordonné. (C'est la disposition précise de l'art. 277, de l'Ordon. de 1539.)

Il en est de même des Actes ou Registres publics passés par autres que par les Notaires, lorsque celui qui en est dépositaire refuse d'en donner communication, car alors on peut en avoir des copies par la voie du compulsoire : v. g. si c'est un Greffier qui refuse de donner communication d'une Sentence : (car ces Officiers sont obligés de délivrer des expéditions de leurs Greffes à toute Partie requérante, en leur payant leurs salaires ;) ou si c'est un Curé qui refuse de donner une expédition d'un acte de Baptême, célébration de Mariage, &c. (Voyez *infrà*, tit. 20, art. 18.

Si l'acte dont une Partie a besoin, est entre les mains d'un Particulier à qui il appartient, cette Partie ne peut l'obliger de le lui communiquer dans le cas où la production de cet acte pourroit préjudicier à celui qui l'a en sa possession : à plus forte raison cela doit-il avoir lieu à l'égard d'une Partie avec laquelle on est en procès, lorsque la représentation de cette piece lui causeroit du préjudice. C'est le fondement de la maxime, *Nemo tenetur edere contra se.* (Voyez la Loi *cogi* 11. *Cod. de petitione heredit. L.* 4. *Cod. de edendo. L.* 8. *Cod. eod. tit.* avec la note 45 de Godefroi sur cette loi. *L. nimis grave est. Cod. de Testibus.*)

Mais quand la piece a une fois été produite, alors elle devient commune, & il ne dépend pas de la Partie qui l'a produite de la retirer, quand même cette pièce lui seroit préjudiciable. (Voyez Gui-Pape, quest. 243. Boerius, décis. 252, n. 3, & Imbert, liv. 1, chap. 46. n. 6. Voyez aussi *infrà*, tit. 14, art. 9, note 1.)

Lorsqu'il s'agit d'actes privés qui sont entre les mains d'une tierce personne, on peut aussi la forcer de les représenter par la voie du compulsoire, pour en avoir des copies collationnées qui fassent foi contre celui avec qui on est en contestation, (*L. finali. Cod. de fide instrument. & amiss.*)

Les compulsoires se font non-seulement en vertu d'une Ordonnance du Juge, mais aussi en vertu d'un Jugement, lorsqu'ils sont demandés dans le cours d'une Instance; ce qui suffit quand l'Officier public chez lequel on veut compulser, demeure dans le ressort du Juge qui a ordonné le compulsoire. Mais si cet Officier demeure hors le détroit du Juge, il faut nécessairement un *Pareatis* du Juge du lieu, ou une ordonnance du Juge supérieur, ou enfin des Lettres de Chancellerie; ce qui résulte de l'art. 6 du tit. 27, ci-après.

Ces compulsoires s'obtiennent non-seulement dans le cours d'une Instance, mais aussi quelquefois avant aucune assignation; comme quand on veut assigner quelqu'un en retrait lignager, & qu'on veut avoir copie du contrat de la vente qui a été faite de l'héritage sujet au retrait à celui sur qui on veut le retirer. Le Juge à qui on demande le compulsoire, ne doit l'ordonner dans ce cas que Partie présente, c'est-à-dire la Partie sur laquelle on veut faire le retrait, ou elle duement appellée.

Si le Notaire ou autre chez qui on veut compulser, refuse de le faire, il faut l'assigner devant le Juge qui a permis le compulsoire, pour le faire débouter de son opposition, à peine de tous dépens dommages & intérêts, & de saisie de ses meubles; & contre les Curés, à peine de saisie de leur temporel, & privation de leurs droits & priviléges (Voyez *infrà*, tit. 20, art. 18.) Cette opposition doit se porter devant le Juge qui a ordonné le compulsoire. (*Infrà*, art. 5, note 6.)

Toute personne qui a intérêt d'empêcher le compulsoire, peut aussi y former opposition; & il semble même que le Notaire est en état de refuser la communication de l'acte qui lui est demandé, à moins que les parties intéressées ne soient appellées. Sur cette opposition il faut se pourvoir à l'Audience, & y obtenir un Jugement.

Ces compulsoires se font par des Huissiers, & si l'acte se compulse chez un Notaire, ce dernier en fait ordinairement une expédition, & représente en même tems la minute à l'Officier commis au compulsoire, lequel collationne cette expédition ou copie, & en fait mention au pied de l'acte. Les Notaires prétendent que quand le compulsoire se fait en leurs études, c'est au Notaire qui a la minute à en faire & délivrer la copie, mais les Huissiers prétendent le contraire, & ils ont été maintenus à Paris en leur prétention par Arrêt du Parlement du 19 Mai 1740, rendu par provision en leur faveur. (Voyez cet Arrêt au code Louis XV, tome 12.)

Lorsque c'est un Huissier qui fait la copie de l'acte compulsé, cette copie fait foi de même que si elle étoit faite par un Notaire. On peut ne prendre, si l'on veut, ces copies que par extrait, suivant le besoin qu'on en a.

Il n'est pas toujours nécessaire pour avoir un acte passé devant un Notaire, ou autre Officier public, de le faire compulser ; il y a des cas où il suffit d'une simple requête présentée au Juge. Ces cas sont,

1°. Lorsqu'une personne à besoin de l'expédition d'un acte dans lequel elle est Partie, & que le Notaire le lui refuse.

2°. Dans le cas où le Notaire refuse de délivrer une expédition de l'acte, parce qu'il est imparfait ; comme s'il n'est pas signé de toutes les Parties.

3°. Lorsqu'il s'agit d'un Particulier qui a perdu la grosse d'un titre.

En conséquence de l'Ordonnance du Juge mise au bas de cette requête, on fait un commandement au Notaire ; & s'il refuse, on l'assigne à trois jours au Siége pour être condamné, même par corps, à mettre l'expédition de la piece quon lui demande, en offrant de lui payer ses salaires, & en outre pour être condamné aux dommages & intérêts du Demandeur, suivant les cas.

Il faut néanmoins observer que quand il s'agit d'avoir la délivrance d'une seconde grosse, elle ne peut s'ordonner que Parties ouïes ; ou du moins qu'en présence de l'Obligé, ou lui duement appellé. (Ord. 1539, art. 178 ; Réglement du Parlement de Rouen du 6 Avril 1666, art. 119.)

2. *Extraits ou Collations de pieces.*] La collation d'un acte est la représentation & comparaison de la copie de cet acte à son original, pour voir si elle y est conforme. Elle peut se faire de deux manieres, ou en Justice, ou hors Justice.

Celle qui se fait en Justice, se fait pendant le cours d'une Instance, de l'ordonnance du Juge devant lequel cette Instance se poursuit. Cette collation se fait par un Greffier ou par un Huissier, Parties présentes, ou duement appellées; & alors la piece collationnée fait la même foi que l'original ou la minute, contre les Parties qui ont été appellées.

Les collations judiciaires dans les Cours, se font devant un Commissaire nommé : & dans les Jurisdictions où il y a des Commissaires-Enquêteurs, elle se fait devant un des Commissaires, sinon devant le Juge qui a l'instruction. Mais s'il s'agit de collationner une piece produite dans une Instance appointée ou distribuée, cette collation se fait devant le Conseiller Rapporteur.

A l'égard des collations extra-judiciaires, elles se font par des Notaires & Secrétaires du Roi : mais elles ne font foi contre des tiers qu'autant qu'on y en veut ajouter.

Si l'original de l'acte qu'on veut collationner, est entre les mains d'une personne qui demeure hors le ressort du Juge, il faut suivre ce qui a été dit ci-dessus, pag. 284.

3. *Au domicile d'un Greffier ou Notaire.*] Lorsque la Partie a obtenu l'Ordonnance ou Jugement portant permission de compulser, ou de collationner quelque piece, elle doit signifier cette Ordonnance ou Jugement à celui contre lequel elle veut s'en servir, ou à son Procureur, avec assignation à comparoître à jour certain & heure précise au domicile d'un Greffier, ou en l'Etude d'un Notaire, pour de-là se transporter ou besoin sera. Elle doit aussi signifier la même Ordonnance ou Jugement au Notaire ou autre qui a en sa possession la Piece qu'on veut compulser, & lui faire commandement de se

trouver dans son Etude pour y être fait la représentation des pieces dont il est fait mention, & en être délivré des copies ou extraits, ou fait collation desdites pieces. L'Huissier se transporte à l'heure marquée en l'Etude, ou autre lieu de dépôt : le Demandeur ou son fondé de procuration y comparoît; & après que le Notaire ou autre Dépositaire a consenti, l'Huissier dresse son Procès-verbal, dans lequel il fait la description des pieces, & les collationne, ou en tire des copies ou des extraits en présence du Dépositaire & des Parties, & donne copie de tout au Défendeur.

Si le Défendeur fait défaut, il faudra suivre ce qui est marqué en l'article suivant. (Voyez cet article avec les notes.)

Lorsque la piece est en dépôt chez un Juge comme quand il s'agit de faire une collation chez un Rapporteur, il faut tout d'un coup donner assignation en l'Hôtel du Juge pour y faire faire la collation, qui se fait alors par le Greffier du Siege. (Voyez ce qui a été dit ci-dessus, tit. 11, art. 16, note 2, page 255.)

Les Jugements rendus en matiere de compulsoires & de collations de pieces étant des Jugements préparatoires ou d'instruction, doivent s'exécuter par provision. (Voyez *infrà*, titre 17, article 17, note 3.)

4. *Ou entre les mains d'autres personnes.*] Chez lesquelles on se transportera ensuite à cet effet.

Article II.

Le Procès-verbal de compulsoire & de de collation ne pourra estre commencé qu'une heure *après l'écheance de l'assigna-*

tion (1) dont mention sera faite *dans le Procès-verbal* (2).

1. *Après l'échéance de l'assignation.*] C'est pourquoi on doit indiquer dans l'Exploit, non seulement l'endroit & le jour, mais encore l'heure à laquelle se doit faire le compulsoire ou la collation.

Si les Parties comparoissent à l'assignation, on procede au compulsoire ou à la collation, & l'Huissier doit en faire mention dans le Procès-verbal, & y insérer le dire des Parties.

2. *Dans le Procès-verbal.*] Si après cette heure passée la Partie assignée ne comparoît point, il sera donné défaut contre elle, & pour le profit il sera procédé au compulsoire ou à la collation avec la Partie comparante; & les pieces ainsi compulsées ou collationnées en son absence, vaudront contre cette partie défaillante, de même que si elle avoit été présente.

Le Procès-verbal étant expédié, il faut le signifier à la Partie adverse; & si la Partie a fait procéder au compulsoire dans le cours d'une affaire appointée, & qu'elle n'ait pas encore produit dans cette instance, elle doit produire par inventaire les pieces qu'elle a fait compulser, ou si elle a déjà produit, elle les produira par production nouvelle.

Article III.

Si la Partie qui requiert le compulsoire ne compare, ou Procureur pour lui à l'assignation, il payera à la partie qui aura comparu pour ses dépens, dommages & intérests, la somme de vingt livres, & les frais de son voyage, s'il en échet, qui seront payez *comme frais préjudiciaux* (1).

1. *Comme frais préjudiciaux.*] C'est-à-dire, que la Partie défaillante ne pourra faire aucune poursuite en Jugement, qu'elle ne paie préalablement ces frais, sans espérance de pouvoir les répéter contre l'autre Partie.

Article IV.

Les assignations données aux personnes ou domiciles des Procureurs, auront pareil effet pour les compulsoires, extraits ou collations de pieces, *& pour les autres procédures* (1), que si elles avoient esté faites au domicile des Parties.

1. *Et pour les autres procédures.*] Comme nominations de Séquestres, descentes de Juges, nominations d'Experts, de Témoins, réceptions de cautions, &c. (Voyez *infrà*, tit. 19, article 4; titre 21, articles 6 & 9; titre 22, art, 6, & titre 28, art. 3.

Article V.

Les reconnoissances & vérifications d'écritures privées (1), se feront Partie présente ou deuement appellée, *pardevant le Rapporteur* (2), ou, s'il n'y en a, *pardevant l'un des Juges* (3) *qui sera commis sur une simple requeste* (4); pourveu, & non autrement, que la Partie contre laquelle on prétend se servir des pieces, soit domiciliée ou présente au lieu où l'affaire est pendante, sinon la reconnoissance se fera *pardevant le Juge Royal ordinaire du domicile de la Partie* (5), qui sera assignée à personne ou domicile, *& sans prendre aucune commission* (6) : & s'il échet de faire quelque vérification, *elle sera faite pardevant le Juge où est pendant le Procès principal* (7).

1. *Les reconnoissanees & vérifications d'écritures privées.*] Voyez sur ces reconnoissances & vérifications l'Edit du mois de Décembre 1684, rapporté au nouveau Recueil, tom. 1, p. 548,) qui regle entiérement la procédure qui doit s'observer à cet égard : on va en rapporter les dispositions sur les articles de ce titre.

Dans les Jurisdictions Consulaires, il n'est pas permis de demander la reconnoissance des écritures privées qu'on y produit. (Déclaration du 15 Mai 1703, rapportée au nouveau Recueil, tome 2, page 315.) Mais si l'écriture est déniée, il faut procéder à la vérification ; & pour la faire, les Juges Consuls doivent renvoyer devant le Juge ordinaire du lieu. (Même Déclaration.)

Lorsqu'il s'agit de faire reconnoître en Justice des meubles revendiqués par un tiers qui prétend en être propriétaire, cette reconnoissance doit se faire par Enquête ; & c'est une mauvaise procédure de la faire par Procès verbal. (Voyez *infrà*, titre 22, art. 1, note 1.)

2. *Pardevant le Rapporteur.*] Ou s'il n'y en a point, pardevant l'un des Juges, &c. (Voyez

infrà l'article 4 de l'Edit de 1684 dans la note 4 sur le présent article.)

Dans les Jurisdictions où il y a des Commissaires Enquêteurs, cette vérification ne leur appartient point, parceque cette fonction est une fonction de Juge.

3. *Pardevant l'un des Juges.*] C'est-à-dire, pardevant l'un des Juges qui auront assisté à l'Audience, & qui sera commis suivant l'ordre du tableau; ou pardevant le Rapporteur du Procès, si le Procès est distribué. (Edit de 1684, article 4.)

4. *Qui sera commis sur une simple Requête.*] Cette procédure a été changée par l'Edit du mois de Décembre 1684.

L'article 1 de cet Edit porte, » Que celui qui » demandera l'exécution d'une promesse, ou » l'exécution d'un autre acte sous seing-privé, » sera tenu d'en faire donner copie avec l'Ex- » ploit d'assignation «.

L'article 2 porte: » Que le Créancier d'une » promesse ou billet pourra faire déclarer à sa » Partie par l'Exploit de sa demande, qu'après » un délai *qui ne pourra être plus court de trois* » *jours*, il demandera à l'Audience du Juge de- » vant lequel il le fera assigner, que la promesse » ou billet soient tenus pour reconnus; & que » s'il prétend qu'ils soient écrits ou signés par le » Défendeur, & qu'il ne comparoisse pas au » jour qui aura été marqué par ledit Exploit, le » Juge ordonnera que lesdites promesses ou bil- » lets demeureront pour reconnus, & que les » Parties viendront plaider sur le principal dans » les délais ordinaires «.

Cet article dit que le délai pour la reconnoissance *ne pourra être plus court de trois jours*; il n'est donc pas permis au Juge d'abréger ce délai.

L'article 3 porte : » Que lorsque le Défendeur » aura constitué Procureur, & fourni de défenses, par lesquelles il déniera la vérité de l'écriture ou des signatures de l'Acte sous seing-privé dont il sera question, le Demandeur le » fera sommer par un acte de comparoir pardevant le Juge, pour procéder à la vérification » dudit acte, sans qu'il soit besoin de *prendre* » *Ordonnance* du Juge pour cet effet. (Voyez sur ces derniers mots *suprà*, titre 8, art. 1 ; & titre 10, art. 2.)

L'article 4 porte : » Que si le Défendeur dénie » dans la plaidoirie de la cause, ou durant l'instruction d'un Procès par écrit, la vérité des » pieces sous seing-privé dont il s'agira, la vérification en sera faite pardevant l'un des Juges qui auront assisté à l'Audience, & qui sera » commis, suivant l'ordre du Tableau, par celui qui présidera, ou pardevant le Rapporteur » du Procès s'il est distribué «.

5. *Pardevant le Juge Royal ordinaire du domicile de la Partie.*] Ainsi toute la fonction du Juge du domicile se bornera à la simple reconnoissance ; & si la Partie dénie devant lui l'écriture, il doit renvoyer pour en faire la vérification pardevant le Juge où le Procès est pendant ; ce qui a été ainsi réglé par l'avis de Messieurs du Parlement. (Voyez le Procès-verbal de l'Ordonnance, page 177.)

6. *Et sans prendre aucune commission.*] Voyez ci-dessus, tit. 2, art. 6 ; tit. 8, art. 1 ; tit. 10, art. 2 ; & ci-après, titre 22, art. 5.

7. *Elle sera faite pardevant le Juge où est pendant le Procès principal.*] Qui à cet effet ordonnera le rapport pardevant lui des minutes & autres actes nécessaires pour procéder à cette vérifition. (Voyez la nouvelle Ordonnance du mois de Juillet 1737 touchant les reconnoissances d'é-

critures en matiere criminelle, tit. du Faux principal, art. 5 & 16.) Mais il faut prendre un *Pareatis* du Juge des lieux sur cette Ordonnance, si celui qui est dépositaire de l'acte demeure hors le ressort; & s'il y a opposition de sa part, cette opposition doit être portée & jugée devant le Juge qui a ordonné le rapport, & non devant le Juge du domicile de celui qui est dépositaire de l'acte; ce qui est général pour toutes les oppositions à des actes d'instruction incidentes à une affaire dont un Juge est saisi, lesquelles doivent toujours être portées devant ce Juge.

Si c'étoit une minute dont on voulût comparer la signature avec une autre, & que ni l'une ni l'autre ne fussent entre les mains de la Partie qui demande la comparaison des deux signatures, le Juge saisi du Procès principal peut ordonner le rapport de ces deux minutes pardevant lui, lorsque les dépositaires de ces actes sont dans son ressort, & ont leur domicile peu éloigné; ou bien il peut commettre un autre Juge, v. g. celui du lieu où ces minutes sont déposées, ou autre Juge plus prochain, lorsque les Notaires ou autres personnes chez lesquelles ces minutes sont en dépôt, ont leurs demeures éloignées du lieu où le Procès principal est pendant, & cela pour éviter les frais.

ARTICLE VI.

Les pieces & écritures privées (1), dont on poursuivra la reconnoissance ou vérification, seront communiquées à la Partie en présence du Juge ou Commissaire.

1. *Les pieces & écritures privées.*] L'article 5

de l'Edit du mois de Décembre 1684 porte : » Que les pieces sous seing privé, & écriture » privée dont on poursuivra la reconnoissance, » seront représentées devant le Juge *au jour & à* » *l'heure portée par la sommation* qui aura été » faire de comparoître devant lui, & qu'elles se- » ront paraphées par le Juge, & communiquées » en sa présence à la Partie «.

Les jour & heure marqués par la sommation, aux termes de cet article, doivent être donnés par le Juge chargé de faire la vérification, lequel rend à cet effet une ordonnance sur la requête qui lui est présentée. (Voy. *infrà*, tit. 21, art. 10; & tit. 22, art. 6.)

ARTICLE VII.

A faute de comparoir (1) par le Défendeur à l'assignation, sera donné défaut, pour le profit duquel *si on prétend* (2) que l'écriture soit de sa main, elle sera tenue pour reconnue : *& si elle est d'une autre main* (3), il sera permis de la vérifier, *tant par Témoins* (4) que par comparaison d'écritures publiques ou authentiques.

1. *A faute de comparoir.*] L'article 6 de l'Edit de 1684 porte : » Que si le Défendeur ne com- » paroît pas, le Juge donnera défaut, & ordon- » nera que la piece demeurera pour reconnue, » en cas que le Demandeur n'ait point obtenu » de Jugement à l'Audience qui l'ait ainsi or- » donné, & qu'il prétende que la piece soit écrite » ou signée de la main du Demandeur; que le » Juge ne prendra en ce cas aucunes vacations,

» & que la Partie qui voudra lever le Procès-» verbal, paiera seulement l'expédition de la » grosse au Clerc dudit Juge «.

2. *Si on prétend.*] C'est-à dire, si le Demandeur prétend.

3. *Et si elle est d'une autre main.*] L'article 7 de l'Edit de 1684 porte : » Que si l'on prétend » que la piece soit écrite ou signée d'une autre » main que de celle du Défendeur, le Deman-» deur nommera un Expert, & le Juge en nom-» mera un autre, pour procéder à la vérifica-» tion de la piece sur des écritures publiques & » authentiques, qui seront présentées par les » Demandeurs «.

Un héritier ou autre successeur n'est pas tenu de reconnoître ou de dénier l'écriture de celui auquel il succede, cela n'étant pas de son fait, mais il doit seulement déclarer s'il reconnoît l'écriture ou le seing. (Coutume de Berri, titre des Criées, art. 11.) S'il déclare ne pas reconnoître l'écriture, ce qu'on peut l'obliger de faire par serment ; alors c'est à celui qui prétend que cette écriture est de la main du défunt, à le prouver; & s'il fait cette preuve, les frais qu'il fait à ce sujet, sont sur le compte de la succession.

4. *Tant par Témoins.*] Ces mots ne sont point dans l'article 7 de l'Edit de 1684 qu'on vient de rapporter ; ce qui pourroit faire penser que la preuve par Témoins dans ce cas a été abrogée par cet Edit. Néanmoins il ne paroît pas qu'on doive tirer cette conséquence, à cause de l'article 12 du titre des Reconnoissances des écritures en matiere criminelle de l'Ordonnance du mois de Juillet 1737, qui a une disposition semblable à celle portée au présent article de l'Ordonnance.

Article VIII.

La vérification par comparaiſon d'écritures (1), ſera faite par Experts ſur les pieces de comparaiſon, dont les Parties conviendront ; & à cette fin elles ſeront aſſignées au premier jour.

1. *La vérification par comparaiſon, &c.*] L'article 8 de l'Edit de 1684 porte : » Que ſi les » Parties comparoiſſent, elles conviendront d'Ex » perts & de pieces de comparaiſon ; & que, ſi » l'une des Parties étant comparue refuſe de » nommer des Experts, le Juge en nommera » pour elle «.

Le rapport de ces Experts doit être fait en la forme preſcrite ci-après, tit. 21, articles 9, 10, 12, 13 & 14.

Article IX.

Si au jour de l'aſſignation l'une des Parties ne compare, *ou ne veut nommer des Experts* (1), la vérification ſe fera ſur les pieces de comparaiſon par les Experts nommez par la Partie préſente, & par ceux qui ſeront nommez par le Juge au lieu de la Partie refuſante ou défaillante.

1. *Ou ne veut nommer des Experts.*] Ou n'en nomme qu'un de part & d'autre.

Nota. L'article 9 de l'Edit de Décembre 1684 porte : » Que lorſque le Demandeur aura obtenu

» un Jugement à l'Audience ou dans l'Hôtel du » Juge, portant que la promeſſe ou billet dont » eſt queſtion ſeront tenus pour reconnus, s'il » obtient dans la ſuite condamnation à ſon pro- » fit du contenu dans leſdits actes, il aura hy- » potheque ſur les biens de ſon débiteur, du jour » dudit Jugement «.

L'article 10 porte : » Que le Juge ne dreſſera » qu'un ſeul Procès-verbal pour la vérification » d'une ou pluſieurs pieces, lorſque ladite véri- » fication ſe fera en même temps, & à la requête » de la même Partie, & qu'il ſera payé pour leſ- » dits Procès-verbaux un écu aux Conſeillers des » Cours, quarante ſols aux Lieutenants-Géné- » raux & aux Officiers des Bailliages & Séné- » chauſſées où il y a Siege Préſidial, & vingt » ſols à ceux des autres Siéges Royaux, autant » à ceux des Duchés Pairies, & des autres Juſti- » ces appartenantes à des Seigneurs particuliers, » leſquelles reſſortiſſent directement ès Cours, » & quinze ſols aux Officiers des autres Juſtices » deſdits Seigneurs ; & aux Clercs deſdits Juges, » pour l'expédition deſdits Procès-verbaux, ce » qui ſe trouvera leur être dû ſuivant les taxes » ordinaires par rôle.

Et l'article 11 veut : » Que tous ceux qui dé- » nieront leurs propres ſignatures ou écritures, » ſoient condamnés dans les Cours en cent livres » d'amende envers le Roi, & en cinquante liv. » en tous les Siéges & Juriſdictions Royales, & » en pareille ſomme envers qui il appartiendra » dans les Juſtices des Seigneurs particuliers, » outre les dépens, dommages & intérêts envers » les Parties. «

TITRE

TITRE XIII.

De l'abrogation des Enquêtes d'examen à futur, & des Enquêtes par turbes.

ARTICLE PREMIER.

ABROGEONS toutes enqueſtes *d'examen à futur* (1), & *celles par turbes* (2) touchant l'interprétation d'une Couſtume ou Uſage; & défendons à tous Juges de les ordonner, ni d'y avoir égard, à peine de nullité.

1. *D'examen à futur.*] Ces ſortes d'enquêtes d'examen à futur ſe faiſoient avant aucune conteſtation, lorſqu'on appréhendoit qu'une preuve vînt à dépérir; mais comme elles étoient ſujettes à de grands inconvénients, on a jugé à propos de les ſupprimer.

Il ſemble cependant qu'il y a encore des cas où ces ſortes d'enquêtes doivent être admiſes; comme lorſqu'une marchandiſe vient à périr entre les mains d'un Voiturier par un accident imprévu, ou un cheval entre les mains de celui qui l'a loué. Dans ce cas, il paroît juſte de faire entendre ſur-le-champ des Témoins devant le Juge du lieu où la choſe eſt périe, pour faire mention de leurs déclarations dans le Procès-verbal qu'il dreſſera à cet effet. (Voyez la Loi 5, *de pupillo* §. *ff. de novi operis nunt. L.* 1, *ff. de damno infecto; & L.* 1, *in fine ff. de exercitor. art.*)

2. *Et celles par turbes.*] Les Enquêtes par turbes étoient une espece d'information qui se faisoit en conséquence d'un Arrêt de Cour Souveraine pour éclaircir un point de Coutume : la Cour ordonnoit qu'un Conseiller de Cour Souveraine se transporteroit dans la Jurisdiction principale de la Coutume ou du lieu. Le Commissaire en conséquence s'y transportoit & faisoit assembler les Avocats, Procureurs & Praticiens du Siége. Chaque turbe, qui étoit de dix personnes, n'étoit comptée que pour un Témoin, & il falloit au moins deux turbes ; d'où l'on voit que ces Enquêtes ne pouvoient se faire sans de grands frais.

Au lieu d'Enquêtes par turbes, abrogées par cet article, on ordonne le rapport d'actes de notoriété.

TITRE XIV.

Des Contestations en Cause.

ARTICLE PREMIER.

TROIS *jours après la signification des défenses* (1) & des pieces justificatives, la Cause sera poursuivie en l'Audience *sur un simple acte* (2) signé du Procureur, & signifié, sans qu'on puisse prendre aucun avenir ni Jugement pour plaider au premier jour, à peine de nullité & de vingt livres d'amende contre chacun des

Procureurs & Greffiers, qui les auront pris & expédiez.

Touchant la Procédure qui doit être tenue sur le temps, la maniere, & les cas où l'on peut former opposition aux Sentences rendues par défaut, ainsi que sur la réfusion des dépens & la communication de Pieces par les Procureurs, voyez les Lettres-Patentes du 31 Mai 1770, rendues pour les Requêtes de l'Hôtel & du Palais, qui peuvent servir de regle pour les Bailliages, Sénéchaussées, Prévôtés, & autres Sieges, ci après à la fin.

1. *Trois jours après la signification des défenses.*] Voyez ci-dessus, tit. 11, art. 8, page 244. Ainsi on ne doit point attendre le délai de huitaine, ou autre délai plus long requis, pour pouvoir obtenir un défaut dans le cas où les défenses n'ont point été fournies. (Voyez titre 3, art. 5; & tit. 11, art. 4.)

Ces trois jours courent du jour de la signification des défenses, & non du jour de l'acte pour venir plaider, comme quelques Praticiens voudroient mal-à-propos le faire entendre.

Si lors des défenses fournies par quelqu'un des Assignés, il se trouve d'autres Assignés défaillants, ou dont les délais ne soient pas encore échûs, il faudra observer ce qui est dit ci-dessus en la note 11 de l'art. 3 du tit. 5, page 174.

2. *Sur un simple acte.*] Cet acte a conservé mal-à-propos le nom d'*avenir*. Ces avenirs qui sont abrogés par cet article, & par l'article 8 du tit. 11, se prenoient au Greffe. (Voyez *infrà* l'art. 6 de ce tit.)

Aux Requêtes du Palais, c'est ordinairement le Défendeur qui donne l'avenir, & qui le fait signifier avec ses défenses. Il peut choisir l'une des deux Chambres qu'il veut, sinon le choix dépend du Demandeur.

Il est d'usage dans plusieurs Jurisdictions de déclarer par les avenirs les noms des Avocats qui doivent plaider la Cause, afin qu'ils puissent se communiquer leurs dossiers avant la plaidoirie, & que les faits qui résultent des actes de la procédure soient constants.

Dans les Causes qui sont au rôle, on ne doit point signifier d'avenir, même lorsqu'elles sont continuées.

Article II.

Le Demandeur *dans le mesme délai* (1) de trois jours pourra, si bon lui semble, fournir de replique, sans que la procédure en puisse estre arrestée, *ni le délai prorogé* (2).

1. *Dans le même délai.*] C'est-à-dire, dans le même délai de trois jours après la signification des défenses, &c. & non dans pareil délai.

2. *Ni le délai prorogé.*] Cela ne s'observe point à la rigueur, si le Défendeur y consent; mais s'il poursuit l'Audience dans ce délai, le Demandeur ne peut, sous prétexte de replique, faire différer le Jugement.

Article III.

Abrogeons l'usage des dupliques, tripliques, additions, premieres & secondes, & autres écritures semblables : défendons à tous Juges d'y avoir égard, *& de les passer en taxe* (1).

1. *Et de les passer en taxe.*] Il seroit à souhaiter que cette disposition fût exactement observée ; mais on fait revivre, sous d'autres noms, ce que l'Ordonnance a voulu abolir.

Article IV.

Le Procureurs seront tenus de comparoir en l'Audience au jour qu'écherra l'assignation, & le délai pour venir plaider : & si la Cause est de la qualité de celles qui ont besoin *du ministere des Avocats* (1), *ils les y feront trouver* (2); *sinon sera donné défaut ou congé* (3) au Comparant, qui sera jugé *sur-le-champ* (4), & pour le profit, le Défendeur sera renvoyé absous ; ou si c'est le Demandeur, les conclusions lui seront adjugées, *si elles sont trouvées justes, & bien vérifiées* (5).

1. *Du ministere des Avocats.*] Les causes qui peuvent être plaidées par les Procureurs sont toutes celles qui sont provisoires & d'instruction, les oppositions à l'exécution des Jugements, défenses, & autres qui requierent célérité. A quoi il faut joindre aussi les affaires sommaires. (Réglement du 24 Mai 1603, art. 87, rendu pour le Présidial de Bourg-en-Bresse, rapporté par Joli en son Recueil des Réglements, tom. 2, page 1050.) Toutes les autres causes ont besoin du ministere des Avocats. (Déclaration du Roi du 15 Mars 1673, rendue pour le Parlement de Paris.) Voyez aussi *infrà*, tit. 31, art. 10, note 1, ce qui est dit touchant les écri-

tures qui sont du ministere des Avocats, & celles qui peuvent être faites par les Procureurs.

2. *Ils les y feront trouver.*] Il peut arriver que les deux Parties comparoissent, ou seulement l'une d'elles. Si les deux Parties comparoissent, & qu'elles consentent de plaider, dans ce cas la cause se juge contradictoirement; & si l'une veut plaider, & que l'autre fasse des remontrances pour ne pas plaider, la cause est remise à un autre jour, pourvu que le Juge ait égard à ces remontrances. (*infrà*, art. 6.) Mais si le Juge n'écoute point les remontrances, il ordonnera aux Parties de plaider; & si l'une des Parties refuse de le faire, l'autre prendra son défaut ou congé en sa présence.

3. *Sinon sera donné congé ou défaut*] Lorsque l'une des Parties ne comparoît point, ou c'est le Demandeur, ou c'est le Défendeur.

Si c'est le Demandeur, on donne au Défendeur comparant défaut, qu'on nomme *congé*; & pour le profit on le décharge de la demande contre lui donnée.

Si c'est le Défendeur, le Demandeur prend défaut contre lui, & pour le profit on lui adjuge ses conclusions : c'est ce qu'on appelle *défaut faute de plaider*, qui se donne toujours à l'Audience, à la différence des défauts *faute de se présenter* & *faute de défendre*, dont le premier se prend toujours au Greffe; (*Suprà*, tit. 5, art. 3; & tit. 11, art. 3.) & le second se prend au Greffe dans les Cours, & à l'Audience dans les Bailliages, Présidiaux & autres Jurisdictions. (Voyez ci-dessus, tit 5, art. 3; & tit. 11, art. 4.

On peut former opposition dans la huitaine à ces jugements ainsi rendus par défaut, si le Jugement est en dernier ressort. (*Infrà*, tit. 35, art. 3.) On est même dans l'usage dans toutes les autres Jurisdictions qui jugent à la charge de l'appel, de recevoir ces ſortes d'oppoſitions dans la huitaine, & même après la huitaine en appellant & convertiſſant l'appel en oppoſition. (Voyez auſſi *infrà*, tit. 35, art. 3, aux notes.)

Mais ſi le Jugement faute de plaider eſt rendu à tour de rôle, on n'y reçoit point d'oppoſitions, & il n'y a que la voie d'appel, lorſque le Jugement eſt à la charge de l'appel; ou de Requête Civile, ſi le Jugement eſt en dernier reſſort. (Même art. 3, du tit. 35.)

Cette huitaine court du jour de la ſignification du Jugement à perſonne ou à domicile des Condamnés, s'ils n'ont conſtitué Procureur; ou au Procureur, quand il y en a un. (*Ibidem.*) Sur l'oppoſition on procede comme s'il n'y avoit pas eu de Jugement, & le Défendeur eſt reçu oppoſant en refondant les dépens du défaut, c'eſt-à-dire, les frais que le défaut de ſa comparution a occaſionnés. A l'égard des défauts faute de plaider, on ne refonde point les dépens. (Voyez *ibidem*, tit. 35, art. 3, note 2.)

Mais on ne doit jamais être reçu oppoſant à un Jugement qui a débouté d'une premiere oppoſition, quoique ce Jugement ait été rendu par défaut. (Voy. la Déclaration du 17 Février 1688, touchant la Procédure qui doit s'obſerver dans les Greniers à ſel, art. 10; & il a été ainſi jugé par un Arrêt du Parlement de Dijon du 18 Juin 1711, rendu en forme de Réglement. Voyez auſſi *infrà*, titre 35, art. 3, n. 2, & ce qui eſt à la fin des Lettres-Patentes du 24 Mai 1770, portant Réglement ſur la forme de procéder aux Requêtes de l'Hôtel du Palais, art. 3 ci après à la fin. Voyez auſſi *infrà*, l'art. 3 du tit. 35, notes 1 & 2.)

4. *Sur-le-champ.*] C'eſt-à-dire, ſommairement (Voyez ci-deſſus tit. 5, art. 3.) Néanmoins le Juge peut prolonger ce délai, s'il y a lieu de le

faire. (Voyez le Procès-verbal de l'Ordonnance sur cet art. page 62.

5. *Si elles sont trouvées justes & bien vérifiées.*] Car il n'est pas juste d'adjuger les conclusions du Demandeur, sans qu'elles soient bien établies. Mais si ce Demandeur ne compatoît point, & fait défaut, on donne congé contre lui sur-le-champ sans aucun autre examen, parceque c'est lui qui attaque, & qu'il doit par conséquent justifier de son droit & être toujours prêt.

Pour voir si les conclusions du Demandeur sont justes & bien vérifiées, les Juges doivent entendre sommairement la plaidoirie du Demandeur, & même, s'il est besoin, se faire faire lecture des pieces. Lorsque la demande n'est pas suffisamment justifiée, & que la matiere est susceptible de preuve, le Juge permet au Demandeur de faire cette preuve par Témoins ou autrement. (Voyez le Procès-verbal de l'Ordonnance, art. 4, page 36.)

Si la Cause est du nombre de celles qui doivent être communiquées au Parquet, le Jugement ne doit être rendu qu'après avoir entendu le Procureur du Roi, ou celui qui le représente.

ARTICLE V.

Ne seront à l'avenir données & expédiées aucunes Sentences *qui ordonnent le rapport ou le rabat des défauts & congez* (1), à peine de nullité, & de vingt livres d'amende contre chacun des Procureurs & Greffiers qui les auront obtenues & expédiées. Pourront néantmoins les défauts & congez estre rabattus par les Juges en la même Audience, en laquelle ils auront esté prononcez; auquel cas n'en sera délivré aucune expédition à l'une & à l'autre des Parties, sous les mesmes peines.

1. *Qui ordonnent le rapport ou le rabat des défauts & congés, &c.*] Mais on peut se pourvoir dans la huitaine contre les Jugements rendus par défaut. (Voyez *infrà*, tit. 35, art. 3, avec les notes.)

Article VI.

Si au jour de l'assignation, la Cause n'a point esté appellée, ou n'a pu estre expédiée, elle sera continuée & poursuivie en la prochaine Audience *sur un simple acte* (1) signifié au Procureur, sans aucun avenir ni Jugement, à peine de nullité & d'amende, comme dessus.

1. *Sur un simple acte.*] Voyez ci-dessus, art. 1, note 2, page 301, & tit. 11. art. 8.

Lorsque la Cause est continuée plusieurs fois de suite, il faut à chaque fois un nouvel avenir ou simple acte. (Déclaration du Roi du 19 Juin 1691, art. 11, rapportée au nouveau Récueil, tome 2, page 97.) L'usage est de signifier cet acte un jour ou deux avant que la Cause soit appellée. Au Châtelet d'Orléans on est dans l'usage de les signifier trois jours auparavant. (Voyez la note 1, sur l'art. 1, ci-dessus, page 301.) Mais quand la Cause est continuée à un jour fixe, il ne faut point d'avenir. (Voy. Sallé sur l'art. 6 du tit 14 de l'Ordonn. de 1667, & Bouteric, sur le même article.)

Lorsque dans le cours d'une instance il intervient quelque Partie nouvelle, il faut observer ce qui est dit ci-dessus en l'art. 28, du tit. 11. (Voyez cet art. avec les notes, page 271.)

Et de même, si quelqu'une des Parties forme des demandes incidentes, prend des Lettres de restitution, de rescision, ou autres, ou interjette incidemment des appellations, elle doit former tous ces incidents par un même acte signifié à la Partie adverse ; & faute de le faire, cela ne doit point empêcher le Jugement du principal, sauf à être fait droit séparément sur ces incidents. (Voyez *suprà*, tit 11, art. 27, page 269.) Voyez aussi ci-après l'article 6 du tit. 20, qui porte : » Que toutes les demandes, à » quelque titre que ce soit, qui ne seront entiè» rement justifiées par écrit, seront formées par » un même exploit, après lequel les autres de» mandes dont il n'y aura point de preuve par » écrit, ne seront reçues. »

Article VII.

La Cause estant plaidée, *sera jugée* (1) *en l'Audience, si la matiere y est disposée* (2) ; sinon les Parties *seront réglées à mettre dans trois jours, ou en droit* (3) à écrire & produire dans huitaine, selon la qualité de l'affaire.

1. *Sera jugée.*] Il arrive souvent qu'au lieu de juger, les Juges renvoient l'affaire devant des Arbitres, comme Avocats, Procureurs, ou autres personnes, pour être terminée par leurs avis. (Voyez *suprà*, tit. 6, art. 4, note 6, page 88.)

L'avis ou jugement des Arbitres devant lesquels on a ainsi renvoyé, doit être reçu à l'Audience par forme d'appointement, sans entrer dans les moyens du fond. Mais si la Sentence renvoie seulement devant tel & tel pour avoir leur avis, dans ce cas on peut plaider l'affaire de nouveau, & la défendre avec tous ses moyens, sauf aux Juges à avoir tel égard que de raison à l'avis rapporté.

2. *En l'Audience, si la matiere y est disposée.*] Voyez *suprà*, tit. 11, art. 9, note 6, page 248.

La regle générale est, que tout ce qui peut être jugé à l'Audience, doit y être jugé. (Ordonnance du 11 Février 1519, art. 19)

Lorsque les Causes sont de longue discussion, & qu'on ne peut les décider que par l'examen de plusieurs titres & pieces, on peut les appointer à mettre, ou en droit : savoir à mettre, lorsqu'il s'agit seulement d'examiner les Titres & pieces, & que de cet examen, sans autre discussion d'aucune question de droit, dépend la décision du procès, ou autres cas dont il a été parlé ci dessus. (Tit. 11, art. 9, note 3, page 246.) Mais si indépendamment de cet examen il s'agit encore de discuter le droit des Parties par des questions de droit, dans lesquelles le ministere des Avocats est nécessaire, alors on appointe en droit à écrire & produire.

Les Causes qu'on appointe le plus communément sont les Procès en matiere réelle ou d'hypotheque, les redditions de compte, instances d'ordre, oppositions en fait de criées, liquidations de dommages & intérêts, matieres bénéficiales, appellations de taxes de dépens lorsqu'il y a plus de deux croix, &c. (Voyez l'Arrêt de la Cour du 28 Mai 1501, rendu pour les Officiers du Bailliage de Sens, & un autre du 13 Avril 1551, rendu pour les Officiers du Châtelet de Paris, rapportés dans le Recueil de Joli, tome 2, pages 1418 & 1226. Voyez aussi l'Edit du mois de Mars 1673, art. 20.)

Il faut aussi observer, qu'au Parlement les Causes du rôle qui restent sans être jugée à la fin du rôle, demeurent appointées de droit, à la réserve des appels comme d'abus, &c. (Voyez le Recueil des Réglements de Justice *in*-12, tome 1, page 193, ligne 8 de l'édition de 1719.)

Mais il y a des matieres, sur lesquelles il n'est pas permis d'appointer. Telles sont,

1°. Les matieres sommaires. (*Infrà*, tit. 17, n. 10. Voyez *ibidem*, art. 1, 2, 3, 4, 5, quelles sont ces matieres.)

2°. Les matieres de renvois, incompétences, & déclinatoires. (*Suprà*, tit. 6, art. 3, page 186.)

3° Quand on juge par défaut. (Ci-dessus, tit. 5, art. 4, page 177.)

4°. Quand il s'agit de la solvabilité ou insolvabilité d'une caution. (*Infrà*, tit. 28, art. 3.)

5°. On ne peut appointer les Causes dont on évoque le principal. (*suprà*, tit. 6, art. 2, page 184.)

6°. Ni les faits de reproches. (*Infrà*, tit. 23, art. 4.)

7°. Ni les appels des Jugements rendus sur récusation de Juges (Ci-après, tit. 24, art. 27.)

A fortiori les Jugements de récusation.

Lorsque ces Causes ne peuvent être jugées à l'Audience, il faut juger sur délibéré, ou en mettant les pieces sur le Bureau. (Voyez *suprà*, tit. 5, art. 4; tit. 6, art. 2 & 3, & *infrà*, tit. 17, art. 10)

3. *Seront réglées à mettre dans trois jours, ou en droit, &c.*) Ces appointements doivent être prononcés en l'Audience à la pluralité des voix, à peine de nullité. (Voyez ci-dessus, tit 11, art. 9. Voyez aussi *ibidem*, aux notes, page 245, ce qui a été dit sur les différentes especes d'appointements.)

Article VIII.

Le Procureur qui aura produit (1), fera signifier *que sa production est au Greffe* (2), & du jour de la signification, *commenceront les delais* (3), tant de produire que de contredire; lesquels estant expirez, l'autre Partie *demeurera forclose de plein droit* (4), sans qu'à l'avenir en aucunes Jurisdictions, mesme en nos Cours de Parlement, Grand-Conseil, Cours des Aides, & autres nos Cours, il soit baillé aucunes requestes, ni pris en l'Audience, ou au Greffe, *aucun acte de commandement* (5) ou forclusion de produire ou contredire: l'usage desquelles procédures Nous abrogeons, & défendons de s'en servir, ni de les employer dans les déclarations de dépens, ni dans les mémoires de frais & salaires des Procureurs, à peine de vingt livres d'amende contre les Procureurs en leur nom.

1. *Le Procureur qui aura produit.*] C'est-à-dire, qui a produit en vertu de l'appointement à mettre, ou de l'appointement en droit. (Voyez le Procès-verbal de l'Ordonnance, page 68.) Il peut produire s'il veut dès le lendemain de l'appointement. (*Ibidem*, page 69.)

Après que l'appointement a été prononcé, le Procureur le plus diligent doit sommer le Procureur de la Partie adverse de fournir ses causes d'appel, s'il s'agit de l'appel d'une Sentence, & que ce soit l'Intimé qui veuille aller en avant.

(Argument tiré de l'art. 20, du tit. 11 ci-dessus.) Mais si c'est en premiere instance, le Procureur le plus diligent doit signifier au Procureur de la Partie adverse ses avertissements, ensuite de quoi il fait son inventaire de production, & met le tout dans un sac au Greffe pour faire distribuer l'instance. Lorsque la production est au Greffe, il le signifie au Procureur de la Partie adverse par un acte qui dénonce le jour qu'elle y a été mise, & somme cette Partie adverse d'en faire autant de sa part, même de fournir de contredits contre cette production, le tout dans le temps de l'Ordonnance, à peine d'être forclos. (*Suprà*, tit. 11, art. 20) Mais avant de signifier cet acte de produit, on le porte au Greffier, lequel écrit au-dessus le jour que la production a été mise au Greffe, ensuite de quoi on le signifie.

Lorsque l'Instance est distribuée, il faut aussi le déclarer par un acte au Procureur adverse, avec le nom du Rapporteur à qui elle est distribuée: cette simple déclaration du Procureur est suffisante, & il n'est pas nécessaire qu'il signifie un extrait du Registre des distributions. Pour qu'un procès puisse être distribué, il est inutile que toutes les productions de toutes les Parties aient été mises au Greffe; il suffit que l'Appellant ou le plus diligent ait produit.

Si la Partie adverse produit de son côté, soit au Greffe soit entre les mains du Rapporteur, elle doit aussi le déclarer à l'autre Partie par un acte de produit.

2. *Que sa production est au Greffe.*] Car toute production doit être faite au Greffe, tant dans les appointements à mettre, que dans les appointements en droit. (Voyez ce qui a été dit à ce sujet sur l'art. 33 du tit. 11, note 1, page 277.) Il en faut cependant excepter les appointements à mettre prononcés dans les Bailliages &

Sénéchaussées, où les productions qui se font sur ces sortes d'appointements ne se mettent point au Greffe. (Voyez *ibidem.*)

3. *Commenceront les délais.*] Ces délais ne s'observent point à la rigueur. (Voyez ce qui a été dit à ce sujet en la note 2, sur l'art. 17 du tit. 11, ci-dessus, page 256.)

4. *Demeurera forclose de plein droit.*] Voyez la note 3, sur l'art. 20, du tit. 11, page 261.

Cette forclusion ne se fait pas de plein droit, & la Partie forclose peut toujours produire, tant que le Procès n'est pas rapporté, & qu'il n'y a pas de Jugement qui déclare cette forclusion acquise. Voyez la note 2, sur l'art. 17, du tit 11, page 256.)

5. *Aucun acte de commandement.*] Voyez *suprà*, tit. 11, art 17 & 20, & la note 4, sur ce dernier art. page 261.

ARTICLE IX.

Aucun ne pourra prendre communication (1) de la production de la partie adverse, *s'il n'a produit* (2), ou renoncé de produire par un acte signé de son Procureur, & signifié.

1. *Aucun ne pourra prendre communication.*] C'est parceque quand une piece a été produite, la Partie adverse peut s'en servir, & en tirer les conséquences qu'elle croit pouvoir contribuer au gain de son procès. Il n'est pas même permis à la Partie qui a produit une Piece, de la retirer, quand elle a été une fois produite. (*Ità* Imbert en ses Institutions, liv. 1, chap. 47, n. 6, & Carondas en ses Réponses, liv. 12, chap. 5. Voyez aussi *suprà*, tit. 12, art. 1, note 1, page 282.)

On peut prendre la communication dont il est parlé en cet article, dans le cas même où en renonçant de produire, on se réserve de contredire la production de la Partie adverse après qu'on en aura pris communication.

2. *S'il n'a produit.*] On peut donner une requête d'emploi pour écritures & productions, & se réserver à s'expliquer ensuite plus au long, & à produire d'autres pieces si on le juge à propos.

ARTICLE X.

Les productions (1) *ne seront plus communiquées & retirées sur les récépissez des Procureurs* (2); mais les Procureurs en prendront communication par les mains des Rapporteurs.

1. *Les productions.*] C'est à-dire, les productions des Parties adverses, cet article étant une suite du précédent.

2. *Ne seront plus communiquées & retirées sur les récépissés des Procureurs.*] afin d'accélérer la décision des procès. (Voyez le Procès-verbal de de l'Ordonnance, pag. 71 & 72.)

Cette disposition ne s'observe point à cause de la difficulté de pouvoir l'exécuter, difficulté prévue par les Commissaires établis pour la rédaction de l'Ordonnance. (Voyez le Procès-verbal, pag. 71 & 72.) Mais au Parlement, quand un Procureur veut prendre communication de la production de la Partie adverse, le Rapporteur lui fait consigner une certaine somme, pour l'obliger de rapporter dans le temps qui lui est indiqué, la piece dont il prend communication; & faute de la rapporter dans ce temps, il perd la somme consignée au profit des pauvres, ou pour autre destination pieuse. (Voyez le Procès-verbal *ibidem* , page 71 , lig. 35 , & suivantes.)

Suivant un Arrêt du Parlement du 19 Juillet 1689, rapporté par Néron , tome 2 page 817 , de l'édition de 1720 ,) rendu sur la requête des Procureurs , il est dit en l'article 8 : » Que les » comptes & pieces sujettes à communication qui » seront prêtées par les Rapporteurs , seront ren- » dues ponctuellement dans le temps qu'ils pres- » criront , qui sera marqué par les récépissés qui » en seront donnés. Et en l'article 9 : Que faute » d'y satisfaire , sur la premiere plainte qui en » sera portée en la Communauté , le Procureur » refusant qui sera jugé en demeure , sera » mulcté de la peine qui y sera arbitrée envers » les pauvres de la Communauté , qui ne pourra » être moins de vingt livres , outre laquelle » sera pouvû aux dommages & intérêts des Par- » ties , tant par la peine du séjour , que de la » suspension qui sera contre lui demandée par » les Procureurs de la Communauté qui tiendront » la main à l'exécution des avis , sans qu'ils » puissent décharger le Procureur des peines qui » seront prononcées , qu'il payera en son nom » avec les frais auxquels il aura donné lieu , sans » pouvoir les répéter ».

Il faut aussi observer que quand un Avocat ou Procureur a été chargé d'une piece qui lui a été donnée en communication , & qu'il ne la rend pas dans le délai qui lui a été prescrit sur le premier commandement qui lui en est fait en vertu de l'Ordonnance du Juge , ou du Rapporteur , si le procès est appointé , sur une requête présentée à cet effet , il doit être condamné par la même Ordonnance ou Jugement au payement d'une somme certaine par jour , auquel il sera contraint sans autre exécutoire & par provision , jusqu'à la remise de la piece , à moins que le

Siége ne juge à propos de le recevoir opposant sur la remontrance qu'il en fera, & pour causes légitimes.

On peut même obtenir la contrainte par corps pour ces sortes de restitutions de pieces, sur tout dans le cas où elles ont été confiées en vertu d'un Jugement

Au reste, il faut avoir attention de ne communiquer le procès qu'aux Procureurs des Parties principales, & de ne le donner qu'une seule fois en communication. Le Rapporteur peut même la refuser lorsque les Procureurs ont négligé de la demander dans un temps convenable, & que l'Instance est en état d'être jugée, sauf à eux à prendre cette communication entre les mains du Rapporteur sans déplacer. (Voyez le Procès-verbal de l'Ordonnance, page 73, & le nouveau Réglement du 28 Juin 1738, touchant la Procédure du Conseil, partie 2, tit. 6, art. 9.)

A l'égard des productions particulieres de chaque Procureur, l'usage est de leur communiquer ces productions qui sont leur ouvrage, sur leurs récépissés : le Rapporteur doit seulement avoir soin de leur fixer le temps dans lequel ils auront soin de les rendre, & de se les faire remettre dans le temps prescrit.

ARTICLE XI.

Ne pourront les Greffiers délivrer aux Huissiers les Procès mis au Greffe, ni les bailler en communication aux Procureurs ou autres, *avant la distribution* (1); à peine de cent livres d'amende, applicable moitié à Nous, & moitié à la Partie qui en fera plainte.

1. *Avant le distribution.*] Lorsque les Procès se distribuent, les Rapporteurs s'en chargent sur un Registre qui reste au Greffe.

Article XII.

Les contredits (1) *ne seront plus offerts en baillant* (2) *; mais seront signifiez, & baillé copie* (3) *; comme aussi des salvations* (4), si aucunes sont fournies : sinon les contredits & salvations *seront rejettez du Procès* (5).

1. *Les contredits.*] Les contredits sont des écritures par lesquelles on contredit les avertissements & pieces produites, soit pour empêcher les inductions qu'en tire la Partie adverse, soit pour faire valoir le droit de la Partie qui contredit.

2. *Ne seront plus offerts en baillant.*] *Offrir en baillant*, c'est offrir à la partie de lire les originaux.

3. *Mais seront signifiées, & baillé copie.*] Voyez *suprà*, tit. 11, art. 22, page 264.

Cette signification, quand il y a plusieurs Parties au procès, ne doit être faite qu'au procureur de celui dont la production a été contredite, & non aux autres. Car c'est une maxime générale en matiere de procédure, qu'on ne doit jamais rien signifier qu'à ceux dont on conteste les droits, ou contre lesquels on prend des conclusions. Ainsi si cette signification étoit faite aux Procureurs des autres Parties, ou à quelqu'un d'elles, elle ne doit point passer en taxe. (Voyez la délibération de la Communauté des Procureurs du Parlement de Paris du 28 Novembre 1693, art. 3, rapportée au Recueil des Réglements concernant cette Communauté, imprimé en 1693, page 164. Voyez aussi ce qui a été dit ci-dessus tit. 5, art. 1, note 5; & *infrà*, tit. 31, art. 12, note 2.)

Il faut aussi observer qu'on ne doit point en tout signifier les inventaires de production, ni les conclusions des gens du Roi. (Voyez *suprà*, tit. 11, art. 33, note 3, page 279)

4. *Comme aussi des salvations.*] Les salvations sont les réponses aux contredits.

5. *Seront rejettés du Procès.*] Si dans le cours du procès les Parties forment des demandes ou des appellations incidentes, ou si quelqu'un intervient, il faut suivre ce qui est marqué dans les art. 23, & suivans, jusqu'à l'art. 28, du tit. 11, ci-dessus, qui doivent recevoir ici leur application.

ARTICLE XIII.

La Cause sera tenue pour contestée *par le premier Réglement* (1), Appointement ou Jugement qui interviendra *après les défenses fournies* (2), encore qu'il n'ait pas esté signifié.

1. *Par le premier Réglement.*] Quand même ce seroit un simple Jugement qui continueroit ou remettroit la Cause à un autre jour. (Ainsi jugé par Arrêt du 19 Janvier 1587, rapporté par Chenu en sa seconde Centurie, question 196.)

2. *Après les défenses fournies.*] Soit que ces défenses aient été fournies par écrit, ou proposées verbalement à l'Audience, comme dans les matieres sommaires. (Voyez *infrà*, tit. 17. art. 7, note 1.)

Article XIV.

Aux Siéges des Maistrises particulieres des Eaux & Forests, Connestablies, Elections, Greniers à Sel, Traites Foraines, Conservations des Priviléges des Foires, & aux Justices des Hostels & Maisons de Ville, *& autres Jurisdictions inférieures* (1), lorsque le Défendeur sera domicilié ou présent au lieu de l'establissement du Siége, le délai des assignations ne pourra estre moindre de vingt-quatre heures, s'il n'y a péril en la demeure, ni plus long de trois jours, & de huitaine au plus pour ceux qui sont demeurans ailleurs, dans la distance de dix lieues; & si le Défendeur est demeurant en lieu plus éloigné, le délai sera augmenté *à proportion d'un jour pour dix lieues* (2).

1. *Et autres Jurisdictions inférieures.*] C'est-à dire, subalternes. (Voyez le Procès-verbal de l'Ordonnance, page 77.)

Ce mot *inférieures*, comprend les Justices de Seigneurs; ce qui résulte clairement de la dispotion des articles 1, 2, & 3, du tit. 3, ci-dessus, qui ne parle que des Justices Royales.

A l'égard des délais des Officialités, comme l'Ordonnance n'en parle point, il faut suivre ce qui a été dit en la note 1, sur l'art. 1, du tit. 3, ci dessus, page 154.

2. *A proportion d'un jour pour dix lieues.*]

Comme ci-dessus, tit. 8, art. 2, & tit. 11, art. 1. &c. (Voy. *suprà*, tit. 3, art. 3, note 3, page 157.)

ARTICLE XV.

Vingt-quatre heures après (1) l'échéance de l'assignation, les Parties seront ouies en l'Audience, & jugées sur-le-champ, sans qu'elles soient obligées de se servir *du ministere des Procureurs* (2).

1. *Vingt-quatre heures après.*] Cet article est la suite du précédent ; ainsi la disposition qui y est portée, regarde les Maîtrises des Eaux & Forêts, Elections, & autres Jurisdictions dont il est parlé dans l'article 14. La Déclaration du Roi du 17 Février 1688, qui établit un Réglement touchant la procédure des Elections, Greniers à Sel, & autres Juges qui connoissent des droits du Roi, porte en l'article 7 : » Que si l'une » des Parties ne compare à la premiere Audience » d'après l'assignation, il sera donné sur le champ » congé, ou défaut emportant profit. «

Ces mots, *vingt quatre heures après l'échéance de l'assignation*, font voir qu'il n'y a point de présentation pour ces sortes de Siéges, puisque les délais requis pour les présentations (par l'art. 1, du tit. 4, ci-dessus) n'y ont pas lieu. Voyez cependant la note 4 sur cet article 1, du tit. 6, page 184.

2. *Du ministere des Procureurs.*] Ni de celui des Avocats. Voyez tit. 17, art. 6.

TITRE XV.

Des Procédures sur le possessoire des Bénéfices, & sur les Régales.

ARTICLE PREMIER.

Es matieres de complaintes (1) pour le possessoire des Bénéfices, *les Exploits de demandes* (2) seront faits, & les assignations données en la forme, & dans dans les délais ci-dessus prescrits pour les autres affaires civiles.

1. *Es matieres de complaintes, &c.*] La complainte en matiere Bénéficiale, est une action qui appartient à celui qui possede un Bénéfice, soit qu'il en ait la possession de droit & de fait, soit qu'il en ait la possession de fait seulement, lorsqu'il est troublé dans cette possession par un tiers, qui de son côté se met en possession du même Bénéfice, ou s'oppose à la prise de possession de l'autre.

2. *Les Exploits de demandes.*] La demande en complainte s'intente ou par Requête, ou par Exploit, par lesquels le Demandeur déclare qu'il prend pour trouble l'empêchement fait à la possession du Bénéfice dans lequel il demande à être maintenu. Cette demande doit être donnée dans l'an & jour, comme toutes les autres complaintes.

ARTICLE II.

Le Demandeur sera tenu d'exprimer dans l'Exploit, *le titre de sa provision* (1) & le genre de la vacance sur laquelle il a esté pourveu, & bailler au Défendeur *des copies signées de lui* (2), du Sergent, *& des Records* (3), *de ses titres & capacitez* (4).

1. *Le titre de sa provision.*] En matiere de complainte pour Bénéfice, le Demandeur doit, outre la possession & les autres circonstances requises en l'art. 1, du tit. 18 ci-après, avoir un titre. Mais dans les autres matieres de complainte, cela n'est pas nécessaire.

2. *Des copies signées de lui.*] L'Ordonnance n'exige point cette formalité à peine de nullité. Il semble que faute par le Demandeur d'y satisfaire, il ne doit y avoir d'autre peine que celle portée en l'article 6 du tit. 2 ci-dessus, page 135, c'est-à dire que les copies qu'il donnera ensuite signées de lui, n'entreront point en taxe, & que les réponses qui y seront faites, se feront à ses dépens & sans répétition. Mais il ne suffiroit pas que ces pieces fussent signées du Procureur, comme dans les art. 6 & 12 du présent titre l'Ordonnance exigeant qu'elles soient signées du Demandeur.

L'Ordonnance du mois d'Août 1539, art. 46, porte : » Que dans les matieres qui concernent » les possessoires des Bénéfices, faute de com- » muniquer & exhiber les titres par un des Con- » tendants, la récréance ou maintenue sera adju- » gée sur les titres & capacités de celui qui aura » fourni. «

3. *Et des Records.*] Cette condition n'est plus nécessaire depuis la suppression des Records. (Voy. la note 1, sur l'art. 2, du tit. 2 ci-dessus, page 118.)

4. *De ses titres & capacités.*] On entend par *titres*, les provisions, le *visa*, & la mise en possession; & par *capacités*, on entend l'Extrait Baptistaire, les Lettres de Tonsure & autres Ordres, & les Lettres de Grades, s'il s'agit d'un Bénéfice affecté à des Gradués.

ARTICLE III.

L'Exploit d'assignation sera donné à la personne, ou au domicile du Défendeur qui est en possession actuelle du Bénéfice, *sinon au lieu du Bénéfice* (1).

1. *Sinon au lieu du Bénéfice.*] C'est-à-dire, que si le Défendeur n'est pas en possession actuelle du Bénéfice, on ne peut lui donner l'assignation au lieu du Bénéfice, ainsi que l'observe M. Talon sur cet article dans le Procès-verbal de l'Ordonnance, page 160.

Par le lieu du Bénéfice, il faut entendre le principal manoir du Bénéfice, comme il est dit en l'article 3, du tit. 2, ci-dessus, page 127.

Au surplus on peut dans l'un & l'autre cas assigner devant le Juge du lieu où le Bénéfice est situé, & même c'est ce qui s'observe ordinairement. (Voyez ci-dessus, tit. 2, art. 3, note 6, page 134.)

ARTICLE IV.

Les complaintes pour Bénéfices seront poursuivies *pardevant nos Juges auxquels la connoissance en appartient* (1), privativement aux Juges d'Eglise, & à ceux des Seigneurs, encore que les Bénéfices soient de la fondation des Seigneurs, ou de leurs auteurs, & qu'ils en ayent la Présentation ou Collation.

1. *Pardevant nos Juges auxquels la connoissance en appartient*] C'est-à-dire, devant les Baillis & Sénéchaux, à qui cette connoissance est attribuée à l'exclusion des Prévôts Royaux. (Edit de Cremieu du mois de Juin 1536, art. 13.)

ARTICLE V.

Ne seront dorénavant donnez aucuns appointemens *à communiquer titres* (1), ni à écrire par mémoire.

1. *A communiquer titres*] Voyez l'article 2, ci-dessus, page 322.

ARTICLE VI.

Le Défendeur en complainte sera tenu *dans les délais ci-devant accordez aux Défendeurs* (1), fournir ses défenses, dans lesquelles seront aussi expliquez le titre de sa provision, & le genre de la vacance, sur laquelle il a esté pourveu; & de bailler au Procureur du Demandeur des copies signées de son Procureur, tant de défenses, que de ses titres & capacitez.

1. *Dans les délais ci-devant accordés aux Dé-*

fendeurs.] Ces délais sont établis dans l'art. 3 du tit. 3, ci-dessus, pour les demandes qui se donnent devant les Baillis & Sénéchaux ; dans l'art. 4 du même titre, pour celles qui se donnent aux Requêtes de l'Hôtel & du Palais ; & au tit. 11, art. 1, pour les demandes qui se donnent aux Parlements & au Grand Conseil.

ARTICLE VII.

Trois jours après la Cause sera portée à l'Audience sur un simple acte, signifié à la requeste du Procureur plus diligent, pour estre prononé sur-le champ, si faire se peut, *sur la pleine maintenue, sur la recréance, ou sur le sequestre* (1) s'il y échet.

1. *Sur la pleine maintenue, sur la réeréance, ou sur le sequestre.*] Les Juges doivent prononcer sur la pleine maintenue, lorsque le droit de l'une des Parties est clair & évident. Ils doivent prononcer sur la récréance, lorsque l'affaire mérite une plus longue discussion, & qu'ils trouvent que le droit de chacune des Parties n'étant pas bien certain, l'une d'elles a néanmoins un droit plus apparent que l'autre. (Voyez le Procès-verbal de l'Ordonnance, tit. 13, art. 7, page 162.) Enfin ils doivent prononcer sur le séquestre, lorsqu'ils trouvent qu'aucune des Parties n'a un droit assez évident pour lui adjuger la pleine maintenue, ni un droit assez apparent pour lui adjuger la récréance.

La *pleine maintenue*, est celle qui maintient l'un des Contendants dans la pleine possession du Bénéfice. Cette pleine maintenue est différente du pétitoire.

La *récréance*, est la possession provisionnelle du Bénéfice, qui s'adjuge pendant le procès à celui qui a le droit le plus apparent, jusqu'à ce qu'on soit en état de prononcer sur la pleine maintenue.

Celui qui obtient la recréance, doit jouir par provision des fruits du Bénéfice, & le desservir, soit qu'il fût auparavant en possession d'en jouir ou non.

Le *séquestre*, est le dépôt qui se fait des fruits & revenus du Bénéfice entre les mains d'un Commissaire nommé par les Parties, ou d'office par le Juge, pour les percevoir & régir pendant le cours du procès jusqu'au jugement du fond, pour être délivrés ensuite à qui il appartiendra.

On observoit autrefois pour l'établissement de ces sortes de séquestres, ce qui est prescrit ci-après par le titre 19, de la présente Ordonnance. Mais par un Edit du mois de Novembre 1691, le Roi a créé en titre d'Office des Economes-séquestres, qui ont la direction & administration du temporel, tant des Archevêchés, Evêchés, Abbayes & Prieurés de nomination Royale, que de tous autres Bénéfices de quelque nature qu'ils soient, dont les fruits ont été mis en sequestre par Sentence ou Arrêt.

L'article 8, de l'Edit du mois d'Avril 1695, porte : » Que si les Cours & autres Juges ordonnent de séquestrer des fruits d'un Bénéfice » ayant charge d'ames, Jurisdictions, ou fonc» tions Ecclésiastiques & spirituelles, dont le » possessoire soit contentieux, ils renverront » par le même Jugement pardevant l'Archevê» que ou Evêque Diocésain, afin qu'ils com» mettent pour le desservir une ou plusieurs per» sonnes autres que ceux qui y prétendront » droit, & il leur assignera telle rétribution qu'il

» estimera nécessaire, laquelle sera payée par » préférence sur les fruits dudit Bénéfice, non- » obstant toutes saisies & autres empêchements. » Il est ordonné en l'article 9, que les Juges » Royaux ne pourront maintenir en possession » d'un Bénéfice ceux à qui les Archevêques ou » Evêques auront refusé des *visa*, si ce n'est en » grande connoissance de cause, sans s'être en- » quis diligemment, & avoir reconnu la vérité » des causes du refus; & à la charge d'obtenir » *visa* desdits Prélats ou de leurs Supérieurs, » avant de faire aucune fonction spirituelle & » Ecclésiastique desdits Bénéfices.

Quand une fois les Juges Laïques ont prononcé sur la pleine maintenue, il n'est plus permis aux Parties de se pourvoir au pétitoire devant le Juge Ecclésiastique, & si on le faisoit, il y auroit abus, ce qui est fondé sur ce que le possessoire ne se juge que sur les titres. Telle est la Jurisprudence du Parlement de Paris, & il a été ainsi jugé par Arrêt du 12 Juin 1607, rapporté par Bardet, tome 1, liv. 1, chap. 2. Autres Arrêts des 18 Décembre 1625, & 15 Juin 1626, rapportés au Journal des Audiences. Autre du 1 Septembre 1718, rendu contre M. l'Evêque d'Arras. (Voyez aussi Brodeau sur Louet, lettre B. chap. 2; Dumoulin sur la regle *de infirmis resignantibus*, n. 416. Fevret, Traité de l'Abus, tome 1, liv. 1, chap. 2; & les loix Ecclésiastiques de Héricourt, tome 1, part. 2, ch. 19, n. 22.)

ARTICLE VIII.

Il ne sera ajouté foy aux signatures & & expéditions de Cour de Rome, si elles ne sont vérifiées; & sera la vérification faite par un simple certificat *de deux Ban-*

quiers & Expéditionnaires (1), écrit sur l'original des signatures & expéditions sans autre formalité.

1. *De deux Banquiers & Expéditionnaires.*] Ces Banquiers-Expéditionnaires ont été créés en titre d'office par Edit du mois de Mars 1673.

Article IX.

Les Sentences de recréance (1) seront exécutées *à la caution juratoire* (2), *nonobstant oppositions ou appellations quelconques* (3), & sans y préjudicier.

1. *Les Sentences de récréance.*] Il en est de même des Sentences de séquestres & de celles de pleine maintenue ; elles s'exécutent aussi par provision. (Voyez *infrà*, tit. 19, art. 19.)

2. *A la caution juratoire.*] Ainsi il n'est pas nécessaire de donner alors une caution bonne & valable, à la différence de ce qui s'observe dans les réintégrandes en matiere profane. (Voyez *infrà*, titre 18, article 7.)

3. *Nonobstant oppositions ou appellations quelconques.*] Cet article dans le projet de l'Ordonnance portoit, *tant pour la restitution des fruits que pour les dépens , lorsque ces dépens ont été prononcés ;* mais M. le premier Président observa qu'on ne prononçoit point de dépens par une Sentence de récréance en matiere Bénéficiale, les dépens devant s'adjuger plutôt lors du Jugement définitif. Il fut en même temps observé, que dans ce cas de récréance on ne devoit prononcer aucune restitution de fruits ; ce qui fit retrancher ces mots de l'article. (Voyez le Procès-verbal de l'Ordonnance, page 165, art. 10.)

ARTICLE X.

Les récréances & sequestres *seront exécutez* (1) avant qu'il soit procédé sur la pleine maintenue.

1. *Seront exécutés.*] V. l'Ordonnance du mois de Mars 1535, chap. 9, art. 9, & celle du mois d'Août 1536, art. 49. Il n'est pas ici question de la restitution des fruits : elle ne s'accorde que dans les pleines maintenues. (Voyez la note derniere sur l'article précédent.)

ARTICLE XI.

Si durant le cours de la procédure *celui qui avoit la possession actuelle du Bénéfice* (1) décede, *l'estat & la main-levée des fruits* (2) sera donné à l'autre Partie, sur une simple requeste, *qui sera faite judiciairement à l'Audience* (3), en rapportant l'Extrait du Registre mortuaire, & les pieces justificatives de la litispendance, sans autres procédures.

1. *Celui qui avoit la possession actuelle du Bénéfice.*] Soit par récréance ou autrement.

2. *L'état & la main-levée des fruits.*] *Etat* ou récréance sont ici deux mots synonymes.

S'il y avoit plusieurs Contendans au Bénéfice, cette main-levée ne pourroit être donnée à celui qui la requiert, qu'en la faisant juger avec les autres Contendans. (Voyez le Procès-verbal de l'Ordonnance, pag 166.)

Lorsque le Successeur par mort de l'un des

Contendans a pris possession, l'autre Contendant ne peut plus demander l'état & la main-levée des fruits. (Ainsi jugé par Arrêt du 16 Mai 1707. rapporté par Augeard en son Recueil d'Arrêts, tome 1.)

3. *Qui sera faite judiciairement à l'Audience.*] Et sur les conclusions des Gens du Roi.

ARTICLE XII.

Celui qui interviendra en une complainte pour le possessoire d'un Bénéfice, sera tenu d'expliquer dans sa requeste ses moyens d'intervention, & bailler copie signée de son Procureur, *tant de la requeste que des titres & capacitez* (1), au Procureur de chacune des Parties.

1. *Tant de la Requête que des titres & capacités.*] Comme il auroit dû faire, s'il avoit commencé l'instance par assignation. (Voyez l'art. 2 de ce tit. ci-dessus, pag. 322.)

ARTICLE XIII.

Si aucun est pourveu d'un Bénéfice pour cause de dévolut, *l'Audience lui sera déniée* (1) jusques à ce qu'il ait donné bonne & suffisante caution *de la somme de cinq cents livres* (2), & qu'il l'ait fait recevoir *en la forme ordinaire* (3) : & à faute de bailler caution dans le délai *qui lui aura esté prescrit* (4), eu égard à la distance du lieu où le Bénéfice est desservi, & du domicile du Dévolutaire, il demeurera décheu de son droit, sans qu'il puisse estre receu *à purger la demeure* (5).

1. *L'Audience lui sera déniée.*] Quand même les autres Parties ne lui demanderoient pas cette caution.

Il a été jugé au Parlement de Paris par Arrêt du 7 Juillet 1620, rapporté par Bardet, tom. 1, liv. 1, chap. 24, qu'un Dévolutaire n'est pas recevable à consigner une somme de mille livres, au lieu de donner caution. Autre Arrêt du 24. Juillet 1647. rapporté par le même Auteur, tome 2. liv. 6. chap. 22. qui a jugé la même chose.

L'Ordonnance de Blois, article 46. enjoint aux Dévolutaires de former la complainte trois mois après leur prises de possession; & l'Edit du Contrôle des Insinuations Ecclésiastiques du mois de Novembre 1637, article 22, ainsi que l'Edit du mois d'Octobre 1646, article 15, leur enjoint de prendre possession au plus tard dans l'année, à compter de la date de leurs provisions.

2. *De la somme de cinq cents liv.*] Cette caution des dévolutaires doit être aujourd'hui de douze cents liv. &c. (Déclaration du 10 Mars 1776, art. 2.)

De plus, pour faire usage des provisions de dévoluts par eux obtenues, ils doivent déclarer le nom & qualité du Bénéfice, & du titulaire qu'ils veulent déposséder, ainsi que le genre d'indignité & d'incapacité qu'ils se proposent de lui opposer, & ce, dès la premiere assignation. (*ibid* art. 1.)

3. *En la forme ordinaire.*] Etablie dans le titre 28, ci-après.

4. *Qui lui aura été prescrit.*] C'est-à-dire,

prescrit par les Juges devant lesquels se poursuit la demande en complainte.

5. *Purger la demeure.*] Il faut aussi observer que le Dévolutaire doit faire juger le Procès dans deux ans, même à l'égard d'un autre Dévolutaire. (Ainsi jugé par Arrêt du 20. Mai 1624, rapporté par Bardet, tom. 1, liv. 2, chap. 20.)

ARTICLE XIV.

Déclarons *les Mineurs de vingt-cinq ans* (1) qui seront pourveus de Bénéfice, capables d'agir en Justice, sans l'autorité & assistance d'un Tuteur ou Curateur, tant en ce qui concerne le possessoire, que pour les droits, fruits & revenus du Bénéfice.

1. *Les Mineurs de vingt-cinq ans.*] Pourvû qu'ils soient puberes. (Voyez les Loix Ecclésiastiques de Héricourt, tom. 1, partie 2, chap. 19, n. 29.)

ARTICLE XV.

Si avant le jugement de la complainte, l'une des Parties résigne son droit purement & simplement, ou en faveur, la procédure *pourra estre continuée contre le Résignant* (1), *jusques à ce que le Resignataire ait paru en Cause* (3).

1. *Pourra être continuée contre le Résignant.*] Parce que le Jugement rendu contre le Résignant est exécutoire contre le Résignataire, de même que s'il avoit été rendu contradictoire-

ment avec ce dernier, suivant l'article 64 de l'Ordonnance de 1539.

2. *Jusques à ce que le Résignataire ait paru en Cause.*] Car tant que le Résignataire ne paroît point, & ne justifie pas sa Résignation, le Résignant est toujours censé le titulaire, & être Partie au Procès.

ARTICLE XVI.

Pourra le Résignataire *se faire subroger* (1) aux droits de son Résignant, & continuer la procédure *sur une requeste verbale faite judiciairement* (2) *sans appeller Parties* (3), & sans obtenir Lettres de subrogation, que Nous défendons aux Officiers de nos Chancelleries de présenter, signer & sceller à l'avenir.

1. *Se faire subroger.*] C'est-à-dire, reprendre le Procès au lieu & place du Résignant, & s'y faire autoriser par Justice.

2. *Sur une Requête verbale faite jusdiciairement.*] Les Requêtes verbales sont celles qui se donnent dans les Causes d'Audience, & qui doivent y être jugées. On les appelle ainsi, pour les distinguer des requêtes qui se donnent dans les Procès par écrit.

3. *Sans appeller Parties.*] C'est une faveur accordée au plus diligent.

ARTICLE XVII.

Les Sentences de récréance, sequestres, ou de maintenue, ne seront valables ni exécutoires, si elles ne sont données par plusieurs Juges, *du moins au nombre de cinq* (1), qui seront dénommez dans la Sentence; *& si elles sont rendues sur Instance* (2), ils en signeront la minute. N'entendons toutefois rien changer pour ce regard en l'usage observé ès Requestes de nostre Hostel, & du Palais.

1. *Du mois au nombre de cinq.*] Parce que comme ces Sentences doivent être exécutées nonobstant oppositions ou appellations quelconques, & que la matiere est importante, il est juste qu'elles soient rendues en grande connoissance de cause.

2. *Et si elles sont rendues sur Instance.*] C'est-à-dire en Procès par écrit, ainsi qu'il résulte évidemment des termes de cet article. (Voyez la note 2 sur l'art. 1 du tit. 6 ci-dessus, pag. 182.)

Article XVIII.

S'il intervient aucune condamnation de restitution de fruits, dépens, dommages & intérests, elle sera exécutée contre le Résignataire, *mesme pour les fruits échûs, & les dépens faits avant la résignation admise* (1) : & néanmoins le Résignant demeurera garant des fruits, dépens, dommages & intérests de son temps.

1. *Même pour les fruits échûs, & les dépens faits avant la résignation admise,*] Cette restitution de fruits & revenus, & condamnation de dépens, ne peut s'ordonner que quand on

prononce sur la pleine maintenue du Bénéfice. (Voyez *suprà*, art. 9, note 3, pag. 216.

ARTICLE XIX.

Le Pétitoire des Bénéfices (1) *qui auront vaqué en Régale* (2), sera poursuivi en la Grand'Chambre de nostre Cour de Parlement de Paris, qui en connoistra privativement aux autres Chambres du mesme Parlement, & à toutes nos autres Cours & Juges.

1. *Le Pétitoire des Bénéfices, &c.*] En matiere de Régale, le Roi a la pleine collation des Bénéfices qui viennent à vaquer en Régale. (Ordonnance de Louis XI, du 19 Juin 1464.)

2. *Qui auront vaqué en Régale.*] La Régale est un droit que le Roi de France a à cause de sa Couronne, de conférer tous les Bénéfices qui viennent à vaquer pendant la vacance des Evêchés & Archevêchés, de son Royaume, à la réserve seulement des Cures & autres Bénéfices étant à charge d'ames; & de jouir des fruits & revenus desdits Evêchés & Archevêchés pendant ce temps, jusqu'à ce que le nouvel Evêque ou Archevêque lui ait prêté serment de fidélité.

Il y a une Déclaration du Roi du 10. Février 1673, (rapportée au nouveau Recueil tom. 1, pag. 309.) & un Edit du mois de Janvier 1682. qui concernent la Régale, & qui contiennent plusieurs dispositions importantes sur ce droit, qui est aussi ancien que la Couronne.

ARTICLE XX.

La demande en Régale sera formée &

proposée verbalement en l'Audience (1), sans autre procédure : & sur la requeste judiciaire, sera ordonné que toutes les Parties qui prétendent droit au mesme Bénéfice, seront assignées pour y venir défendre dans les délais ci dessus réglez.

Et proposée verbalement en l'Audience.] Par le ministere d'un Avocat, & sur les conclusions des Gens du Roi.

L'Audience où ces sortes de demandes se proposent, est la grande Audience du matin des Lundi, Mardi ou Jeudi.

ARTICLE XXI.

Après l'échéance de l'assignation, & *les délais accordez ci-devant* (1) aux Défendeurs, la Cause sera portée & *jugée en l'Audience* (2), sur un simple acte signifié à la requeste du Procureur le plus diligent, sans autres procédures.

1. *Et les Délais accordés ci-devant, &c.*] Voyez ci-dessus tit. 11, art. 1 & suivans, jusqu'à l'article 8.)

2. *Et jugée en l'Audience.*] Avec les Gens du Roi. Il arrive cependant quelquefois qu'on appointe ces sortes de Causes.

ARTICLE XXII.

Si l'une des Parties est en demeure de constituer Procureur dans les délais ci-dessus, ou si après avoir mis Procureur, il ne compare à l'Audience, sera pris un défaut ou congé contre le Défaillant, & *le profit jugé sur-le-champ* (1).

1. *Et le profit jugé sur le champ.*] Pour le profit du défaut accordé au Demandeur, le Bénéfice sera déclaré vacant en Régale, & lui sera adjugé avec restitution des fruits & dépens.

Si la contestation ne peut se décider à l'Audience, & que le Régaliste ait le droit le plus apparent, on lui donne la provision ou récréance du Bénéfice. On appelle cette provision *état* en matiere de Régale ; mais dans ce cas le séquestre n'a jamais lieu.

ARTICLE XXIII.

S'il y a contestation formée pardevant autre Juge pour le possessoire du mesme Bénéfice, entre autres Parties, du moment que la demande en Régale aura esté signifiée aux Contendans, le différend *demeurera évoqué de plein de droit* (1), en la Grand'Chambre de nostre Cour de Parlement de Paris, pour estre fait droit *avec toutes les Parties* (2) sur la demande en Régale.

1. *Demeurera évoqué de plein droit.*] A peine de nullité de tout ce qui pourroit être fait au préjudice de l'évocation duement signifiée.

2. *Avec toutes les Parties.*] A l'effet de quoi l'évocation doit leur être signifiée. (Voyez le Procès-verbal de l'Ordonnance, page 173.)

ARTICLE XXIV.

La Cause ayant esté plaidée en l'Audience, s'il se trouve que le Bénéfice ait vaqué en Régale, il sera adjugé au Demandeur ; sinon sera déclaré n'avoir vaqué en Régale ; & en ce cas la pleine maintenue, ou la récréance du Bénéfice, sera adjugée *à l'une des autres Parties* (1).

1. *A l'une des autres Parties.*] C'est-à-dire, à celui qui se trouvera le mieux fondé en droit, lorsqu'il y a plusieurs contendants.

TITRE XVI.

De la forme de procéder pardevant les Juges & Consuls des Marchands.

VOYEZ *omninò* ce que j'ai dit à ce sujet dans le Commentaire sur l'Ordonnance du Commerce du mois de Mars 1673, tit. 12, art. 12, p. 244 & suivantes de l'édition de 1761.

ARTICLE PREMIER.

Ceux qui seront assignez pardevant les Juges & Consuls des Marchands, seront tenus de comparoir en personne *à la premiere Audience* (1), pour estre ouis par leur bouche.

1. *A la premiere Audience.*] Les assignations qui sont données pour comparoître dans ces Jurisdictions, doivent être dans la même forme que toutes les autres assignations. A l'égard des délais, ils sont différents pour les Parties domiciliées dans la ville & pour les Forains, & on doit y observer la distance des lieux. (Voyez le Procès-verbal de l'Ordonnance, pag. 108.) C'est pourquoi ce qui est dit en cet article : *Que les Parties seront tenues de comparoir à la premiere Audience*, ne doit s'entendre que quand la Partie assignée a son domicile dans la ville ou les fauxbourgs où est le Consulat. A l'égard de ceux qui demeurent hors la ville & les fauxbourgs, il faut observer la distance des lieux. (Voyez le même Procès-verbal, p. 102.) Cette distance doit être à raison de dix lieues par jour, ou autre délai raisonnable.

Dans le projet de l'Ordonnance il y avoit un article qui portoit : » Qu'il y auroit au moins » vingt-quatre heures d'intervalle entre l'Exploit » & l'heure de l'assignation, à l'effet de quoi » les Huissiers étoient tenus, à peine de nullité » & d'amende, de déclarer tant en l'original » qu'en la copie de l'Exploit, l'heure à laquelle » l'assignation seroit donnée ; « mais cet article a été supprimé, sur ce que les Juge-Consuls qui furent mandés lors des Conférences dressées pour la rédaction de cette Ordonnance, représenterent que dans leur Jurisdiction les délais des assignations étoient différents suivant la demeure des Parties, & que personne ne se plaignoit de leur usage. (Voyez le Procès-verbal de cette Ordonnance, page 102, art. 4.)

Il y a plusieurs Consulats où le droit de Présentation a lieu, comme à Orléans, &c.

Article II.

En cas de maladie, abſence, ou autre légitime empeſchement, pourront envoyer un mémoire contenant les moyens de leur demande ou défenſes, ſigné de leur main, ou par un de leurs parens, voiſins ou amis, *ayant de ce charge & procuration ſpéciale* (1), dont il ſera apparoir; *& ſera la Cauſe vuidée ſur le champ* (2), *ſans miniſtere d'Avocat, ni de Procureur* (3).

1. *Ayant de ce charge & procuration ſpéciale*] Il n'eſt pas néceſſaire que cette procuration ſoit paſſée devant Notaires.

2. *Et ſera la cauſe vuidée ſur-le-champ.*] C'eſt-à-dire, à l'Audience.

3. *Sans miniſtere d'Avocat, ni de Procureur.*] Parceque l'expédition des affaires Conſulaires doit être prompte, & que ſouvent le miniſtere de ceux qui ſont employés à la défenſe des Parties en retarde l'expédition.

C'eſt pour cela que dans les Juriſdictions Conſulaires il n'y a point de procureurs en titre d'office. Cependant l'uſage dans la plupart de ces Juriſdictions, eſt de ſe ſervir de perſonnes qui en font les fonctions, & qui ſont prépoſées pour défendre & plaider les cauſes des Parties qui veulent bien ſe ſervir de leur miniſtere. Ces perſonnes ſont choiſies par les Juge Conſuls.

Article III.

Pourront néantmoins les Juge & Consuls, s'il est nécessaire de voir les pieces, nommer en présence des Parties, ou de ceux qui seront chargez de leur mémoire, un des anciens Consuls, ou autre Marchand non suspect, *pour les examiner* (1), & sur son rapport donner Sentence, qui sera prononcée en la prochaine Audience.

1. *Pour les examiner.*] En leur Chambre du Conseil, ou ailleurs.

ARTICLE IV.

Pourront, s'ils jugent nécessaire d'entendre la Partie non comparante, ordonner qu'elle sera ouie par sa bouche en l'Audience, en lui donnant délai compétent, ou si elle estoit malade, *commettre l'un d'entre eux* (1) pour prendre l'interrogatoire, que le Greffier sera tenu rédiger par écrit.

1. *Commettre l'un d'entr'eux.*] Il arrive quelquefois que la Partie est éloignée, & hors d'état de faire le voyage. L'usage alors est que les Juge-Consuls donnent une commission rogatoire pour interroger la Partie sur les lieux.

ARTICLE V.

Si l'une des Parties ne compare à la premiere assignation, *sera donné défaut* (1) ou congé *emportant profit* (2).

1. *Sera donné défaut.*] Cependant par un Arrêt du Conseil du 24 Décembre 1668, rendu pour les Juge-Consuls de Paris, l'usage des réajournements leur a été conservé, pour en user, lorsqu'ils le jugent convenable, avant de donner défaut. (Voyez la note sur l'art. 2 du tit. 5 ci-dessus, page 171.)

2. *Emportant profit.*] C'est-à-dire, que si c'est le Demandeur qui fait défaut, il sera donné congé au Défendeur, & pour le profit il sera renvoyé absous des conclusions contre lui prises, avec dépens. Si c'est le Défendeur qui ne comparoît pas, il sera donné défaut contre lui, pour le profit duquel les conclusions seront adjugées au Demandeur, si elles sont justes & légitimes ; mais il n'est pas nécessaire qu'elles soient vérifiées de la même maniere que dans les autres Jurisdictions, parceque souvent cette vérification pourroit être à charge aux Parties. (Voyez le Procès-verbal de l'Ordonnance, page 108.) M. le Premier Président observa alors, que l'usage des Juge-Consuls étoit de ne point faire vérifier la demande pour les petites affaires qui n'excédoient pas douze livres ; mais que quand il s'agissoit de quelque somme considérable, on obligeoit le Demandeur à rapporter la preuve de sa demande & des faits par lui allégués.

ARTICLE VI.

Pourront néantmoins les défauts & congez estre rabattus *en l'Audience suivante* (1), pourvue que le Défaillant ait sommé par acte celui qui a obtenu le défaut ou congé, de comparoir en l'Audience, & qu'il ait offert par le mesme acte *de plaider sur-le-champ* (2).

1. *En l'Audience suivante.*] C'est-à-dire, en l'Audience qui suit la signification de la Sentence par défaut. Voyez *infrà*, tit. 35, art. 11, cette signification doit être faite à personne ; ou à domicile lorsqu'il n'y a point de Procureur ou de domicile élu. (Voy. *infrà*, tit. 17, art. 7, note 2.)

2. *De plaider sur-le-champ.*] Il semble qu'aux termes de cet article on ne devroit point être reçu à former opposition pendant la huitaine aux Sentences Consulaires ; mais le contraire s'observe dans l'usage. Dans le cas où les Juge-Consuls jugent en dernier ressort, comme lorsqu'il ne s'agit que d'une somme de 500 livres & au-dessous, l'opposition aux Sentences par eux rendues par défaut doit être reçue dans la huitaine ; & c'est une suite de ce qui est porté en l'art. 3 du tit. 35 ci-après.

ARTICLE VII.

Si les Parties sont contraires en faits (1), *& que la preuve en soit recevable par Témoins* (2), délai compétent leur sera donné *pour faire comparoir respectivement leurs Témoins* (3), qui seront ouis sommairement en l'Audience, après que les Parties auront proposé verbalement leurs reproches, ou qu'elles auront esté sommées de le faire, pour ensuite estre la Cause jugée en la mesme Audience, *ou au Conseil* (4), sur la lecture des pieces.

1. *Si les Parties sont contraires en faits.*] Souvent les Juge-Consuls dans ce cas de contrariété jugent suivant les qualités des Parties. Ils examinent si celui qui pose son fait est un Marchand

de bonne réputation dans son négoce, & si ses livres sont bien tenus : ils en font de même à l'égard de la Partie adverse ; & cet examen les aide à fonder leur Jugement. (Voyez le Procès verbal de l'Ordonnance, page 100.)

2. *Et que la preuve en soit recevable par Témoins.*] (Voyez la note 5 sur l'art. 2 du tit. 20 ci après.

3. *Pour faire comparoir respectivement leurs Témoins.*] Il n'est pas nécessaire d'assigner ces Témoins ; il suffit que les Parties les fassent comparoir. (Voyez *infrà*, tit. 17, art. 8.)

4. *Ou au Conseil.*] C'est-à-dire, en la Chambre du Conseil.

ARTICLE VIII.

Au cas que les Témoins de l'une des Parties ne comparent, elle demeurera forclose & déchue de les faire ouir, si ce n'est que les Juge & Consuls, eu égard à la qualité de l'affaire, trouvent à propos de donner un nouveau délai d'amener Témoins ; auquel cas les Témoins seront ouis secretement *en la Chambre du Conseil* (1).

1. *En la Chambre du Conseil*] Et non en l'Audience, ni publiquement, comme dans l'espece d'enquête portée en l'article précédent.

ARTICLE IX.

Les dépositions des Témoins ouis en l'Audience, seront rédigées par écrit, & s'ils sont ouis en la Chambre du Conseil, seront signées du Témoin, sinon *sera fait mention de la cause* (1) pour laquelle il n'a point signé.

1. *Sera fait mention de la cause.*] A peine de nullité de la disposition. (Voyez *infrà*, tit. 22, art. 18 & 20.)

ARTICLE X.

Les Juges & Consuls *seront tenus faire mention dans leur Sentence des déclinatoires* (1) qui seront proposez.

1. *Seront tenus de faire mention dans leur Sentence des déclinatoires.*] Afin que les Parties puissent se pourvoir, dans le cas où les Juge-Consuls auroient refusé de déférer au renvoi qui leur auroit été demandé, & où ils auroient excédé leur pouvoir.

L'Ordonnance du Commerce du mois de Mars 1673, tit. 12, art 13, permet aux Juge-Consuls dans les matieres qui sont de leur compétence, de juger nonobstant tout déclinatoire, appel d'incompétence, prise à partie, renvoi requis & signifié, même en vertu de *Committimus* aux Requêtes de l'Hôtel & du Palais, & tous autres privileges; mais l'article 14 du même titre leur enjoint de déférer au renvoi qui leur est demandé, même à l'appel d'incompétence, à la prise à partie, & au renvoi, dans le cas où la connoissance de l'affaire ne leur appartient pas.

C'est pourquoi, lorsqu'une personne qui n'est pas justiciable des Juge-Consuls est assignée devant eux, ou que la cause n'est pas de leur compétence, elle doit demander son renvoi, & en cas de refus appeller comme de déni de renvoi & de Juge incompétent au Parlement; les Juge-

Consuls peuvent même alors être pris à partie, aux termes de l'Ordonnance de 1673 qu'on vient de citer.

ARTICLE XI.

Ne sera pris par les Juge & Consuls *aucunes épices* (1), salaires, droits de rapport, & du conseil, mesme pour les interrogatoires & audition de Témoins, ou autrement, en quelque cas ou pour quelque cause que ce soit, à peine de concussion & de restitution du quadruple.

1. *Aucunes épices.*] L'Edit de création des Juge-Consuls du mois de Novembre 1563, art. 7, dit en général qu'ils ne prendront aucune chose directement ni indirectement, en quelque maniere que ce soit, ni présent, ni don, sous couleur ou nom d'épices, ou autrement, à peine de concussion.

TITRE XVII.

Des Matieres sommaires.

Ce Titre est le plus important de tous ceux qui sont dans l'Ordonnance, puisque c'est celui dont l'observation peut contribuer plus que tout autre à abréger l'exercice de la Justice, tant à cause de la procédure simple qui s'observe dans les matieres qui en font l'objet, & qui sont les plus fréquentes, qu'à cause de l'exécution provisoire

viſoire des Jugements qui s'y rendent. Il ſeroit à ſouhaiter que les Procureurs en fiſſent une étude particuliere, pour s'y conformer exactement dans la pourſuite des affaires; mais malheureuſement ce titre eſt aſſez mal obſervé dans l'uſage.

Il ne faut pas confondre ici les matieres *ſommaires* avec les *proviſoires*. Les affaires *ſommaires* ne ſont ainſi appellées, que par la forme particuliere de procéder qui s'y obſerve; & ce ſont toutes celles qui ne demandent pas à être traitées par une longue inſtruction, ni par l'examen d'actes ou écritures, mais ſommairement & ſur-le-champ, & comme diſent les Juriſconſultes, *de plano* (Voyez la Loi 3, §. *ſciendum eſt* 9, *ff. ad exhib.*)

Les affaires *proviſoires* au contraire, ſont toutes celles qui requierent célérité, & où il y auroit du péril en la demeure, ſoit qu'elles ſoient ſommaires ou non. Ces affaires ſe jugent même pendant le temps des Vacations; & les Sentences rendues dans ces ſortes de matieres s'exécutent ordinairement par proviſion, ſur-tout dans le cas où la choſe eſt irréparable en diffinitive.

Les affaires proviſoires, & qui requierent célérité, ſont celles où il s'agit.

1°. De l'élargiſſement des perſonnes empriſonnées pour dette. (Voyez ci-après l'article 5 de ce titre.)

2°. Les main-levées des marchandiſes prêtes à être envoyées, ou ſujettes à dépérition. (Voyez *ibidem*, art. 3.)

3°. Le paiement que les Hôteliers ou des Ouvriers demandent à des Etrangers pour nourritures & fournitures d'habits. (*Ibidem.*)

4°. Lorſqu'on réclame des dépôts, gages, papiers, & autres effets divertis. (*Ibidem.*)

5°. Les ſaiſies de fruits & beſtiaux, équipages, marchandiſes, ventes de meubles, & autres choses où il auroit du péril en la demeure. (*Ibidem* & art. 5.)

Dans tous ces cas, le Juge qui a l'instruction peut abréger les délais, & permettre même quelquefois d'assigner le jour même ou le lendemain, du moins dans les quatre premiers cas de ceux qui viennent d'être énoncés. (Voyez l'Edit du mois de Janvier 1685, rendu pour le Châtelet de Paris, articles 6 & 7; l'Arrêt du Conseil du 30 Juin 1689, rendu pour le Présidial d'Angoulême, article 48; & celui du 31 Août de la même année, rendu pour le Présidial d'Orléans, article 5, rapportés au nouveau Recueil, tom. 1, page 553; & tom. 2, page 38.)

Voyez encore pour les affaires qui requierent célérité, la Loi 1, §. 2; avec les Loix 2 & 3, *ff. de feriis*.

L'Edit du mois d'Août 1669, servant de Réglement pour la Chambre des Vacations du Parlement de Paris, met au nombre des affaires qui sont de la compétence de cette Chambre, & qui sont provisoires.

1°. Toutes les matieres sommaires, ainsi qu'elles sont expliquées par les cinq premiers articles du titre 17 de la présente Ordonnance.

2°. Les Requêtes à fin de défenses ou surséance à l'exécution des Sentences & Jugements; encore qu'il fût question de choses excédantes le pouvoir de cette Chambre; sans néanmoins que l'exécution puisse être sursise aux matieres sommaires, ni aux Sentences de provision, en donnant caution, à quelques sommes qu'elles puissent monter, s'il y a contrats, obligations, promesses reconnues, ou condamnations précédentes par Sentences dont il n'y a point d'appel, ou qui soient exécutoires nonobstant l'appel, ni aux complaintes, réintégrandes, séquestre, possessoire, ou récréance des bénéfices.

3°. Les Requêtes à fin d'opposition à l'exécution des Arrêts auxquels le Demandeur en Requête n'a été Partie ou duement appellé, ou qui ont été rendus, faute de se présenter, ou en l'Audience, faute de plaider.

Mais les Requêtes civiles, tant principales qu'incidentes, ne sont point de la compétence de cette Chambre. (Même l'Edit d'Août 1669, rapporté au nouveau Recueil, tom. 1, p. 236)

Ni les entérinements des Lettres de grâce. (Arrêt du 2 Juillet 1677, rapporté par Boniface, tom. 3, liv. 1, tit. 5, chap. 22.) Cependant au Parlement de Paris la Chambre des Vacations connoît de ces enregistrements.

Il y a aussi des matieres qui, quoique non sommaires, demandent à être traitées sommairement. (Voyez l'art. 3 du tit. 6; l'art. 6 du tit. 8, & l'art. 24 du tit. 11 de cette Ordonnance.)

Voyez pour les affaires qui s'exécutent par provision, l'article 17, note 3 de ce titre.)

ARTICLE I.

Les Causes pures personnelles (1), *qui n'excéderont la somme ou valeur de quatre cents livres* (2), seront réputées sommaires en nos Cours de Parlement, Grand-Conseil, Cours des Aides, & autres nos Cours, mesme ès Requestes de nostre Hostel, & du Palais; & à l'égard des Bailliages & Sénéchaussées, & en toutes nos autres Jurisdictions, & aux Justices des Seigneurs, mesme aux Officialitez, celles qui n'excéderont la somme ou valeur de deux cents livres.

1. *Les causes pures personnelles.*] Les causes *pures personnelles* dont il est parlé dans cet article, sont celles par lesquelles nous agissons contre ceux qui nous sont personnellement obligés, soit en vertu d'un Contrat, comme Obligation, Cédule ou Promesse, ou d'un quasi-Contrat, soit en vertu d'un délit, ou quasi-délit; (*L. actionum genera* §. 1, *ff. de actionibus*, *&* §. *omnium* 1, *Institut. eod. titulo.*) ou contre leurs héritiers.

Elles sont dites *pures personnelles* à la différence des causes *réelles*; comme sont les actions de servitude, complaintes, & celles par lesquelles nous revendiquons une chose qui nous appartient, entre les mains d'un tiers qui la possede. C'est pourquoi si quelqu'un intente contre un tiers l'action en revendication d'une chose immeuble, ou même mobiliere, quoique de la valeur de quatre cents livres seulement & au-dessous, cette action ne sera plus une matiere sommaire.

L'action en paiement de cens, rentes seigneuriales ou autres droits seigneuriaux, est aussi une action réelle, qui par conséquent n'est point au nombre des matieres *pures personnelles*.

Il en est de même de l'action en paiement d'arrérages de rentes foncieres; ou pour restitution de fruits, parceque ces arrérages étant accessoires à une matiere réelle, participent de sa nature; & il a été ainsi jugé par Arrêt du 11 Mars 1516, rapporté par Rebuffe en son Commentaire sur les Ordonnances, sur l'article 52 de l'Ordonnance de Charles VIII de l'année 1493 *Tractatu de Sentent. executor.* art. 12, gloss. 1, page 244 de l'édition de 1581.

L'action d'injures verbales est une cause *pure personnelle*; mais l'action en dommages & intérêts pour le tort que quelqu'un nous a fait, soit en gâtant nos bleds, ou en marchant dans nos terres, &c. ne doit pas être regardée comme une action de cette espece, parcequ'elle a pour objet une matiere réelle. (Ainsi jugé par Arrêt du mois de Mai 1527, rapporté par Rebuffe, *ibidem.*)

Les causes dont il s'agit dans cet article, sont aussi appellées *pures personnelles* à la différence des actions *mixtes*, comme sont les actions de partage, licitation & bornes; & aussi à la différence des actions appellées en Droit *actiones personales in rem scripta.*

L'action pour avoir délivrance d'un legs est une action *pure personnelle*, lorsqu'on ne conclut qu'au paiement d'une somme; *secùs*, si l'on demande la délivrance d'un corps certain, *v. g.* d'un héritage.

Lorsque l'hypotheque est jointe à l'action *pure personnelle*, elle n'empêche pas la cause d'être pure personnelle, si l'on ne conclut qu'à une condamnation pure personnelle; parcequ'alors cette hypotheque étant un accessoire de l'action, n'empêche pas de pouvoir prendre des conclusions pures personnelles. (Voyez Papon, liv. 7, tit. 7, n. 55 de ses Arrêts.)

2. *Qui n'excéderont la somme ou valeur de quatre cents livres.*] Voyez la note 4 sur l'art. 3 ci-après.

ARTICLE II.

Et néantmoins les demandes excedantes la somme ou valeur de *deux cens livres* (1), qui auront esté appointées ès Jurisdictions & Justices inférieures, & portées par appel en nos Cours, y seront jugées comme Procès par écrit.

1. *De deux cents livres.*] Voyez la note 4 sur l'art. 3 ci-après.

Article III.

En toutes nos Cours (1), & en toutes Jurisdictions & Justices, *les choses concernant la Police* (2) à quelque somme ou valeur qu'elles puissent monter, les achats, ventes, délivrances & payement pour provisions, & fournitures de maisons en grain, farine, pain, vin, viande, foin, bois & autres denrées, les sommes deues pour ventes faites ès Ports, Estapes, Foires & Marchez, loyers de Maisons, Fermes & actions pour les occuper, ou exploiter, ou aux fins d'en vuider, tant de la part des Propriétaires que des Locataires ou Fermiers, non jouissances, diminution de loyers, fermages & réparations, soit qu'il y ait bail ou non, les impenses utiles & nécessaires, les méliorations, détériorations, labours & semences, les prises de chevaux & bestiaux en délit, les saisies qui en seront faites, leur nourriture, dépense ou louage, les gages des serviteurs, peines d'ouvriers, journées de gens de travail, parties d'Apotiquaires & Chirurgiens, vacations de Médecins, frais & salaires des Procureurs, Huissiers, Sergens, & autres droits d'Officiers, appointemens *& récompenses* (3), seront aussi réputées matieres sommaires, pourveu que ce qui sera demandé n'excede *la somme ou valeur de mille livres* (4).

1. *En toutes nos Cours, &c.*] Cet article est composé de six parties.

La premiere concerne les choses de Police.

La seconde concerne les fournitures de vivres & autres denrées, & tout ce qui en dépend.

La troisieme regarde les loyers de maisons & fermes, & ce qui est accessoire, comme réparations, améliorations, labours & semences.

La quatrieme, les chevaux & bestiaux pris en délit, leur nourriture, dépense, ou louage.

La cinquieme, les gages des serviteurs ou ouvriers.

Et la sixieme, les salaires & fournitures des Apothicaires, ceux des Médecins, Chirurgiens, Procureurs, Huissiers, &c.

2. *Les choses concernant la Police.*] Voyez *infrà*, art. 12, avec les notes, pag. 362.

3. *Et récompenses.*] Comme récompenses de services.

4. *La somme ou valeur de mille livres.*] Quand il s'agit dans une instance, *v. g.* de trois demandes ou oppositions contre trois particuliers, dont chacune n'excede pas la valeur de mille livres, alors l'affaire est dans le cas de l'Ordonnance, & doit être considérée comme matiere sommaire. (Ainsi jugé au Bailliage d'Orléans le Vendredi 1 Juin 1753, au profit du sieur Lamirault de Tolède.)

Les demandes qui excedent la somme de mille livres fixée en cet article, s'instruisent & se jugent comme demandes ordinaires & non sommaires, & ne peuvent se porter à l'Audience qu'après que le Défendeur y a fourni de défenses, ou a eu le tems & les délais nécessaires pour les fournir.

Article IV.

Réputons encore (1) pour matieres sommaires les appositions & levées des scellez, les confections & clostures d'inventaires, & les oppositions formées à la levée du scellé, aux inventaires & clostures, en ce qui concerne la procédure seulement. Les opositions faites aux saisies, exécutions, ventes de meubles, les préférences & privileges sur le prix en provenant, pourveu qu'il n'y ait que trois Opposans, & que leurs prétentions n'excedent la somme de mille livres, *sans y comprendre les cas de contributions au marc la livre* (2).

1. *Réputons encore*, *&c.*] Cet article est composé de deux parties.

La premiere concerne les oppositions & levées des scellés, les confections & clôtures d'Inventaires, & les oppositions formées à la levée des scellés, aux Inventaires & aux clôtures.

La seconde concerne les oppositions faites aux saisies, exécutions, ventes des meubles, les préférences & priviléges sur le prix en provenant.

L'Ordonnance répute pour matiere sommaire ce qui est compris dans la premiere partie de cet article, mais en ce qui concerne la Procédure seulement, c'est-à-dire, lorsque la contestation touchant les scellés, ou les confections

& clôtures d'Inventaires, ou les oppositions qui y sont formées, ne consiste qu'à sçavoir si les formalités nécessaires y ont été observées, & que le droit d'apposition du scellé ou de confection d'Inventaire, ainsi que les sommes pour lesquelles les oppositions ont été formées, ne sont point contestées, au fond ; & par conséquent à quelques sommes que ces choses montent, la connoissance en est sommaire en ce qui concerne la validité ou invalidité de la Procédure : car ces mots, *pourvu que leurs prétentions n'excedent la somme de mille livres*, qui sont à la fin de cet article, ne se rapportent qu'à la seconde partie de ce même article, qui commence à ces mots, *les oppositions faites aux saisies, &c.*

A l'égard des oppositions faites aux saisies, exécutions, ventes de meubles, les préférences & privileges sur le prix en provenant, qui sont comprises dans la seconde partie de cet article, l'Ordonnance ne les répute matieres sommaires, que quand il n'y a que trois Opposants, & que les prétentions de ces Opposants n'excedent la somme de mille livres, sans y comprendre les cas de contribution au marc la livre.

1. *Sans y comprendre les cas des contributions au marc la livre.*] C'est-à-dire, qu'il faut considérer la somme entiere due aux Opposants, & non ce qui doit leur revenir, eu égard à la perte qu'ils sont obligés de souffrir dans le cas de contribution au marc la livre. Dans le projet de cet article il étoit dit, *& hors le cas de contribution au marc la livre* ; ce qui fait voir que l'explication qui vient d'être donnée est le vrai sens de l'article. (Voyez le Procès-verbal de l'Ordonnance, pag. 189.)

ARTICLE V.

Les demandes à fin d'élargissement & provision des personnes emprisonnées, celles à fin de main-levée des effets mobiliaires, saisis ou exécutez, les établissemens ou décharges des Gardiens, Commissaires, Dépositaires ou Sequestres, *les réintégrandes*, les provisions requises pour nourritures & alimens, & tout ce qui requiert célérité, & où il peut y avoir du péril en la demeure, seront aussi réputées matieres sommaires, pourveu qu'elles n'excedent *la somme ou valeur de mille livres* (2).

1. *Les réintégrandes.*] L'art. ne parlant ici que des réintégrandes, il s'en suit que les complaintes ne sont point au nombre des matieres sommaires

2. *La somme ou valeur de mille livres.*] Voyez la note 4, sur l'art. 3, ci-dessus.

ARTICLE VI.

Les Parties *pourront plaider* (1) sans assistance d'Avocats ni de Procureurs en toutes matieres sommaires, si ce n'est en nos Cours de Parlement, Grand-Conseil, Cours des Aydes, & autres nos Cours, aux Requestes de nostre Hostel & du Palais, & aux Sieges Présidiaux.

1. *Pourront plaider.*] Voyez ci dessus tit. 14, art. 15.

L'Ordonnance de Blois, article 153, ne permettoit pas seulement aux Parties de plaider elles mêmes leur Cause dans les matieres sommaires ; mais elle le leur enjoignoit, & ne leur permettoit pas de se servir du ministere des Avocats ni des Procureurs. Cela s'observe encore aujourd'hui dans les sieges de Polices, lorsqu'il s'agit d'affaires de Mannfactures.

ARTICLE VII.

Les matieres sommaires seront jugées en l'Audience, tant en nos Cours qu'en toutes autres Jurisdictions & Justices, *incontinent après les délais écheus* (1), *sur un simple acte* (2), pour venir plaider sans autre procédure ni formalité, & seront à cette fin establies des Audiences particulieres.

1. *Incontinent après les délais échus.*] C'est-à-dire, après l'échéance des délais requis, tant pour l'assignation que pour la présentation. (Voyez *suprà*, tit 4, article 1, pag. 161.)

Ces délais pour les assignations & pour les présentations dans les matieres sommaires ne sont point différents des délais ci devant établis pour les autres matieres. Ainsi tout ce qui a été dit au tit. 3, art. 1, & suivants ; au tit. 4, art 15 & au titre 11, art. 1, doit recevoir ici son application.

Mais il n'y a ici aucun délai pour cotter Procureur, ni pour signifier des défenses, parce que d'un côté le ministere des Procureurs n'est pas nécessaire dans ces sortes de matieres, si ce n'est dans les Cours & autres Siéges dont il est parlé dans l'article 6, qui précede celui-ci, & que de l'autre les défenses s'y plaident, & qu'il n'est pas nécessaire de les signifier, ainsi qu'il résulte du présent article. (Voyez ce qui a été dit ci-dessus, tit. 3, art. 5, note 1, pag. 159.)

Il faut aussi observer que dans ces matieres le Demandeur ne leve point son défaut au Greffe, & qu'il n'y a aucun délai pour le faire juger; ainsi qu'il est ordonné par les articles 5 du tit. 3, 3 du tit. 5, & 3 du tit. 11, mais qu'aussitôt après les délais échus tant de l'assignation que de la présentation, (s'il s'agit d'une Justice où il y a un Greffe des présentations,) on peut juger l'affaire en l'Audience contradictoirement ou par défaut, ainsi qu'il résulte clairement de la disposition de cet article,

D'où il suit que ceux qui s'imaginent que dans les matieres sommaires les délais sont les mêmes que pour les autres affaires, & que les Procureurs qui agissent en conséquence, ne connoissent guères les regles de la procédure. Dans les Bailliages & Sénéchaussées Royales, lorsque le délai de l'assignation pour faire juger une affaire non sommaire est de 17 jours, comme il arrive à l'égard des Défendeurs qui demeurent dans l'étendue de la Jurisdiction, le délai pour faire juger une affaire sommaire soit contradictoirement, soit par défaut, est seulement de 13 jours, y compris le délai de la présentation.

2. *Sur un simple acte*] Quand les Parties n'ont point cotté de Procureur, la signification de cet acte, ainsi que toutes les autres significations, doivent être faites au domicile de la Partie; & le Demandeur est même obligé dans ce cas d'élire domicile dans la Ville où le Siége est établi. (L'article 6 de la Déclaration du 17 Février 1688, portant Réglement pour la pro-

cédure qui doit être obſervée dans les Elections & Greniers à Sel, & rapportée au nouveau Recueil, tom. 2, pag 15, en a une diſpoſition préciſe. Voyez auſſi l'Ordonnance de 1539, article 23, qui le porte expreſſément pour toutes les Juriſdictions en général, à peine par les Demandeurs d'être déchus de leurs demandes en oppoſition.)

ARTICLE VIII.

Si les Parties ſe trouvent contraires en fait dans les matieres ſommaires, & que la preuve par Témoins en ſoit reçue, les Témoins *ſeront ouis en la prochaine Audience*, (1) *en la préſence des Parties* (2), ſi elles y comparent, *ſinon en l'abſence des Défaillans* (3); & néanmoins à l'égard de nos Cours des Requeſtes de noſtre Hoſtel, & du Palais, & des Préſidiaux, les Témoins pourront eſtre ouis au Greffe par un de nos Conſeillers; le tout ſommairement *ſans frais* (4), & ſans que le délai puiſſe être prorogé.

1. *Seront ouis en la prochaine Audience.*) Sans qu'il ſoit néceſſaire de les faire aſſigner, à la différence de ce qui s'obſerve dans les matieres non ſommaires. Il ſuffit ici que les Parties faſſent comparoître ces Témoins en vertu de l'Ordonnance du Juge qui admet à la preuve. (Voyez *ſuprà*, tit. 16, art. 7, note 2, pag. 44.)

2. *En la préſence des Parties.*) Ou elles duement appellées :

Cette enquête, quoique ſommaire, doit être reſpective, c'eſt-à-dire, que chacune des deux

Parties peut faire entendre ses Témoins. (Voyez ci-dessus, tit. 16, art. 7, pag. 341.)

3. *Sinon en l'absence des Défaillants.*) Lorsqu'il est justifié que la Partie a fait ses diligences, *v. g.* qu'elle a fait assigner des Témoins qui font défaut, les Juges prorogent ordinairement de trois ou de huit jours le délai pour faire la preuve. Il arrive aussi quelquefois qu'une des Parties demeure dans un lieu éloigné de celui où se fait la preuve : le Juge en ce cas donne un plus long délai pour faire cette preuve sommaire ; & alors au lieu de prononcer qu'elle se fera a la prochaine Audience, il peut accorder un délai de huitaine ou de quinzaine si le cas le requiert.

4. *Sans frais.*) Tant de la part du Juge que du Greffier.

ARTICLE IX.

Les reproches seront proposez à l'Audience (1) avant que les Témoins soient entendus, si la Partie est présente; & *en cas d'absence* (2) *sera passé outre à l'audition* (3), & sera fait mention sur le plumitif, ou par le Procès verbal, si c'est au Greffe, *des reproches* (4) *& de la déposition des Témoins* (5).

1. *Les reproches seront proposés à l'Audience.*] Tant par l'une que par l'autre Partie, si toutes les deux ont été admises à la preuve.

Et en cas d'absence.] C'est-à-dire, en cas d'absence de l'une des Parties.

Lorsqu'une des Parties fait défaut, & manque de faire entendre ses Témoins au jour marqué, si elle n'a des excuses suffisantes, elle doit être déchûe de faire son enquête ; & c'est une mauvaise procédure de recevoir indistinctement cette Partie opposante, & de lui permettre de faire entendre ses Témoins à l'Audience suivante.

Si quelqu'un des Témoins fait défaut, le Juge doit ordonner qu'il sera assigné & réassigné, s'il croit qu'il y a lieu de l'entendre.

3. *Sera passé outre à l'audition.*] C'est à-dire, à l'audition des Témoins de la Partie présente. Voyez ci-après tit. 22, art. 9, note 3. Les Témoins une fois entendus ne peuvent être reprochés, à moins que ces reproches ne soient justifiés par écrit. (Voyez *infrà*, tit. 22, art. 34, note 2.

4. *Des reproches, & de la déposition des Témoins.*] C'est à-dire, de la déposition des Témoins, soit qu'il y ait une partie défaillante ou non ; & des reproches dans le cas où les deux Parties sont présentes, & où il y en a eu de proposés.

5. *Et de la déposition des Témoins.*] Si les Témoins de l'une des Parties ne comparent pas, il semble que cette Partie doit demeurer forclose de les faire entendre, à moins que les Juges, eu égard à la qualité de l'affaire & aux circonstances, ne jugent à propos de donner un nouveau délai. (Voyez *suprà*, titre 16, art. 8, page 344.)

ARTICLE X.

Si le différend ne peut estre jugé sur le champ, les pieces seront laissées sur le Bureau, *sans inventaire de production, écritures ni mémoires* (1), pour y estre délibéré, & le Jugement prononcé au premier jour à l'Audience, sans épices ni vacation, à peine de restitution du quadruple contre celui qui aura présidé.

1. *Sans inventaire de production, écritures ni mémoires, &c.*] Car il n'est pas permis d'appointer, même *à mettre*, quand il s'agit de matieres sommaires. Tout ce qu'on peut faire dans ce cas, est d'ordonner qu'il en sera délibéré sur le registre, ou que les pieces seront mises sur le Bureau entre les mains d'un des Juges qui en fait le rapport à la Chambre, & sans épices. Le Jugement qui ordonne ainsi que les pieces seront mises sur le Bureau, ou qu'il en sera délibéré sur le registre, doit être prononcé à la pluralité des voix. (Voyez en la note 5, sur l'art. 3, du tit. 6, page 190, ce qui a été observé sur ces délibérés)

Pour juger ces sortes d'affaires, il arrive quelquefois (lorsqu'il manque d'ailleurs quelque chose à la preuve) qu'on prend le serment de celui qui a le droit le plus apparent ; ce qui est conforme à ce qui est dit en la *L. admonendi* 31, *ff. de jurejurando.*

Article XI.

Tout ce que dessus sera exécuté en premiere Instance & en cause d'appel, *à peine de nullité* (1).

1. *A peine de nullité.*] Les formalités établies pour les enquêtes sont toutes de rigueur. (Voyez *infrà*, tit. 22, art. 20.)

Article XII.

En fait de Police (1) les Jugemens diffinitifs ou provisoires, *à quelque som-*

me qu'ils puissent monter (2), seront exécutez nonobstant opposition ou appellation, & sans y préjudicier, *en baillant caution* (3).

1. *En fait de Police.*] C'est-à-dire, dans les matieres de Police où il s'agit de l'intérêt public, comme sont toutes celles qui se poursuivent à la requête des Procureurs du Roi, sur la citation des Commissaires de Police.

A l'égard de la partie de la Police qui concerne les Métiers, comme sont les différends qui surviennent entre deux Communautés ou Corps de Métiers, ou entre une Communauté & un de ses Membres, ou entre un Maître & un Apprenti ou Compagnon, & autres contestations semblables, il faut distinguer s'il s'agit de l'exécution de quelque Statut ou non. Dans le premier de ces deux cas, comme les Parties sont fondées en titre, il est constant que la Sentence rendue sur ces contestations doit être exécutée par provision, suivant la regle générale établie ci-après en l'article 15; mais lorsque la contestation est entre deux Communautés, soit pour leurs droits ou autrement, qu'il ne s'agit point de l'exécution de quelque Statut, & que d'ailleurs les Parties ne sont point fondées en titre, il faut s'en tenir à la regle générale, & ces sortes de Sentences, quoique rendues dans les Sièges de Police, ne doivent point s'exécuter par provision.

2. *A quelque somme qu'ils puissent monter.*] Soit qu'il s'agisse de condamnation d'amende, ou de quelque autre peine pécuniaire.

3. *En baillant caution.*] Cette caution doit non seulement être offerte, mais encore reçue, du moins pour pouvoir procéder à l'exécution

entiere, & passer à la vente des effets saisis. (Voyez *infrà*, art. 17, note 5.)

Article XIII.

Les Jugemens diffinitifs (1) *donnez ès matieres sommaires* (2), *seront exécutoires par provision* (3) *en donnant caution* (4), nonobstant oppositions ou appellations, & sans y préjudicier, quand les condamnations ne seront, sçavoir à l'égard des Justices des Duchez & Pairies, & autres qui ressortissent sans moyen au Parlement, que de quarante livres : aux autres Justices, mesme des Duchez & Pairies, qui ne ressortissent nuement en nos Cours de Parlement, *de vingt-cinq livres* (5) : En nos Prevostez & Chastellenies, & autres nos Sieges inférieurs, *Maistrises particulieres des Eaux & Forests* (6), Sieges particuliers *d'Amirautez* (7), *Elections & Greniers à Sel* (8), de soixante livres : En nos Bailliages & Sénéchaussées, *Sieges des Grands-Maistres des Eaux & Forests* (9), Connestablies, & *Sieges généraux d'Amirautez* (10), de cent livres : Et aux Requestes de nostre Hostel, & du Palais, de trois cens livres. & au dessous ; le tout encore qu'il n'y ait contracts, obligations, ni promesses reconnues, ou condamnations précédentes.

1. *Les Jugements définitifs.*] Non les interlocutoires, car ceux-ci s'exécutent par provision sans qu'on soit obligé de donner caution, parceque la caution n'est nécessaire que dans le cas où celui qui obtient un jugement par provision touche quelque chose, ou est dans le cas de rapporter. Or la Partie qui obtient par provision un Jugement interlocutoire n'est pas dans le cas de rapporter, puisque ce Jugement ne la met en possession d'aucune chose.

2. *Les Jugements définitifs donnés ès matieres sommaires.*] En matiere sommaire dans les cas ci-dessus énoncés aux articles 3, 4 & 5, même dans ceux qui ne requierent pas célérité, & où il n'y a aucun péril en la demeure. Tous ces Jugements sont exécutoires par provision en donnant caution, quand les condamnations ne sont, savoir à l'égard des Justices des Duchés-Pairies, &c. & le reste de l'article.

3. *Seront exécutoires par provision.*] Mais non pour les dépens. (Voyez Papon, liv. 19, de ses Arrêts, tit. 7, n. 7.) & il a été ainsi jugé par plusieurs Réglements, & entr'autres par deux Arrêts des 9 Février 1532, & 12 Février 1545, & par un autre du 2 Août 1613, rapporté par Bouvot, tome 2, au mot *Attentat*, quest. 3. Autre Arrêt du 20 Juin 1622. Voyez aussi l'Ordon. des Fermes du mois de Juillet 1681, au titre commun des Fermes, article 44, qui porte, que l'appel, quant aux dépens, a un effet suspensif.

Il en est autrement des Sentences Présidiales rendues au second chef de l'Edit : car ces Sentences s'exécutent par provision, tant en principal que dépens (Edit des Présidiaux du mois de Janvier 1551, article 2.)

Quoique les Sentences des Juge-Consuls s'exécutent aussi par provision au dessus de 500 livres, à quelques sommes qu'elles montent, elles ne s'exécutent pas cependant par provision pour les dépens : tel est l'usage. (Voyez l'Edit du mois de Novembre 1563, art. 9, rapporté au nouveau Recueil, tome 1, page 13.)

4. *En donnant caution.*] Voyez la note 3 sur l'article précédent.

5. *De vingt-cinq livres.*] Voyez la note 4 sur l'article 3 ci-dessus, page 353.

6 *Maitrises particulieres des Eaux & Forêts.*] Le pouvoir de ces Maîtrises a été augmenté par la nouvelle Ordonnance des Eaux & Forêts du mois d'Août 1669. L'article 7 du titre des appellations de cette Ordonnance porte : » Que les » Jugements diffinitifs donnés dans ces Jurisdic- » tions en matieres sommaires, seront exécutés » par provision jusqu'à la somme de 100 livres, » ou 10 livres de rente.

7. *D'Amirautés.*] L'Ordonnance de la Marine du mois d'Août 1681, *liv.* 1, tit. 13, art. 2, 3, & 4, porte : » Que les Jugements concer- » nant les droits de congé appartenant à l'Ami- » ral, ceux concernant la restitution des choses » déprédées ou pillées dans les naufrages, & en » général tous les Jugements dont l'appel n'aura » point été relevé dans les six semaines, seront » exécutoires par provision en donnant caution. »

8. *Elections & Greniers à Sel.*] Les condamnations pour droits du Roi s'exécutent nonobstant l'appel, à la caution du Fermier, mais non pour les dépens. (Voyez les articles 43 & 44, du titre commun des Fermes de l'Ordonnance du mois de Juillet 1681, rapporté au nouveau Reeueil, tome 1, page 490.)

Il en est de même des condamnations d'amendes pour raison de ces droits, lorsque l'amende n'excede pas la somme de 50 liv. (Même art. 43.)

Idem, pour les confiscations. (Article 1 du tit. 13, de l'Ordonnance des cinq grosses Fermes du mois de Février 1687.) Mais il est défendu de passer à la vente des effets confisqués au préjudice de l'appel. (Article 26 du titre commun des Fermes de l'Ordonnance du mois de Juillet 1681.)

9. *Siéges des Grands-Maîtres des Eaux & Forêts.*] Par la nouvelle Ordonnance des Eaux & Forêts du mois d'Août 1669 au titre des Appellations, article 7, les Jugements diffinitifs rendus en ces Jurisdictions en matiere sommaire, s'exécutent par provision jusqu'à 200 livres, ou 20 livres de rente.

10. *Et Siéges généraux d'Amirautés.*] Cet article a été confirmé par l'article 7 du tit. 13 du livre 1, de l'Ordonnance de la Marine du mois d'Août 1681.

ARTICLE XIV.

En toutes matieres sommaires *qui n'excéderont la somme de mille livres* (1), *les Sentences de provision* (2) seront exécutées, nonobstant & sans préjudice de l'appel, *en baillant caution* (3), encore qu'il n'y eust contract, obligation, promesse reconnue, ou condamnation précédente.

1. *Qui n'excéderont la somme de mille livres.*] Mais si la matiere ou demande excede la somme de mille livres, les Sentences de provision ne peuvent plus être exécutées au préjudice de l'appel. Voyez cependant la note 4 sur l'article 3, ci-dessus, page 353.

2. *En baillant caution.*] Voyez la note 3, sur l'art. 12, ci-dessus, page 363.

Cette caution n'eſt néceſſaire que quand il s'agit de dépouiller, *v. g.* un ſaiſi.

Mais ſi le ſaiſi obtient main-levée de la ſaiſie, & que le ſaiſiſſant qui a fait enlever les effets appelle, il n'eſt pas beſoin au ſaiſi de donner caution pour avoir main-levée de la ſaiſie.

ARTICLE XV.

S'il y a contracts, obligations, *promeſſes reconnues* (1), ou condamnations précédentes, par Sentences dont il n'y ait point d'appel, *ou qu'elles ſoient exécutoires nonobſtant l'appel* (2), les Sentences de proviſion ſeront exécutées, *à quelques ſommes qu'elles puiſſent monter* (3), *en donnant caution.* (4).

1. *Promeſſes reconnues.*] C'eſt-à-dire, reconnues judiciairement, ou devant Notaires.

2. *Ou qu'elles ſoient exécutoires nonobſtant l'appel.*] Comme ſont toutes les Sentences des Préſidiaux au ſecond chef de l'Edit, celles des Juge-Conſuls, au-deſſus de 500 livres. (Voyez *ſuprà*, art. 13, note 2, page 365.)

3. *A quelques ſommes qu'elles puiſſent monter.*] Il n'eſt pas néceſſaire pour que cette exécution proviſoire ait lieu, qu'il s'agiſſe d'une matiere ſommaire : car toutes les fois que la Partie qui obtient eſt fondée en titre, la Sentence s'exécute par proviſion, quand même il ne s'agiroit pas d'une matiere ſommaire. C'eſt le cas de cet article ; ce qui eſt conforme à la Déclaration du mois de Juin 1559, art. 13.

Au reſte cette exécution proviſoire n'a pas lieu pour les dépens. (Voy. la note 2, ſur l'art. 13 ci-deſſus, page 365.

4. *En donnant caution.*] Voyez la note 3, sur l'art. 12. de ce titre, page 363.

ARTICLE XIV.

Défendons à nos Cours de Parlement, Grand-Conseil, Cours des Aydes, & autres nos Cours, & à tous autres Juges, de donner défenses ou surséances *en aucuns des cas exprimez aux précédents articles* (1) : & si aucunes estoient obtenues, Nous les avons dès à présent déclarées nulles, *& voulons que sans y avoir égard* (2), & sans qu'il soit besoin d'en demander main-levée, les Sentences soient exécutées, nonobstant tous Jugemens, Ordonnances ou Arrests contraires, & que les Parties qui auront présenté les requestes à fin de défenses ou de surséance, & les Procureurs qui les auront signées, ou qui en auront fait demande en l'Audience, ou autrement, soient condamnez chacun en cent livres d'amende, applicable moitié à la Partie, & l'autre moitié aux Pauvres, lesquelles amendes ne pourront estre remises, ni modérées.

1. *En aucuns des cas exprimés aux précédents articles.*] Dans les autres cas où il échet d'accorder des défenses ou surséances, comme il arrive toutes les fois que le Juge dont est appel, auroit ordonné mal-à-propos l'exécution

provisoire de sa Sentence, ces sortes de surséances ne peuvent être accordées que sur des Sentences expédiées & signifiées. (Arrêt du Parlement du 17 Janvier 1725, rapporté au nouveau Recueil, tome 3, page 299, qui fait défenses aux Procureurs d'en obtenir sur des extraits ou copies de Sentences non expédiées, ni signifiées.)

Il faut aussi observer que ces défenses doivent être données au Siége, & qu'il est défendu aux Lieutenants-Généraux, ou autres Juges d'instruction, de les accorder seuls, même sous prétexte d'ordonner seulement un tout en état. (Arrêt du Conseil du 2 Août 1688, rendu pour le Présidial de Poitiers, article 7. Autres des 31 Août 1689, & 22 Février 1690, rendus entre les Officiers du Présidial d'Orléans. Autre du 16 Mars 1705, rendu entre les Officiers du Présidial d'Autun, art. 5.)

2. *Et voulons que sans y avoir égard, &c.*] Ces mots ne doivent point être pris à la lettre. Quand un Arrêt de défenses a été rendu, même au préjudice des cas exprimés dans les articles précédents, il faut nécessairement y former opposition, & faire lever les défenses par un autre Arrêt, ou se pourvoir au Conseil par la voie de cassation. Autrement ce seroit un mépris & un attentat à l'autorité d'une Cour Souveraine.

ARTICLE XVII.

Si les Instances sur la provision, & sur la diffinitive, *sont en mesme temps en estat* (1), les Juges y prononceront par un mesme Jugement, *& pourront ordonner* (2), qu'en cas d'appel leur Jugement *sera executé* *exécute* (3) *par maniere de provision* (4), en baillant *bonne & suffisante caution* (5), lorsqu'il échet de juger par provision. Abrogeons l'usage de donner en ce cas séparément, la Sentence de provision, & la diffinitive.

1. *Sont en même temps en état.*] Par exemple, si quelqu'un se prétend héritier d'un défunt, & que sur la contestation qui lui est faite de son état, il demande en sa qualité d'héritier une somme par provision, les Juges peuvent prononcer définitivement qu'il est héritier, & sur la demande en provision lui accorder la somme par lui demandée, pourvu qu'elle soit dans le cas de lui être adjugée par provision; & ils peuvent ordonner que leur Sentence sera exécutée nonobstant l'appel quant à cette provision, en donnant bonne & suffisante caution.

2. *Et pourront ordonner.*] Pour que cette exécution provisoire ait lieu, il faut qu'elle soit prononcée par la Sentence. Mais si la Partie a oublié de demander que la Sentence s'exécutât par provision, elle peut le faire par une demande incidente, après la Sentence rendue.

C'est au Juge qui a rendu la Sentence, à connoître de cet incident, même dans le cas où il y auroit appel de la Sentence; mais il semble que ce doit être alors aux dépens de celui qui forme cette demande, faute par lui de l'avoir faite avant le Jugement définitif. Il paroît aussi que cette exécution provisoire de la Sentence peut être demandée au Juge supérieur devant lequel l'appel est porté, si cet appel est relevé.

Les Juges, sur-tout ceux de premiere instance, doivent avoir grande attention à ne pas ordonner l'exécution provisoire de leurs Sentences, si ce n'est dans le cas où il leur est permis par les Réglements de le faire. Un Arrêt de Réglement du 7 Décembre 1689, (rapporté au nouveau Recueil, tome 2, page 54.) le défend à tous les Juges du Ressort, sinon ès cas de l'Ordonnance, à peine de répondre de tous dépens, dommages & intérêts des Parties, même de plus grande peine, s'il y échet; & ordonne à cet effet que, lorsqu'ils prononceront l'exécution provisoire d'une Sentence, la clause & le motif en seront insérés dans le Jugement. Cet Arrêt défend pareillement aux Greffiers d'insérer dans les Sentences qu'ils expédieront, qu'elles seront exécutées nonobstant l'appel, si cela n'est expressément porté dans les minutes des Sentences rendues par rapport, ou dans le Registre du Plumitif à l'égard des Causes d'Audience; & ce à peine d'interdiction de leurs Charges, & de répondre en leur nom des dommages & intérêts des Parties.

3. *Sera exécuté.*] C'est-à-dire, quant à la Partie provisoire, ainsi qu'on vient de l'observer en la note 1, sur cet article.

Il n'est pas inutile d'examiner ici quels sont les différents cas où les Juges peuvent ordonner par provision l'exécution de leurs Sentences, outre celui où les Parties sont fondées en titre, & dont il est parlé en l'article 15 ci dessus. Il faut pour cela considérer les Sentences sous deux rapports différents. 1°. Par la nature de la Sentence. 2°. Par la qualité des Juges qui la rendent.

Les Sentences considérées par leur nature, dont l'exécution se fait par provision, sont 1°. Tous Jugements interlocutoires ou d'instruction. 2°. Tous actes & Jugements conservatoires. 3° Les Jugements sur tout ce qui requiert célérité, & où il y auroit péril en la demeure. 4°. Enfin quelques autres Jugements, auxquels les Ordonnances ont attribué une exécution provisoire par un motif d'intérêt public.

10. Toutes les Sentences interlocutoires, préparatoires & d'instruction, qui peuvent se réparer en diffinitive. (Ordonnance du mois de Juillet 1493, article 53. Ordonnance du 12 Juillet 1519, article 4. Ordonnance du mois d'Octobre 1535, chapitre 16, art. 13. Ordonnance du mois de Décembre 1540, article 3. Déclaration du mois de Juin 1559, article 12.) Voyez sur ces Sentences interlocutoires qui ne peuvent se réparer en définitive, la note 25 de Godefroi sur la L. *Ante Sententiæ 7 Cod. quorum appellationes non recipiuntur.*

Quoique les Ordonnances qu'on vient de citer, ne parlent que des Juges Royaux, néanmoins l'usage en a étendu la disposition à tous Juges.

C'est en conséquence de la maxime qu'on vient d'établir, que les criées d'héritages s'exécutent malgré l'appel de la saisie réelle, suivant l'arrêté du Parlement du 29 Janvier 1658, rapporté au nouveau Recueil, tome 1, page 53.

Il en est de même des Baux judiciaires, tant sur saisies réelles que féodales. (Même arrêté.)

Les Sentences de récusation s'exécutent aussi nonobstant l'appel, excepté en matiere de descente, information & enquête. (Voyez *infrà*, tit. 24, art. 26.) Mais cette exécution provisoire ne doit s'entendre que de la récusation en elle même, c'est-à-dire, sur la question de savoir si le Juge récusé restera Juge ou non. A l'égard de l'amende encourue par celui qui a recusé mal-à-propos, il ne paroît pas qu'elle doive s'exécuter par provision.

Les exécutions des Adjudications par décret, après Arrêt confirmatif des criées, ou congé d'adjuger, s'exécutent aussi par provision. (Réglement du 26 Janvier 1658, qu'on vient de citer.)

Enfin les Ordonnances des Juges ou Commissaires établis pour la réception ou rejet des cautions, s'exécutent nonobstant l'appel. (*Infrà*, tit. 28, art. 3.)

En matiere de faillite, les résolutions prises dans les assemblées des Créanciers à la pluralité des voix pour le recouvrement des effets ou pour le paiement des dettes du Failli, s'exécutent aussi par provision. (Ordonnance du Commerce de 1673, tit. 11, art. 5.)

2o. Tous Actes, Ordonnances & Jugements conservatoires s'exécutent aussi par provision malgré l'appel. De ce nombre sont,

Les appositions & levées de scellés. (Même Réglement du 29 Janvier 1658, ci-dessus cité.)

Les Sentences de complaintes & réintégrandes, quand elles sont rendues par des Juges Royaux. (*Suprà*, titre 15, art. 9, page 328, & *infrà*, titre 18, article 7. Ordonnance de 1539, art. 62.)

Les Sentences portant défenses en cas de dénonciation de nouvelle œuvre. (Réglement de 1658, ci-dessus. On entend par *dénonciation de nouvelle œuvre*, la demande qui s'intente par un voisin ou autre, contre celui qui a commencé un édifice, ou une autre œuvre sur son terrein, dont la construction est préjudiciable à ce voisin, & qui a droit de l'empêcher.

Les Sentences des Sequestres rendues, tant par les Juges Royaux, que par les Juges des Seigneurs. (*Infrà*, tit. 19, art. 19.)

Les Sentences rendues sur Lettres de répi. (Ordonnance du mois d'Août 1669, tit. 6, art. 7.)

3°. Tous Jugements rendus dans des matieres qui requierent célérité, & où il y auroit du péril en la demeure. (Edit du mois de Janvier

1685, rendu pour le Châtelet de Paris, article 7. Arrêt du Conseil du 31 Août 1689, rendu pour le Présidial d'Orléans, article 5, rapporté au nouveau Recueil, tome 1, page 553.) Par exemple, quand il s'agit,

D'élargissement de personnes emprisonnées pour dettes. (Même Edit de 1685, article 6. Même Arrêt du Conseil rendu pour Orléans, article 5.)

De main-levée de marchandises prêtes à être envoyées, ou sujettes à dépérition. (Même Edit de 1685, article 6. Arrêt du Parlement du 30 Juin 1689, rendu pour le Présidial d'Angoulême, article 48, rapporté au nouveau Recueil, tome 2, page 38.)

De saisies de fruits, bestiaux, équipages, marchandises, & ventes de meubles. (Même Arrêt du Conseil du 31 Août 1689, rendu pour Orléans, article 5.) L'Edit de 1685, rendu pour le Châtelet de Paris, dit simplement, *main-levée des meubles, bestiaux, & chevaux saisis;* & l'Arrêt du 30 Juin 1689, rendu pour Angoulême, dit simplement, *main-levée de fruits & bestiaux saisis.*

Du payement que les Hôteliers ou des Ouvriers demandent à des Etrangers pour des nourritures & fournitures d'habits. (Même Edit de 1685, rendu pour Paris, art. 6.)

Lorsqu'on réclame des dépôts, gages, papiers, & autres effets divertis. (Même Edit de 1685, article 6. Même Edit de 1689, rendu pour Angoulême, article 48.)

Il paroît cependant, à bien considérer l'esprit de l'Ordonnance en l'article 14 de ce titre, & le Procès-verbal de l'Ordonnance sur cet article, page 200, que toutes les choses dont on vient de parler, ne peuvent être exécutées par provision, que quand elles n'excedent pas la somme de mille livres.

Il faut aussi ajouter aux matieres précédentes qui requierent célérité,

Les Sentences portant injonction de vuider contre ceux qui n'ont point de bail, ou dont les baux sont expirés, ou après le congé donné en conséquence du droit des Propriétaires. (Réglement de 1658, ci-dessus.)

Les salaires, loyers, aliments & médicaments. (Déclaration du mois de Juin 1559, rendue en interprétation de l'Edit de Crémieu, article 14. Ordonnance du mois d'Octobre 1535, chap. 16, n. 23.)

Réfection des ponts & passages. (Même Déclaration de 1559, article 14. Ordonnance du mois de Juillet 1493, article 51. Ordonnance de Louis XII, du mois de Mars 1498, art. 80.)

Cependant il paroît aussi que ces choses ne peuvent s'exécuter par provision, que quand elles n'excédent pas la somme de 1000 livres, par les raisons qu'on vient d'observer, à moins qu'on ne soit d'ailleurs fondé en titre.

Les dations de tutele & curatele, & les confections d'Inventaires étant des choses qui requierent célérité, s'exécutent aussi par provision. (Ordonnance de Mars 1498, art. 80. Déclaration du mois de Juin 1559, article 14. Ordonnance de 1535, chap. 16, n. 23.

Il faut aussi observer que les Ordonnances qu'on vient de citer n'attribuent l'exécution provisoire dans les cas précédents, qu'aux seuls Juges Royaux.

Les Sentences rendues contre les gros Décimateurs pour raison des réparations des Chœurs des Eglises Paroissiales, s'exécutent aussi par provision nonobstant l'appel. (Edit du mois d'Avril 1695, article 21.)

4°. Enfin il y a d'autres matieres privilégiées, auxquelles les Ordonnances ont attribué l'exécution provisoire. Ainsi,

En matiere de dot & de douaire, les Sentences, quand elles sont données par des Juges Royaux, s'exécutent par provision. (Mêmes Ordonnances de 1495, article 31; de 1498, article 80, & Déclaration de 1559, article 14.) Le Réglement du 29 Janvier 1658, ci-dessus cité, dit simplement *provisions de dot & douaire, excepté contre les tiers possesseurs.*

Il en est de même des Sentences d'interdiction de biens des prodigues ou insensés, rendues par des Juges Royaux. (Mêmes Ordonnances de 1493, article 15, de 1498, article 80; & Déclaration 1559, article 14.)

A l'égard des Sentences de séparation, soit de biens seulement, soit de biens & habitation, elles ne s'exécutent point au préjudice de l'appel; on ordonne seulement par provision, dans le cas de séparation d'habitation prononcée, que la femme restera en une maison ou Couvent indiqué par son mari, où par ses parens, jusqu'à ce que l'appel soit jugé définitivement.

L'exécution des Testaments pour les frais funéraires & legs pieux, doit aussi avoir lieu par provision, & nonobstant l'appel. (Réglement de 1658, ci-dessus, qui ne distingue point dans ce cas si le Jugement est rendu par un Juge Royal ou non.)

Il en est de même de redditions des comptes des Communautés. (Même Réglement.)

Les Sentences rendues en matiere de Dixmes par des Juges Royaux pour raison de la quotité des Dixmes, sont aussi exécutoires par provision, quand elles sont rendues en faveur des Ecclésiastiques. (Edit de Melun du mois de Février 1580, art 29.)

Et aussi celles rendues en faveur des Curés primitifs & Vicaires-perpétuels, au sujet de leurs droits & portions congrues. (Déclaration du 15 Janvier 1731, art. 13.)

Les Jugements rendus par les Baillis & Sénéchaux touchant le Ban & l'arriere-Ban, s'exécutent aussi par provision. (Arrêt du Conseil du 9 Octobre 1692.)

Enfin toutes Sentences portant condamnation d'amende, rendues par les Baillis & Sénéchaux, Prevôts Royaux, & autres Juges Royaux ressortissants nuement aux Cours du Parlement, non excédantes la somme de vingt-cinq livres, doivent s'exécuter par provision en donnant caution. (Ordonnance du mois de Juin 1510, article 72.)

Les Sentences considérées par la qualité des Juges qui les rendent, & qui s'exécutent par provision, sont,

1°. Celles rendues par les Présidiaux au second chef de l'Edit, lesquelles s'exécutent par provision, tant en principal que dépens. (Edit des Présidiaux du mois de Janvier 1551, article 2.)

2°. Celles des Juge-Consuls au-dessus de 500 livres, qui doivent aussi s'exécuter par provision quant au principal, à quelque somme qu'il monte (Edit du mois de Novembre 1563, article 9.) Quand leurs Sentences sont au-dessous de 500 livres, elles se rendent en dernier ressort, tant en principal que dépens.

3°. Les Sentences rendues par les Auditeurs du Châtelet de Paris, s'exécutent nonobstant l'appel jusqu'à la somme de 50 livres. (Déclaration du 6 Juillet 1683, rapportée au nouveau Recueil, tom. 1, pag. 517.

4°. Les Ordonnances rendues par les Evêques, Archevêques, & autres Juges d'Eglise en matiere de discipline Ecclésiastique, ou dans le cours de leurs visites, s'exécutent aussi par provision, nonobstant l'appel comme d'abus; Edit du mois d'Avril 1695, article 37) excepté quand cet appel comme d'abus est interjetté par les Procureurs-Généraux.

5°. Les Sentences arbitrales, quand elles sont homologuées ou reçues des Notaires Greffiers des Arbitrages s'exécutent aussi par provision, tant en principal que dépens. (Edit du mois d'Août 1560.)

4. *Par matiere de provision.*] L'effet de cette provision est, que la Sentence peut être exécutée nonobstant oppositions ou appellations quelconques. On peut aussi, en vertu d'une Sentence de provision qui condamne à quelque somme pécuniaire ou espece, saisir des héritages & autres immeubles; mais on ne peut les faire adjuger, qu'après avoir obtenu une condamnation définitive. (*Infrà*, tit. 27, art. 8.)

Cette exécution provisoire peut être demandée, même après le jugement, au Juge qui l'a rendue, & quand même il y auroit appel, tant que cet appel n'est pas relevé; mais alors ce doit être aux dépens de celui qui ne forme cette demande qu'après le Jugement.

5. *Bonne & suffisante caution.*] Pour pouvoir saisir & exécuter en vertu d'une Sentence de provision dont il y a appel, il est nécessaire de donner caution avant la saisie. (Ainsi jugé par Arrêt du 2 Août 1696.)

Cependant si la caution avoit fait ses soumissions, il semble qu'on pourroit saisir en vertu de cette Sentence, quand même cette caution seroit contestée. (Voyez l'Ordonnance de Roussillon du mois de Janvier 1563, article 9.) Mais on ne pourroit passer à la vente qu'après la caution reçue.

Quand la somme adjugée par provision est

très-modique, & que celui au profit duquel la Sentence a été rendue est notoirement solvable, on peut ordonner qu'il touchera cette somme à sa caution juratoire, & en faisant par lui les soumissions nécessaires; ou, si c'est une Communauté Ecclesiastique, à la caution de son revenu temporel.

TITRE XVIII.

Des Complaintes & réintégrandes.

ARTICLE PREMIER.

S*I aucun est troublé* (1) en la possession & jouissance d'un héritage, *ou droit réel* (2), ou universalité de meubles *qu'il possédoit* (3) *publiquement* (4), sans violence, *à autre titre que de Fermier* (5) ou Possesseur précaire, *il peut dans l'année du trouble* (6) *former complainte* (7) *en cas de saisine & nouvelleté* (8) *contre celui qui lui a fait le trouble* (9).

1. *Si aucun est troublé.*] On est troublé de deux manieres dans la possession d'un bien, 1°. par trouble de fait; 2°. par trouble de droit. Le trouble *de fait* a lieu, lorsqu'on empêche quelqu'un par voie de fait de jouir de son héritage, & d'en percevoir les fruits. Le trouble *de droit* se fait, lorsqu'on forme une opposition,

ou une demande judiciaire, pour empêcher le Possesseur d'un bien d'en jouir, & en général par toute dénégation judiciaire: *Quando adversarius non possidere rem controversam negat, dicendo se esse possessorem.* (Voyez Loisel, liv. 5, tit. 4, regle 12.)

Sur la distinction entre possession de droit & possession de fait, & entre complainte pour héritage & celle pour droit réel. (Voyez le Grand sur la Cout. de Troies, art. 131, n. 17.

2. *Ou droit réel.*] *V. g.* la perception d'un cens, d'une rente fonciere, champart, droit de servitude, &c. (Voyez la Coutume de Paris, article 98.)

3. *Qu'il possédoit.*] Soit par lui, soit par ses auteurs. Ainsi un héritier de celui qui a possédé, peut intenter la complainte, parcequ'il représente le défunt, & que la possession de son auteur lui sert de possession aussi à lui-même. Il faut dire la même chose du Donataire, de l'Acheteur, & de tout autre Acquéreur à titre singulier de celui qui possédoit, parce que toutes ces personnes représentent leur auteur, & ont possédé par lui.

Pour donner lieu à la complainte, il ne suffit pas d'une possession, mais il faut une possession ou civile ou actuelle.

La Complainte a lieu non-seulement entre deux Seigneurs, créanciers, ou propriétaires, qui prétendent un même droit de servitude, champart, rente fonciere, ou autre droit réel; mais elle peut aussi avoir lieu entre le Propriétaire de ces mêmes droits & ceux qui en sont redevables, en cas de refus par ces derniers d'y satisfaire: car l'article ne fait ici aucune distinction, & dit en général, *si aucun est troublé en la possession & jouissance, &c* (Arrêt du 5 Mars 1718, rapporté au tome 7, du Journal des Audiences, où cette maxime est établie au long : il s'agissoit d'un droit de terrage. (Voyez aussi la Loi 1. *ff. de aquâ quotidianâ & æstivâ*, & la Loi 1. *ff. de itinere actuque privato.*)

Au reste il faut observer qu'on ne peut former complainte contre le Roi. (Voyez Peleus, liv. 8, act. for. 3, pag. 429, col. 2.)

4. *Publiquement.*] C'est-à-dire, au vû & au sû de tout le monde, & non secrètement ou en cachette, ni par violence ; ce qu'on appelle en Droit *non vi, nec clam.*

5. *A autre titre que de Fermier.*] Il faut donc être Propriétaire ou Usufruitier, ou Possesseur *animo Domini*, pour pouvoir intenter cette complainte.

6. *Il peut dans l'année du trouble.*] Ce tems court contre toutes sortes de personnes, soit Mineurs, soit Ecclésiastiques ou Privilégiés.

Celui qui est troublé en sa possession, a pendant l'année du trouble la liberté de se pourvoir, ou par complainte, ou par demande au pétitoire ; mais après l'année du trouble, il ne peut plus se pourvoir que par demande au pétitoire.

7. *Former complainte.*] Il y a cette différence entre la *complainte* & la *réintégrande*, que l'action en complainte a pour objet d'être maintenu en la possession où l'on est ; au lieu que l'action en réintégrande est celle par laquelle on demande à être rétabli dans la possession où l'on étoit, & dont on a été dépouillé : ainsi la *complainte* ne se dit que du chef de celui qui a été troublé.

8. *En cas de saisine, & nouvelleté.*] La *saisine* marque que le défendeur en complainte est troublé dans sa jouissance ; & la *nouvelleté* marque qu'il y est troublé nouvellement & depuis peu.

9. *Contre celui qui lui a fait le trouble.*] Ou contre celui qui représente l'auteur de ce trou-

ble, même contre le tiers détenteur de l'héritage pour raison duquel le trouble a été fait, lorsqu'il s'agit d'une entreprise faite sur un héritage par le propriétaire d'un autre héritage voisin : car alors la demande en complainte peut se continuer contre le nouveau détenteur, de la même maniere que contre l'ancien, à moins que ce nouveau détenteur ne renonce à l'entreprise faite par son prédécesseur, ou par celui qu'il représente.

Article II.

Celui qui aura esté dépossédé (1) *par violence, ou voie de fait* (2), pourra demander la réintégrande *par action civile & ordinaire* (3), ou extraordinairement par action criminelle : & s'il a choisi l'une de ces deux actions, il ne pourra se servir de l'autre, si ce n'est qu'en prononçant sur l'extraordinaire *on lui eust réservé l'action civile* (4).

1. *Celui qui aura été dépossédé.*] Un simple fermier peut intenter la réintégrande ; car l'Ordonnnance s'exprime ici d'une maniere générale, à la différence de la complainte que le fermier n'est pas en droit d'intenter, suivant l'art. 1 de ce titre. (Voyez Lange, ch. 33 de son Praticien.)

Pour la complainte il suffit d'être troublé dans sa possession ; mais pour la réintégrande il faut avoir été dépossédé par violence ou voie de fait.

2. *Par violence ou voie de fait.*] La violence suppose de la résistance ; ce que ne suppose point la voie de fait.

3. *Par action civile & ordinaire.*] Cette action

doit être intentée sommairement, lorsque l'héritage ou droit réel pour lequel on intente la réintégrande, n'excede pas la valeur de mille livres. (Voyez *suprà* l'art. 5 du tit. 17, p. 244.) Il n'en est pas de même de l'action pour complainte; ce qui est fondé sur ce que dans ce second cas le Demandeur n'est pas dépouillé.

4. *On lui eût réservé l'action civile.*] Car c'est une maxime certaine, que lorsqu'une Partie a deux actions à exercer, la civile & la criminelle, si cette Partie a pris une fois la voie civile, elle ne peut plus prendre la voie criminelle. (*Ità* Mornac *in L. 9, ff. de tributor. act.*; & il a été ainsi jugé par Arret du 2 Août 1706, rapporté au Journal des Audiences, tome 6.)

ARTICLE III.

Si le Défendeur en complainte (1) dénie la possession du Demandeur, ou de l'avoir troublé, ou qu'il articule possession contraire, *le Juge* (2) *appointera les Parties à informer* (3).

1. *Si le Défendeur en complainte.*] Ou en réintégrande.

2. *Le Juge.*] Si les héritages ou droits contentieux sont éloignés, le Juge pourra commettre le plus prochain Juge Royal des lieux. (Voy. le Procès verbal de l'Ordonnance, page 286, en l'art. 3.)

3. *Appointera les Parties à informer.*] Si l'enquête est concluante en faveur de l'une ou de l'autre des Parties, le Juge maintiendra cette Partie en possession, & condamnera l'autre à lui rendre & restituer les fruits, si aucuns il a perçus, & en ses dommages & intérêts. Mais si l'enquête n'étoit favorable a aucune des Parties,

alors le Juge pourroit ordonner le Sequestre, jusqu'a ce que l'affaire fut jugée au pétitoire. Quelques uns néanmoins prétendent que dans ce cas le Défendeur doit être mis en possession ; ce qui a pareillement lieu lorsque les preuves sont égales de part & d'autre.

Le Juge ne doit admettre le Demandeur à la preuve, que lorsque le Défendeur comparoît & conteste la possession. Si ce dernier fait défaut, le Demandeur doit obtenir gain de cause sans être obligé de faire aucune preuve (Voyez Mazuer en sa Pratique, titre des Dépens, n. 17. Ainsi jugé par Arrêt du Parlement de Rouen du 14 Mai 1745, rapporté à la fin du texte de la Coutume de Normandie, de l'édition de 1753.

Article IV.

Celui contre lequel la complainte ou réintégrande sera jugée (1), ne pourra former la demande au pétitoire, sinon après que le trouble sera cessé, *& celui qui aura esté dépossédé, restabli en la possession* (2), *avec restitution de fruits & revenus* (3), *& payé les dépens, dommages & interests* (4), si aucuns ont esté adjugez : & néanmoins s'il est en demeure de faire taxer ses dépens, & liquider les fruits, revenus, dommages & interests dans le temps *qui lui aura esté ordonné* (5), l'autre Partie pourra poursuivre le pétitoire en donnant caution de payer le tout après la taxe & liquidation qui en sera faite.

1. *Celui contre lequel la complainte ou réinté-*

grande sera jugée.] Ou le Demandeur en complainte & réintégrande succombe, ou il réussit. S'il réussit, il est remis en possession; mais s'il succombe, il ne lui reste plus que l'action au pétitoire : encore ne peut-il se pourvoir au pétitoire, sinon après le trouble cessé, ainsi qu'il est dit en cet article.

2. *Et celui qui aura été dépossédé, rétabli en la possession.*] C'est-à-dire, & après que celui qui aura été dépossédé, aura été rétabli en sa possession.

3. *Avec restitution de fruits & revenus.*] A compter du jour de l'indue jouissance. Celui qui est condamné à la restitution des fruits, est obligé non-seulement de restituer ceux qu'il a perçus, mais encore ceux qu'il a laissé perdre par sa faute, & que le véritable propriétaire auroit pu percevoir, s'il n'en avoit été empêché par l'injuste détention de celui qui a causé le trouble.

4. *Et payé les dépens, dommages & intérêts.*] C'est ce qui s'appelle en termes de Pratique, *parfournir & exécuter la complainte ou réintégrande.* (Voyez l'article suivant.)

5. *Qui lui aura été ordonné.*] C'est-à-dire, dans le délai fixé par le Juge pour faire cette liquidation.

ARTICLE V.

Les demandes en complainte ou en réintégrande, *ne pourront estre jointes au pétitoire* (1), ni le pétitoire poursuivi, *que la demande en complainte ou en réintégrande n'ait esté terminée* (2), *& la condamnation parfournie & exécutée* (3). Défendons d'obtenir Lettres pour cumuler le pétitoire avec le possessoire.

1. *Ne pourront être jointes au pétitoire.*] C'est-à-dire, jointes d'office par le Juge. Car si les Parties consentent de passer tout-d'un-coup au Jugement, rien n'empêche que le Juge ne joigne la demande au possessoire avec la demande au fond, soit pour prononcer sur les dépens de la demande en complainte, ou par quelqu'autre motif semblable; mais ces Sentences rendues au pétitoire ne s'exécutent point par provision, à moins que la Partie qui a obtenu, ne soit fondée en titre.

2. *Que la demande en complainte ou en réintégrande n'ait été terminée, &c.*] Car il est nécessaire avant tout de régler les qualités des Parties. Or cela ne peut se faire qu'en jugeant le possessoire, & en réglant quel est celui qui a la possession, & qui doit défendre à la demande en révendication.

3. *Et la condamnation parfournie & exécutée.*] Voyez les notes sur l'article précédent.

ARTICLE VI.

Ceux qui succomberont dans les Instances de réintégrande & complainte, *seront condamnez en l'amende selon l'exigence du cas.* (1).

1. *Seront condamnés en l'amende selon l'exigence du cas.*] Telle qu'elle sera ordonnée par le Juge. On peut aussi dans ce cas condamner par corps. (Voyez *infrà*, tit. 34, art. 4.)

ARTICLE VII.

Les Jugemens rendus par nos Juges (1) sur les demandes en complainte & réintégrande, seront exécutez par provision en baillant caution.

1. *Les Jugements rendus par nos Juges.*] Et non ceux rendus par les Juges des Seigneurs ; ce qui est conforme aux anciennes Ordonnances. (Voyez l'Ordonnance de 1493, art. 48 ; & l'Ordonnance de 1535, chap. 16, art. 19.)

TITRE XIX.

Des Séquestres, & des Commissaires, & Gardiens des fruits, & choses mobiliaires.

Le *Séquestre* est une personne choisie par le Juge, ou d'office, ou sur la nomination des Parties, pour régir & gouverner une chose contentieuse, & pour en percevoir les fruits & revenus, lorsqu'elle consiste en quelque jouissance, jusqu'à ce qu'il ait été réglé à qui cette chose doit appartenir.

Les *Commissaires* & *Gardiens* sont des personnes établies par de simples Huissiers ou Sergents, à la garde des fruits ou des meubles saisis. Il ne faut pas cependant confondre les Gardiens avec les Commissaires. *Gardien* ne se dit, à proprement parler, que de celui qui est établi à la garde des effets mobiliers, soit qu'il s'agisse de meubles ou de grains cueillis. Le *Commissaire* est celui qui est établi à l'égard des grains & autres fruits saisis, lorsqu'ils sont encore pendants par les racines ; ce qui a lieu aussi dans le cas d'une saisie réelle ou féodale.

Il faut aussi observer que lorsque le Gardien est présenté par le saisi, & accepté par le saisissant, on le nomme alors *Dépositaire.* Enfin quand on est obligé d'établir deux ou plusieurs Gardiens pour veiller avec plus de sûreté à la garde des effets saisis, on se sert ordinairement du terme de *Garnison.* Au surplus la fonction des uns & des autres est la même, & ils sont soumis aux mêmes regles & aux mêmes formalités.

A l'égard de ce qui est dit dans ce titre touchant les Séquestres, il faut l'entendre des Séquestres établis, tant en matiere bénéficiale qu'en matiere profane.

Article premier.

Toutes demandes en Séquestre *seront formées par requeste* (1), *& portées à l'Audience* (2), *par un simple acte* (3), qui contiendra le jour pour venir plaider, & sera signifié au Procureur du Défendeur.

1. *Seront formées par requête.*] Il faut une assignation sur la requête, lorsqu'il n'y a point d'instance liée.

2. *Et portées à l'Audience.*] Ces Séquestres ne peuvent être ordonnés qu'en connoissance de cause, & après avoir entendu les Parties intéressées. Ainsi ils ne peuvent être ordonnés à l'Hôtel du Juge, & encore moins par ordonnance rendue au bas d'une requête.

3. *Par un simple acte.*] Lorsque le Séquestre n'a point été demandé par l'exploit introductif d'Instance, & que cette demande est formée incidemment.

Article II.

Les Séquestres pourront estre ordonnez, *tant sur la demande des Parties* (1) que d'office, en cas que les Juges estiment *qu'il y ait nécessité de le faire* (2).

1. *Tant sur la demande des Parties.*] Cette demande en Séquestre se forme ordinairement, ou dans le cas d'une propriété commune, lorsque les Parties ne peuvent convenir ensemble de quelqu'un pour percevoir les fruits, ou lorsqu'une possession est douteuse entre deux ou plusieurs personnes. Elle se forme aussi quelquefois par celui qui est dépossédé, pour empêcher que sa partie adverse ne dissipe les fruits, ou n'abuse de la chose contentieuse pendant le cours du Procès.

2. *Qu'il y ait nécessité de le faire.*) C'est-à-dire que le Juge ne doit nommer le Séquestre d'office, que quand il y a nécessité de le faire, soit parceque la demande des Parties est également douteuse, soit parcequ'il est à craindre qu'elles n'en viennent à des voies de fait. Dans ce cas, la nomination du Séquestre se fait par les Juges à l'Audience, ou sur le vû du Procès.

Article III.

Le Commissaire devant lequel (1) les Parties devront procéder, sera nommé par la mesme Sentence qui ordonnera le Séquestre, & y sera prescrit le temps auquel les Parties devront comparoir.

1. *Le Commissaire devant lequel, &c.*) Le

Commissaire dont parle cet article, est le Juge nommé pour recevoir le Séquestre & son serment.

Dans les Bailliages & Sénéchaussées, & autres Justices inférieures, c'est toujours devant le Juge qui a l'instruction que les Parties doivent procéder; & si l'affaire est appointée, ce doit être devant le Rapporteur. Ainsi dans les endroits où il y a des Commissaires Enquêteurs en titre d'Office, ceux-ci ne peuvent connoître de ces sortes d'établissements de Séquestre, cela ne faisant point partie de leurs fonctions. Dans les Cours, le Commissaire est nommé par un Arrêt ou par le Premier Président.

ARTICLE IV.

Si l'une des Parties est en demeure (1) *de se trouver à l'assignation* (2), ou de nommer *un Séquestre* (3), le Juge *en nommera d'office* (4) *un suffisant & solvable* (5), *résident ou proche du lieu* (6) où sont situées les choses qui doivent estre séquestrées, sans proroger l'assignation; si ce n'est qu'en connoissance de cause, & suivant les circonstances, le Juge donne un délai, qui ne sera plus long de huitaine, & sans qu'il puisse estre prorogé.

1. *Si l'une des Parties est en demeure, &c.*) Le tems de l'assignation, ou le délai de comparoître étant expiré, ou bien les Parties comparoissent, ou l'une d'elles seulement. Si toutes les Parties comparoissent, & qu'elles s'accordent sur la nomination du Séquestre, alors le Juge ou Com-

miſſaire doit leur donner acte de leur conſentement; mais ſi elles ne s'accordent pas, il en doit nommer un d'office.

S'il n'y a qu'une Partie qui comparoiſſe, le Juge ou Commiſſaire doit donner Acte des comparutions, & donner défaut contre la Partie défaillante; & pour le profit nommer un Séqueſtre ſuffiſant & ſolvable, &c.

2. *De ſe trouver à l'aſſignation.*] Il ſuffit que cette aſſignation ſoit donnée au domicile du Procureur, ſi la Partie en a un; (*Supra*, tit. 12, art 4, pag. 290.) ſinon il faudra la donner au domicile de la Partie.

3. *Un Séqueſtre.*] Lorſque les choſes ſéqueſtrées ſont telles par leur nature ou leur éloignement, qu'un ſeul Séqueſtre ne peut ſuffire, il faut en nommer pluſieurs; ce qui ſe fait ſur la requête des Parties, ou de l'une d'elles.

4. *En nommera d'office.*] Tant pour la Partie préſente, que pour la Partie refuſante ou abſente, à la différence de ce qui ſe pratique en matiere de nomination d'Experts. (Voyez *infrà*, tit. 21, art. 9.) La raiſon de cette différence eſt, qu'en matiere de Séqueſtres on n'en doit nommer qu'un. Ainſi il eſt juſte que dans ce cas le Juge ait la préférence ſur la Partie.

5. *Un ſuffiſant & ſolvable.*] A peine de tous dépens, dommages & intérêts envers les Parties, dans le cas où il nommeroit une perſonne d'une inſolvabilité notoire.

Lorſqu'il y a conteſtation ſur la ſolvabilité du Séqueſtre, les Parties qui conteſtent cette ſolvabilité, doivent ſe pourvoir à l'Audience devant les Juges où l'inſtance eſt pendante, pour voir ordonner la nomination d'un autre Séqueſtre.

6. *Réſident ou proche du lieu.*] Il faut auſſi que ce Séqueſtre ainſi nommé par le Juge ſoit majeur de 25 ans, & mâle, à peine de nullité :

car la fonction de Séqueſtre eſt une fonction publique. (Voyez *infrà*, art. 6, note 1.) Voyez auſſi ce qui eſt dit ci-après en la note 4, de l'art. 15, touchant les fonctions & qualités des Commiſſaires ou Gardiens, qui doit recevoir ici ſon application.

Article V.

Le Juge *ne pourra nommer pour Séqueſtre aucun de ſes parens* (1) & alliez, juſqu'au degré de couſins-germain incluſivement, à peine de nullité, de cent livres d'amendes, & de répondre en ſon nom des dommages & intéreſts des Parties, en cas d'inſolvabilité du Séqueſtre.

1. *Ne pourra nommer pour Séqueſtre aucun de ſes parents, &c.*] A moins que les Parties n'y conſentent : car alors les Parties ſont cenſées l'avoir choiſi elles-mêmes, en conſentant à ſa nomination ; mais il faut qu'il ſoit fait mention de ce conſentement dans l'acte de nomination. Le Juge ne doit non plus nommer pour Séqueſtre aucun de ſes Domeſtiques.

Il paroît auſſi que le Juge ne doit nommer pour Séqueſtre aucun des Vaſſaux, Fermiers, Domeſtiques, parents ou alliés des Parties, juſqu'au même degré de couſin-germain, ou dumoins que les Parties peuvent attaquer alors cette nomination. (Voyez le Procès-verbal de l'Ordonnance, pag. 273.)

Article VI.

Après que le Séqueſtre aura eſté nommé, *il ſera aſſigné* (1) *pour faire ſerment devant le Juge* (2) ; à quoi il pourra eſtre contraint par amende, & par ſaiſie de ſes biens.

1. *Il ſera aſſigné*, &c.] Si le Séqueſtre ne comparoît pas ſur cette aſſignation, le Juge donnera défaut contre lui, & pour le profit ordonnera que le Défaillant demeurera Séqueſtre aux choſes contentieuſes pour les régir & gouverner, à la charge d'en rendre compte à qui il appartiendra. Enſuite il faudra ſignifier ce Jugement au Séqueſtre ; & s'il en interjette appel, on ordonnera que le Jugement ſera exécuté par proviſion, nonobſtant l'appel. (Voyez *infrà*, art. 19.)

Si le Séqueſtre comparoît ſur l'aſſignation, mais qu'il refuſe d'accepter, il doit ſur la réquiſition des Parties y être condamné, à moins qu'il n'ait des excuſes ſuffiſantes pour ſe diſpenſer d'accepter cette commiſſion. Car la fonction de Séqueſtre eſt une fonction publique, & par conſéquent forcée. Cependant Rebuffe en ſon Commentaire ſur les Ordonnances, au titre des Séqueſtres & Commiſſaires, Gloſſ. 2, n. 19, établit la maxime contraire ; & il penſe que cette fonction n'eſt point publique, mais volontaire, & par conſéquent qu'on ne peut être contraint de l'accepter. Il ſe fonde ſur la L. *final.* §. *ſin autem*, *Cod de bonis auth. judic. poſſid.* & cite la gloſe. ſur la L. *fideJuſſor. infine*, *ff. qui ſatis dare coguntur.* Mais ce ſentiment paroît contraire au texte de l'Ordonnance, ainſi qu'il réſulte de la diſpoſition de cet article.

Les excuſes que le Séqueſtre peut alléguer pour ſe diſpenſer de cette commiſſion, ſont, qu'il eſt ſeptuagénaire, ou Vaſſal, ſujet, Fermier, ou parent de l'une des Parties. (Voyez le Procès-verbal de l'Ordonnance, pag, 273.) A l'égard des

des autres excuses, voyez ce qui est dit ci-après des Gardiens & Commissaires, en l'art. 15, note 4.

Si les excuses du Séquestre sont jugées valables, le Juge ordonnera que le Séquestre demeurera déchargé, & que les Parties en choisiront un autre. Mais si ces excuses ne sont pas jugées suffisantes, le Juge ordonnera que la Sentence de nomination sera exécutée, & que le Séquestre comparoîtra pour prêter serment; ce qui sera exécutée par provision, & nonobstant l'appel. (Voyez *infrà*, art. 19.)

2. *Pour faire serment devant le Juge*] De bien & fidelement régir & administrer les fruits & revenus des choses séquestrées, avec soumission de les rapporter & d'en tenir compte; à quoi il pourra être contraint par corps comme dépositaire de biens de Justice. (*Infrà*, tit. 34, art 4.)

Il semble qu'il faudroit aussi assigner la Partie défailliante, ou qui a refusé de nommer le Séquestre, pour voir prêter ce serment, à cause de ce qui est dit *infrà*, tit. 22, art 5. Cependant comme cette formalité de la présence des Parties pour voir jurer, n'est point requise par l'Ordonnance en matiere d'Experts, il paroît que c'est ici la même raison. D'ailleurs l'Ordonnance ne l'exigeant point ici par rapport au Séquestre, il paroît qu'on ne doit point l'exiger. (Voyez ce qui est dit *infrà*, tit. 21, art. 10, note 1.)

On fait prêter serment aux Séquestres, à la différence des Gardiens & Commissaires, parce qu'à l'égard de ceux-ci le Saisissant est responsable de leur administration; au lieu que n'y ayant personne qui réponde du Séquestre, il est juste de le lier par la religion du serment.

S'il est nécessaire de faire quelques avances pour la conservation des choses séquestrées, le Séquestre est en droit de demander qu'il lui soit remis des deniers à suffire par les Parties, n'étant point obligé lui-même de faire ces avances. Cette somme est arbitrée par le Juge.

ARTICLE VII.

En vertu de l'Ordonnance du Juge. (1), & sans que sa présence soit requise, un Huissier ou Sergent, à la requeste de la Partie poursuivante, mettra le Séquestre en possession des choses commises à sa garde.

1. *En vertu de l'ordonnance du Juge.*] Après que le Séquestre a prêté serment & accepté la commission, la Partie poursuivante doit présenter sa Requête au Juge à fin de permission de mettre le Séquestre en possession. Au bas de cette Requête le Juge met son Ordonnance, dont on charge un Huissier. Il semble néanmoins que cette permission peut & doit même être donnée par l'Acte qui fait mention de la prestation du serment du Séquestre.

ARTICLE VIII.

Les choses séquestrées (1) seront spécialement déclarées par le Procès-verbal du Sergent, lequel sera signé du Séquestre, s'il sçait & veut signer, sinon, sera interpellé de le faire, dont sera fait mention dans le Procès-verbal, *à peine de nullité* (2), de cinquante livres d'amende, au profit de celui qui pourfait l'establissement du Séquestre, & de tous dépens, dommages & interests.

1. *Les choses séquestrées.*] Le Séquestre s'ordonne non-seulement à l'égard des immeubles, mais encore à l'égard des meubles, & quelquefois même à l'égard de tous les biens d'une succession.

2. *A peine de nullité.*] Cette nullité se couvre si le Séquestre a joui effectivement, & s'il s'est immiscé en la garde & régime de la chose séquestrée.

Article IX.

Le Sergent sera tenu, sous les mêmes peines, de se faire assister *de deux Témoins*, (1) qui sçachent signer, & de leur faire signer son Procès-verbal, & d'y déclarer leur nom, surnom, qualité, domicile & vacation.

1. *De deux Témoins.*] Il ne paroît pas que cette formalité de deux Témoins ou Records, à l'égard de ces sortes de Procès-verbaux, ait été abrogée par l'Edit du mois d'Août 1669, portant établissement du Contrôle. (Voyez ci-dessus, tit. 2, art. 2, note 1, pag. 118.

Article X.

Si les choses séquestrées *consistent en quelque jouissance* (1), le Séquestre sera tenu de faire incessamment *procéder en Justice* (2), les Parties duement appellées, *au Bail judiciaire* (3), en cas qu'il n'y eust point de Bail conventionnel, ou qu'il eust esté fait en fraude, & à vil prix.

1. *Consistent en quelque jouissance.*] Si les choses séquestrées ne produisent aucun fruit, comme si c'étoient des meubles, argenterie, pierres précieuses, &c. il suffira que le Séquestre les conserve dans l'état où elles lui ont été données, jusqu'à ce que le Procès ait été jugé au fond.

2. *Procéder en Justice.*] Pardevant le Juge où le Procès est pendant. Dans les Bailliages, Prévôtés, & Justices subalternes, ces Baux se font à l'Audience à l'issue du Siége.

3. *Au Bail judiciaire.*] Pour parvenir à ce Bail, il faut que le Séquestre fasse assigner les Parties intéressées à un jour nommé, pour voir procéder au Bail à loyer ou à ferme des choses séquestrées, avec déclaration que faute de comparoître il y sera procédé tant en présence qu'absence. Le Séquestre doit aussi faire proclamer ce Bail aux Prônes des Paroisses, & faire mettre des affiches aux lieux accoutumés.

Si les Parties comparoissent, & qu'il se trouve des enchérisseurs, le Juge en doit faire mention; mais il ne peut adjuger qu'il n'y ait trois remises au moins; & il faut à chaque remise faire mettre de nouvelles affiches sur l'Ordonnance du Juge; ensuite de quoi on adjuge le Bail.

Il faut aussi observer que ces Baux ne peuvent se faire que pour un, deux, ou trois ans au plus.

ARTICLE XI.

Lors de l'adjudication (1) le Séquestre sera tenu *de faire arrester les frais du*

Bail (2) ſur le champ par le Juge, ſans qu'il puiſſe les faire taxer ſéparément, à peine de perte des frais, & de vingt livres d'amende contre le Séqueſtre.

1. *Lors de l'adjudication.*] C'eſt-à-dire, lors de l'adjudication du bail.

2. *De faire arrêter les frais du Bail.*] Parties préſentes, ou duement appellées.

ARTICLE XII.

Les réparations, ou autres impenſes néceſſaires aux lieux ſéqueſtrez, *ne ſeront faites que par autorité de Juſtice* (1), les Parties duement appellées; autrement elles tomberont en pure perte à ceux qui les auront fait faire. Défendons aux Séqueſtres, ſous les mêmes peines de vingt livres d'amende, & de tous dépens, dommages & intéreſts, *de s'en rendre Adjudicataires.* (2)

1. *Ne ſeront faites que par autorité de Juſtice.*] L'uſage eſt de faire ces Baux au rabais, c'eſt-à-dire, de nommer pour faire ces réparations celui qui offre de les faire à meilleur marché.

2. *De s'en rendre Adjudicataires.*] Afin d'empêcher qu'il ne ſe faſſe des réparations & des impenſes ſans néceſſité, pour en profiter au préjudice des Parties.

ARTICLE XIII.

Les Huiſſiers ou Sergens ne pourront prendre pour Gardiens & Commiſſaires des choſes par eux ſaiſies, *aucuns de leurs parens ou alliez* (1), *ni pareillement le ſaiſi* (2), *ſa femme* (3), *ſes enfans* (4), ou ſes petits enfans; à peine de tous dépens, dommages & intéreſts *envers le Créancier ſaiſiſſant.* (5)

1. *Aucuns de leurs parents ou alliés.*] c'eſt-à-dire, parents ou alliés au quatrieme degré. (Voyez *infrà*, tit 22, art. 11.) A moins que le Saiſiſſant n'y conſente (Voyez *ſuprà*, art. 5, note 1, page 393.) Il en eſt de même des domeſtiques de l'Huiſſier.

A l'égard de leurs Records, il ne paroît pas qu'il ſoit défendu aux Huiſſiers de les établir pour Gardiens, du moins depuis l'Edit du mois d'Août 1669, qui a établi le Contrôle des Exploits, & qui a diſpenſé ces Actes de la néceſſité des Records ou Témoins, (à la réſerve ſeulement des Exploits de ſaiſies féodales & réelles, qui depuis y ont été aſſujettis par une Déclaration poſtérieure du 21 Mars 1671.) C'eſt pourquoi les Huiſſiers ſont dans l'uſage d'établir le plus ſouvent leurs Records pour veiller à la garde & conſervation des effets ſaiſis, ſauf à être reſponſables envers les Parties de la ſolvabilité de ces Records, s'il y a lieu de l'ordonner. Mais ſi ces Records étoient témoins néceſſaires dans les Exploits, comme ils l'étoient par l'article 2 du tit. 2 de la préſente Ordonnance, avant l'Edit d'établiſſement du Contrôle des Exploits, ils ne pourroient être établis pour Gardiens, à peine de nullité de la ſaiſie, parcequ'on ne peut être Témoin & Partie dans le même Acte. C'eſt pour cela que dans les ſaiſies féodales, où l'uſage des Records eſt néceſſaire, ces Records ne peuvent être établis Commiſſaires à ces ſortes de saisies, à peine de nullité, ainsi qu'il a été jugé plusieurs fois. Un Arrêt du Parlement de Dijon du 15 Juin 1757 défend aux Huissiers d'établir leurs Records pour Gardiens aux saisies.

A plus forte raison l'Huissier qui saisit, ne peut-il lui-même s'établir pour Gardien ou Commissaire aux choses saisies. (Ainsi réglé par un Arrêt de la Cour du 6 Mai 1657, qui fait défenses aux Huissiers & Sergents de se faire établir Commissaires au régime & gouvernement des choses saisies, conformément à une ancienne Ordonnance de Philippe de Valois de l'année 1338, & à une autre de Charles VI, de l'année 1408, ainsi qu'on peut le voir au style du Parlement, partie 3.)

2. *Ni pareillement le saisi.*] Parcequ'on ne peut être dépositaire de sa propre chose. (Ainsi jugé par plusieurs Arrêts, & entr'autres par un du 2 Décembre 1664, qui fait défenses aux Huissiers de laisser les meubles en la garde du saisi, à peine de nullité & d'amende. (Voyez aussi Brodeau sur Louet, lettre S. sommaire 12.)

Au reste cela n'a pas lieu dans la gagerie qui est en usage dans la Coutume de Paris à l'égard des Locataires. Le caractere même propre à cette espece de saisie, est de laisser les meubles saisis en la garde du Débiteur; mais c'est une disposition particuliere à cette Coutume.

Quand il s'agit des droits d'Aydes, on peut aussi laisser les meubles & effets saisis sur les redevables en leur garde & possession, pour être par eux représentés quand il sera ordonné, à quoi ils seront contraints par corps. (Ordonnance des Aydes du mois de Juin 1680, titre des Contraintes pour le gros, articles 11 & 12.)

3. *Sa femme.*] Il semble qu'il étoit inutile de parler de la femme du saisi, puisque d'ailleurs les femmes ne peuvent être établies gardiennes.

Mais autrefois on établissoit les femmes mariées, gardiennes des biens de leurs maris, pourvu que le mari y consentît. (Voyez Legrand sur la Coutume de Troies, articles 92, & 199, glose 2.)

4. *Ses enfants.*] Il en est de même du gendre du saisi : *nam ubi eadem est ratio, ibi idem jus esse debet.*

5. *Envers le Créancier saisissant.*) A moins que ce Créancier n'y eût consenti expressément.

Lorsque l'Huissier ou Sergent laisse les choses saisies en la garde de quelqu'une des personnes mentionnées en cet article, & que ces personnes l'ont acceptée, & ont été mises en possession des choses saisies, elles n'en demeurent pas moins responsables envers l'Huissier dans le cas de dissipation des effets, pour l'indemniser des dommages & intérêts ausquels il pourroit être condamné envers le Saisissant. Car ce n'est qu'en faveur de la Partie saisissante que l'Ordonnance défend aux Huissiers d'établir pour Gardiens le saisi, sa femme, ou ses enfants; mais cette Loi, en rendant l'Huissier garant des choses saisies, ne lui ôte pas pour cela son recours contre celles d'entre ces personnes qui auroient volontairement accepté la garde.

ARTICLE XIV.

Les freres, oncles & neveux du saisi, ne pourront aussi estre establis (1) Gardiens, ou Commissaires aux meubles & fruits saisis, sous pareille peine; si ce n'est qu'ils y ayent expressément consenti par le Procès-verbal de saisie & exécution, & qu'ils l'ayent signé, ou déclaré ne pouvoir signer.

1. *Les freres, oncles & neveux du saisi, ne pourront aussi être établis, &c.*] Il en est de même des domestiques du saisi. (Ainsi jugé par un Arrêt du 8 Février 1590, rapporté par Chenu en ses notes sur le Recueil des Arrêts de Papon, liv. 8, tit. des exécutions, n. 24, qui fait défenses de laisser les meubles exécutés en la garde des domestiques du saisi, à peine de tous dépens, dommages & intérêts.

Lors de la rédaction de l'Ordonnance, il y avoit aussi dans le projet un article qui portoit, que dans les exécutions qui se feroient à la campagne & ailleurs que dans les Villes, les Vassaux & Tenanciers des Seigneurs ne pourroient être établis Gardiens & Commissaires aux bien saisis sur leurs Seigneurs; ni pareillement les Laboureurs demeurants dans l'étendue de leur Fief, ni aucuns Ecclésiastiques, ni Gentilshommes, à peine, comme dans l'article précédent, de tous dépens dommages & intérêts contre l'Huissier envers le Créancier saisissant. Cet article a été à la vérité supprimé; mais dans l'examen qu'on en fit, il ne fut rien proposé contre, ce qui fait qu'on peut le regarder comme une regle qui doit être suivie, lorsqu'il n'y a pas nécessité de faire autrement sans une grande incommodité. (Voyez le Procès-verbal de l'Ordonnance, page 279.) L'Ordonnance de Blois, article 176, défend aussi d'établir pour Commissaire aux biens du Seigneur le Laboureur qui en est sujet. Cependant on observe de faire une distinction reçue au Parlement de Paris, qui est que cela n'a lieu que dans le cas où les Seigneurs résident sur le lieu où les biens saisis sont assis.

Au reste dans tous les cas mentionnés au présent article, si l'Huissier avoit établi pour Gardiens des personnes prohibées par l'Ordonnance, ignorant leur qualité & de bonne foi, comme si un gendre avoit caché sa qualité, & avoit déclaré n'être parent ni allié du saisi, il ne paroît pas que l'Huissier fût responsable des dommages & intérêts envers le Saisissant ; ce qui dépend cependant des circonstances. (Voyez au surplus la note 4, sur l'article précédent, vers la fin.)

Le Créancier Saisissant ne peut pareillement être établi pour Gardien ou Commissaire aux effets saisis ; car ce Créancier se feroit en quelque façon justice par lui-même ; ce qui est contraire à nos maximes. (Voyez Louet lettre S. chap. 12 n. 1.)

Il n'en est pas de même des Opposants ; & s'ils ont été une fois établis Gardiens, ils continuent de l'être, quoiqu'ils deviennent par la suite Opposants : car ce n'est pas ici la même raison de décider qu'à l'égard du Saisissant, qui est, à proprement parler, celui qui seul dépouille le Saisi de ses biens. C'est pourquoi rien n'empêche qu'un des Créanciers opposants, depuis son opposition formée, demande à être constitué dépositaire, & à ce que la Garnison se retire pour éviter à frais ; le Juge ne peut se dispenser de faire droit sur cette demande.

A l'égard des parents ou alliés du Saisissant, rien n'empêche non plus qu'ils puissent être établis à la garde des choses saisies, l'Ordonnance ne le défendant point, comme elle le défend à l'égard des parents de l'Huissier. La raison de cette différence est, que le motif qui a fait défendre aux Huissiers d'établir leurs parents pour Gardiens, a été uniquement la sûreté & l'intérêt du Saisissant. Or cette raison cesse d'avoir lieu, lorsqu'on choisit pour Gardien un des parents du Saisissant ; au contraire, on doit supposer que ce parent s'acquittera plus fidèlement &

avec plus de soin de la garde. Ce qui vient d'être dit des parents du Saisissant, doit aussi avoir lieu à l'égard de ses domestiques.

Lorsque le Gardien est présenté par le Saisi, & accepté par le Saisissant, ou volontairement, ou en conséquence d'un Jugement qui ordonne qu'il sera reçu, alors on le nomme *Dépositaire*. Ce Dépositaire est tenu envers le Saisissant des mêmes obligations que le Gardien ordinaire; mais ses fonctions doivent être gratuites, parceque telle est la nature du dépôt. Il semble aussi que dans le cas où le Dépositaire auroit été reçu malgré le Saisissant, celui-ci pourroit l'obliger avant tout de prêter serment de bien & fidèlement vaquer à sa fonction. (Voyez l'article 6 ci-dessus avec les notes, page 393.) Néanmoins je vois que le contraire s'observe dans l'usage.

ARTICLE XV.

Les Huissiers ou Sergens déclareront par leurs Procès-verbaux, si les exécutions *ont esté faites avant ou après midi* (1), *spécifieront par le menu* (2) les choses par eux saisies, & *mettront en possession* (3) d'icelles *les Gardiens & Commissaires* (4), s'ils le requierent.

1. *Ont été faites avant ou après midi.*] Comme ci-après, tit. 33, art. 4.

L'omission de cette formalité n'emporte pas la peine de nullité, quoiqu'il semble que le contraire soit porté en l'article 19 du titre 33 ci-après. Mais il paroît que cette formalité n'est établie que pour empêcher la concurrence entre deux ou plusieurs Créanciers saisissants, & afin que le Créancier le plus diligent, & qui auroit fait saisir avant midi, soit préféré à celui qui n'auroit fait saisir qu'après midi. (Voyez Brodeau sur Louet, lettre M. chap. 10, n. 5 & 6.

2. *Spécifieront par le menu.*] Voyez *infrà*, tit. 33, art. 6, avec les notes.

3. *Et mettront en possession.*] Si le Gardien ou Dépositaire veut bien se charger de représenter les effets saisis, sans qu'ils soient déplacés, l'Huissier peut l'y recevoir, sans préjudice néanmoins des saisies & exécutions qui peuvent être faites dans la suite sur les mêmes meubles non déplacés (Voyez la Coutume d'Orléans, art. 452, & les Commentateurs de la Coutume de de Paris sur l'article 178.

4. *Les Gardiens & Commissaires.* [Tout ce qui a été dit ci-dessus des Séquestres, doit recevoir son application à l'égard des Gardiens & Commissaires. Ainsi :

1°. La fonction de Gardien est une fonction publique, qu'on ne peut refuser d'accepter. (*Ità* Coquille sur l'art. 8 du tit. 4 de la Coutume de Nivernois, & en sa question 22.)

2°. Le Gardien doit être solvable, ou du moins il faut qu'il soit connu pour tel : car si l'Huissier établit pour Gardien une personne notoirement insolvable, alors il doit répondre des faits de ce Gardien. C'est ainsi que le pense Coquille en sa question 215 ; & il a été ainsi jugé au Présidial d'Orléans le 13 Mars 1741 contre le nommé Houzé, Huissier, qui avoit établi pour Gardien un Particulier assistant ordinairement les Huissiers, quoique ce Particulier fût d'ailleurs domicilié dans le lieu où la saisie avoit été faite.

3°. Le Gardien ou Commissaire doit être une personne qui réside sur les lieux, & qui soit majeure, à peine de nullité. La Coutume de Berri, tit. 9, art. 26, en a une disposition qui doit être générale, suivant Coquille en ses Institutions Coutumieres, tit. des Exécutions, page 135. (Voy. la Loi *ad Rempublicam* 8, *ff. de muneribus & honor.* & la Loi *ult. Cod. de legitim. tutel.*)

4°. Le Gardien doit être mâle, suivant de la Lande en son Commentaire sur la Coutume d'Orléans, art. 466, parceque c'est une fonction publique, (*L. 2, ff. de Regul. Juris.*) Cependant si une femme s'est chargée de la garde volontairement, & du consentement du Saisissant, elle pourra être contrainte, comme les autres, par les voies ordinaires à la représentation des effets qui lui auront été confiés, excepté par la voie de contrainte par corps à cause de l'art. 8 du tit. 3 ci-après. A l'égard des femmes en puissance de mari, elles ne peuvent être établies Gardiennes sans le consentement de leur mari. (Arrêt en forme de Réglement du 22 Décembre 1564. Voyez aussi Brodeau sur Louet, lettre F. Sommaire 11.)

Lorsque celui qui est établi par l'Huissier pour Gardien ou Commissaire refuse d'accepter la garde, l'Huissier doit l'assigner devant le Juge, pour faire ordonner qu'il demeurera Gardien & chargé des effets ; & cependant l'Huissier doit avoir la précaution de laisser à la garde de ces effets, un de ses Assistants ou Records, ou autre personne par forme de garnison, jusqu'à ce qu'il en ait été ordonné par le Juge.

Si celui qui est ainsi assigné prétend avoir des excuses pour se dispenser de la garde, il doit les proposer devant le Juge; & si ces excuses sont valables, le Juge ordonnera que ce Gardien demeurera déchargé, & que l'Huissier en établira un autre.

Les excuses valables pour se dispenser d'être Gardien, sont, 1°. L'âge de 70 ans. (*L. 2, §. 1, ff. de vacat. & excusat. mun. L. ult. Cod. qui state vel prof. excus.*) 2°. Si celui qu'on veut établir est une personne constituée en dignité ; comme si c'est un Officier de Justice, &c. Il en est de même des Ecclésiastiques & des Gentilshommes. (Voyez le Procès verbal de l'Ordonnance, page 279, en l'article 17), ce qui doit s'entendre en général de toutes les personnes que leur état & leurs fonctions empêchent de pouvoir vaquer à ces sortes d'emplois. C'est pourquoi on trouve quelques Arrêts qui ont déchargé les Avocats de cette charge. Il en est de même de ceux qui reçoivent les deniers du Roi. (L. *Exactores*, *Cod. de excusat. Tutor. Ità etiam* Coquille en sa question 22.)

Voyez sur cette question des excuses qui peuvent dispenser d'accepter la charge de Gardien ou de Commissaire, Louet & Brodeau, lettre S, chap. 12, & plus particulièrement Despeisses, tit. des Exécutions, sect. 3, n. 7.

Il y a aussi quelques Coutumes, où le nombre de cinq enfants excuse d'être Gardien, comme dans la Coutume de Nivernois où cette excuse est admise, suivant Coquille en la même question 22. Mais c'est par une disposition particuliere ; & il a été jugé par Arrêt du 13 Décembre 1614, rapporté par Tronçon au Traité du Droit François, tit. 16, art. 350, au mot *Commissaires*, que cette excuse n'exemptoit pas d'être Gardien, parceque c'étoit une fonction passagere. *Ità* Mornac sur la Loi 6, *ff. depositi*.

Un Edit du mois de Septembre 1674, (rapporté au nouveau Recueil, tom. 1, page 553,) avoit établi des Bureaux publics dans tout le Royaume, pour y déposer les meubles saisis par autorité de Justice, & ensuite déplacés, faute de trouver des Gardiens solvables ; mais la difficulté de pouvoir exécuter cette Déclaration, l'a fait depuis supprimer.

A l'égard de ce qui concerne les fonctions des Gardiens & Commissaires, & de la maniere dont ils doivent être établis, voyez ci-après, tit. 33, art. 8, 9 & 10 avec les notes.

Article XVI.

Si aucun empesche par violence (1) l'establissement ou l'administration du Séquestre, ou la levée des fruits, il perdra le droit qu'il eust pû prétendre sur les fruits par luis pris & enlevez, lesquels appartiendront incommutablement à l'autre Partie; & sera en outre condamné en trois cens livres d'amende envers Nous, dont il ne pourra estre déchargé : & l'autre Partie sera mise en possession des choses contentieuses; sans préjudice des poursuites extraordinaires, que Nous entendons estre faites par nos Procureurs-Généraux, ou nos Procureurs sur les lieux, contre celui qui aura fait la violence, auxquels Nous enjoignons, & à nos autres Officiers, d'y tenir la main.

1. *Si aucun empêche par violence.*] Voyez *infrà*, tit. 17, art. 7.

Dans le cas de rebellion, l'Huissier en doit dresser Procès-verbal signé de lui & de deux Témoins, & le remettre entre les mains du Juge pour y être pourvu. Sur ce seul Procès-verbal employé pour plainte, le Juge peut décréter, & décrete ordinairement d'ajournement personnel;

il peut même décréter de priſe de corps, après avoir répété l'Huiſſier en ſon Procès-verbal, auſſi bien que les Témoins qui l'ont ſigné. (Voyez l'Edit d'Amboiſe de 1572, art. 4, & l'Ordonnance de 1670, tit. 10, art. 6.)

ARTICLE XVII.

Celui qui par violence (1) empeſchera l'eſtabliſſement des Gardiens & Commiſſaires aux meubles ou fruits ſaiſis, *ou qui les enlevera* (2), ſera condamné envers l'autre Partie au double de la valeur des meubles & fruits ſaiſis, & en cent livres d'amende envers Nous, ſans préjudice des pourſuites extraordinaires.

1. *Celui qui par violence.*] Voyez la note ſur l'article précédent.

2. *Ou qui les enlevera.*] Quand même ce ſeroit le Saiſi lui-même.

ARTICLE XVIII.

Les Parties *ne pourront prendre directement ni indirectement* (1) le Bail des choſes ſéqueſtrées, ni la Partie ſaiſie ſe rendre Adjudicataire des fruits ſaiſis *eſtant ſur pied* (2), à peine de nullité du Bail, ou de la vente, & de cinquante livres d'amende contre la Partie ſaiſie, & de pareille amende contre celui qui lui preſtera ſon nom, le tout applicable au Saiſiſſant.

1. *Ne pourront prendre directement ni indirectement, &c.*] Voyez la Loi *non est mirum* 26, § *sciendum*, *ff de pignor act.*

La disposition portée en cet article est assez mal observée dans l'usage, & rien n'est plus commun que de voir des baux judiciaires pris par les Parties. Il est vrai que cela se fait sous des noms empruntés; mais il semble qu'il ne seroit pas difficile aux Juges de remédier à cet abus.

2. *Etant sur pied.*] *Secùs*, s'ils sont recueillis, parceque les fruits étant recueillis ne sont plus un obstacle à la possession réelle & actuelle.

ARTICLE XIX.

Les Sentences de Séquestre rendues *par nos Juges, & par ceux des Seigneurs* (1) qui ordonneront les Séquestres, seront exécutées par provision, nonobstant & sans préjudice de l'appel.

1. *Par nos Juges & par ceux des Seigneurs.*] A l'égard des Juges d'Eglise, ils sont absolument incompétents pour en connoître, & nommer ces sortes de Séquestres, parceque c'est une affaire purement temporelle.

ARTICLE XX.

Les Séquestres *demeureront déchargez de plein droit* (1) pour l'avenir, aussitost que les contestations d'entre les Parties *auront esté diffinitivement jugées* (2); *& les Gardiens & Commissaires* (3) deux mois *après que les oppositions auront esté* *jugées* (4), sans obtenir aucun Jugement de décharge : le tout néanmoins *en rendant compte de leur commission pour le passé* (5).

1. *Demeureront déchargés de plein droit.*] Sans qu'il soit besoin d'obtenir aucun Jugement de décharge ; comme il est dit en la suite de cet article ; & il n'importe que les effets aient été mis entre les mains du Séquestre ou non.

2. *Auront été définitivement jugées.*] C'est-à-dire, jugées par Arrêt ou Sentence dont il n'y ait point d'appel.

3. *Et les Gardiens & Commissaires*] Tant ceux établis aux saisies de meubles, que ceux établis aux saisies de fruits pendans par les racines. Il en est de même des Dépositaires.

4. *Après que les oppositions auront été jugées.*] Lorsqu'il n'y a aucune opposition qui empêche le Saisissant de faire vendre, les Gardiens sont déchargés après deux mois, à compter du jour de leur commission. (Voyez Ferrieres sur l'art. 172 de la Coutume de Paris.)

Cependant si le Gardien avoit les effets en sa possession, & qu'il négligeât de les rendre dans le temps prescrit par cet article, il est censé par-là continuer la Garde.

5. *En rendant compte de leur commission pour le passé.*] Voyez *infrà*, tit. 29. art. 1.

Les Séquestres & Gardiens sont contraignables par corps pour la reddition de ces comptes, comme étant Dépositaires de biens de Justice. (Voyez *infrà*, tit. 34, art. 4.)

S'il leur est dû quelque chose de reste, ils peuvent se pourvoir par saisie ou opposition sur les choses séquestrées ou confiées à leur garde, pour être payés par privilége de ce qui leur est dû.

ARTICLE XXI.

Ceux qui auront fait establir un Séquestre, seront obligez de faire vuider leurs différends, & les oppositions *dans trois ans* (1), à compter du jour de l'establissement du Séquestre ; autrement les Séquestres demeureront déchargez de plein droit, sans qu'il soit besoin d'obtenir autre décharge, si ce n'est que le Séquestre fust continué par le Juge en connoissance de cause.

1. *Dans trois ans.*] Car ce temps est ordinairement suffisant pour faire juger un Procès au fond.

ARTICLE XXII.

Ce qui sera aussi observé à l'égard des Commissaires & Gardiens *après un an* (1), à compter du jour de leur commission.

1. *Après un an.*] Après lequel tems les Commissaires & Gardiens sont déchargés de plein droit, & sans qu'il soit besoin de Jugement. (Ainsi jugé par Arrêt du Parlement de Rouen du 22 Mai 1731, rapporté à la fin du texte de la Coutume de Normandie, de l'édition de 1753.

Dès qu'il n'y a plus de Gardien, il n'y a plus de saisie; d'où il suit que le Saisissant ne peut plus ſe faire rembourſer des frais de la ſaiſie ; & il en eſt de même dans le cas du tit. 20 qui ſuit celui-ci. (Voyez Ferrieres ſur l'art 172 de la Coutume de Paris , tom. 2 , pag. 258 , n. 6 & 7 de l'édit. de 1692.)

Il faut obſerver que la ſaiſie ne finit point par la mort du Gardien ou Commiſſaire ; mais alors les devoirs & engagements dont il étoit tenu paſſent à ſes héritiers juſqu'à ce qu'il y en ait un autre de nommé.

Fin du premier Tome.

www.ingramcontent.com/pod-product-compliance
Lightning Source LLC
Chambersburg PA
CBHW060520220326
41599CB00022B/3378
* 9 7 8 2 3 2 9 2 9 4 2 7 8 *